The National League
1979-2021

EDITOR
Michael Robinson

FOREWORD

Due to the ongoing effects of the Covid-19 pandemic, the 2019/2020 season in the National League didn't end until the play-offs were completed early in August 2020. These delays meant that play for the new season commenced on 3rd October 2020 but even then there was some doubt about as to whether the season would be able to be completed. A combination of a further surge of infections and the UK Government's revelation that the supporting funding supplied would be in the form of loans and not grants led play in the National League North and South to be suspended on 22nd January 2021 and clubs subsequently voted to declare the season null in these two divisions on 18th February 2021. In the top division of the National League, the clubs narrowly voted to continue playing rather than annul the season, but Dover Athletic announced they would not continue so their results were expunged.

Fans of Non-League football may also be interested in our publications containing final tables for a wide range of Leagues, past and present. Information about these books can be found on the back cover.

We would like to thank Mick Blakeman for providing the historical information about the formation of the National League as well as the season-by-season changes to the make up of the competition.

British Library Cataloguing in Publication Data
A catalogue record for this book is available from the British Library

ISBN 978-1-86223-475-8

Copyright © 2021, SOCCER BOOKS LIMITED (01472 696226)
72 St. Peter's Avenue, Cleethorpes, N.E. Lincolnshire, DN35 8HU, England
Web site   www.soccer-books.co.uk
e-mail   info@soccer-books.co.uk

All rights are reserved. No part of this publication may be reproduced, stored in a retrieval system or transmitted, in any form or by any means, electronic, mechanical, photocopying, recording, or otherwise, without the prior written permission of Soccer Books Limited.

The Publishers, and the Football Clubs itemised are unable to accept liability for any loss, damage or injury caused by error or inaccuracy in the information published in this guide.

Printed in the UK by 4edge Ltd.

THE NATIONAL LEAGUE

From the time of the formation of the Football League in 1888, any club aspiring to join had to apply to the League for election. All of the aspiring clubs' cases would then be considered at the League's AGM, held each summer, together with the cases made by those clubs who had finished at the bottom of the League but hoped for re-election. The existing members would then vote on which clubs they wished to join them and those that finished top of the ballot were able to join, or rejoin, the privileged few.

During its first 35 years of existence, the League expanded very quickly from the original 12 clubs in 1888, to 88 clubs by 1923. There were then four divisions of 22 clubs each, First, Second and Third, with the Third divided into two sections, North and South.

This rapid growth allowed any club of sufficient quality to have ample opportunities to prove its case and become a member but after 1923, membership remained at 88 for almost 30 years. This meant that any new club had to prove to the existing members' satisfaction that it was better qualified to play in the League than one of the existing members, four of whom, two from each of the two geographical sections had to apply for re-election every year.

Between 1924 and 1939, nine non-League clubs were elected to replace League members but when football resumed after the war, the pace slowed, almost to a standstill. In the 23 years from 1946 to 1969, only three clubs were elected to replace existing members and on one of those occasions, a new club had to be elected because Accrington Stanley had resigned. The situation had been alleviated slightly by the expansion of the League from 88 to 92 members in 1950 but even so, there was increasing frustration amongst leading non-League clubs with what was coming to be viewed as the League's "closed door" policy.

This policy produced a long queue of ambitious non-League clubs waiting to take the step up. Between 1956 and 1975, there were nearly always a dozen or more applicants each year and in 1962, the year of Accrington Stanley's resignation, there were 26. Nearly all of these of course received only a tiny number of votes and many received no votes at all.

The largest source of applicants was the Southern League which was far and away the strongest league in the southern half of the country. However there was no equivalent league in the North until 1968 when leading clubs drawn chiefly from the Midland League, Lancashire Combination and Cheshire League banded together to form the Northern Premier League (NPL).

At first, this had little effect as, although Bradford Park Avenue were voted out in 1970 (after a terrible run of four successive re-election applications), they were replaced by Cambridge United, a Southern League club. Two years later, Barrow were voted out in favour of Hereford United, another Southern League club who had achieved nationwide prominence with a memorable run in the F.A. Cup.

FORMATION

The initiative for what was to become the Football Conference came from Football League Secretary Alan Hardaker who suggested talks about amalgamation between the Southern and Northern Premier Leagues. It was thought that this would help to reduce the number of applicants to the League and establish the best candidates. In 1977, it was agreed that the NPL and Southern League would put forward one candidate each for League membership and this idea was immediately successful, with Wimbledon replacing Workington in 1977 and Wigan Athletic replacing Southport in 1978.

Meanwhile, a method was established for selection of 20 clubs to form the amalgamated competition, to be called the Alliance Premier League (APL). Of the 20 clubs, 13 were to come from the Southern League and 7 from the NPL. The NPL would then become a feeder to the new competition, along with the Southern and Midland Divisions of the restructured Southern League.

The clubs considered for the APL were chosen on the basis of their positions in their leagues in 1977-78 and 1978-79. Those with the lowest combined position totals would form the new league, as long as their grounds met the minimum criteria.

The result of the exercise described above was as shown below. All of the clubs below became founder members with the exception of those marked *.

Southern League	'77-78	'78-79	Total	Northern Premier League	'77-78	'78-79	Total
Worcester City	4	1	5	* Southport	FL	5	5
Bath City	1	5	6	Boston United	1	6	7
Maidstone United	3	4	7	Altrincham	5	2	7
Weymouth	2	6	8	Scarborough	4	4	8
Kettering Town	6	2	8	* Mossley	9	1	10
Telford United	9	3	12	* Matlock Town	10	3	13
Gravesend & Northfleet	5	12	17	* Runcorn	8	7	15
Barnet	7	13	20	Stafford Rangers	7	8	15
Yeovil Town	12	9	21	Bangor City	3	12	15
Nuneaton Borough	10	11	21	Northwich Victoria	6	10	16
Wealdstone	8	15	23	* Lancaster City	11	11	22
Redditch United	17	8	25	* Goole Town	14	9	23
A.P. Leamington	18	7	25	Barrow	13	16	29

*Mossley, Lancaster City and Goole Town did not apply to join while Matlock Town and Runcorn were unable to meet the ground criteria. Southport (who were voted out of the Football League in 1978) were accepted but later decided not to join because of the travelling costs. Barrow therefore took their place as the 20th founder member.

National League changes 1979-2019

1979 Founded as the Alliance Premier League with 20 member clubs, 13 from the Southern League and 7 from the Northern Premier League.

1980 Redditch United were relegated to the Southern League – Midland Division and Frickley Athletic replaced them following promotion from the Northern Premier League.

1981 League was expanded to 22 clubs through an invitation to the Isthmian League to provide two clubs. Enfield and Dagenham were the two clubs who joined. Nuneaton Borough were relegated to the Southern League – Midland Division from where Trowbridge Town were promoted, Wealdstone were relegated to the Southern League – Southern Division from where Dartford were promoted and Bangor City were relegated to the Northern Premier League from where Runcorn were promoted. From the start of the 1981-82 season, three points were awarded for a win instead of two.

1982 Wealdstone joined after promotion from the Southern League – Southern Division, Nuneaton Borough joined after promotion from the Southern League – Midland Division and Bangor City joined after promotion from the Northern Premier League. Gravesend & Northfleet, Dartford and A.P. Leamington were all relegated to the new Premier Division of the restructured Southern League.

1983 Barrow and Stafford Rangers were both relegated to the Northern Premier League from where Gateshead were promoted. Kidderminster Harriers joined after promotion from the Southern League. From the start of the 1983-84 season, two points were awarded for a home win, three points awarded for an away win and one point awarded for a draw.

1984 Bangor City were relegated to the Northern Premier League from where Barrow were promoted and Trowbridge Town were relegated to the Southern League from where Dartford were promoted. The Isthmian League was added as a third feeder to the competition.

1985 Gateshead were relegated to the Northern Premier League from where Stafford Rangers were promoted, Worcester City were relegated to the Southern League from where Cheltenham Town were promoted and Yeovil Town were relegated to the Isthmian League from where Wycombe Wanderers were promoted.

1986 Barrow were relegated to the Northern Premier League from where Gateshead were promoted, Dartford were relegated to the Southern League from where Welling United were promoted and Wycombe Wanderers were relegated to Isthmian League from where Sutton United were promoted. From 1987, the Champions of the league were promoted to the Football League from where the bottom side was relegated and from the start of the 1986-87 season, three points were awarded for home wins as well as away wins.

1987 Scarborough were promoted to the Football League from where Lincoln City were relegated. Nuneaton Borough were expelled after their main stand was closed for fire safety reasons and they were unable to finance improvements or arrange a ground-share. They were accepted into the Southern League from where Fisher Athletic were promoted. Frickley Athletic and Gateshead were both relegated to the Northern Premier League from where Macclesfield Town were promoted. Wycombe Wanderers joined after promotion from the Isthmian League.

1988 Lincoln City were promoted to the Football League from where Newport County were relegated. Bath City and Wealdstone were both relegated to the Southern League from where Aylesbury United were promoted and Dagenham were relegated to the Isthmian League from where Yeovil Town were promoted. Chorley joined after promotion from the Northern Premier League.

1989 Newport County went out of business on 27th February 1989 with debts of £330,000. They then called in the liquidators and were expelled from the league in mid-March for failure to complete any fixtures after 21st February when they lost 6-5 at home to Kidderminster Harriers in the Clubcall Cup. This was a knock-out competition for members of the Conference, Northern Premier League, Southern League and Isthmian League. Newport's last league game was a 2-1 defeat away to Maidstone United on 11th February. The club appealed against expulsion but the appeal was dismissed in the first week of April and their league record (P29 W4 D7 L18 F31 A62 P19) was expunged. Maidstone United were promoted to the Football League from where Darlington were relegated. Weymouth were relegated to the Southern League from where Merthyr Tydfil were promoted and Aylesbury United were relegated to the Isthmian League from where Farnborough Town were promoted. Barrow joined after being promoted from the Northern Premier League.

1990 Darlington were promoted to the Football League from where Colchester United were relegated. Chorley were relegated to the Northern Premier League from where Gateshead were promoted, Farnborough Town were relegated to the Southern League from where Bath City were promoted and Enfield were relegated to the Isthmian League from where Slough Town were promoted.

1991 Barnet were promoted to the Football League. Fisher Athletic were relegated to the Southern League from where Farnborough Town were promoted and Sutton United were relegated to the Isthmian League from where Redbridge Forest were promoted. Witton Albion joined after being promoted from the Northern Premier League.

1992 Colchester United were promoted to the Football League. Barrow were relegated to the Northern Premier League from where Stalybridge Celtic were promoted and Cheltenham Town were relegated to the Southern League from where Bromsgrove Rovers were promoted. Woking joined after promotion from the Isthmian League. Redbridge Forest merged with Dagenham of the Isthmian League whose ground at Victoria Road, Dagenham they were sharing, to form Dagenham & Redbridge and the merged club continued playing in the Conference at Victoria Road.

1993 Wycombe Wanderers were promoted to the Football League from where Halifax Town were relegated. Boston United were relegated to the Northern Premier League from where Southport were promoted and Farnborough Town were relegated to the Southern League from where Dover Athletic were promoted.

1994 Kidderminster Harriers were denied promotion to the Football League because their main stand had been condemned and finance was not in place soon enough to build a replacement. Slough Town were relegated to the Isthmian League from where Stevenage Borough were promoted. Witton Albion were relegated to the Northern Premier League and Farnborough Town joined after promotion from the Southern League.

1995 Macclesfield Town were denied promotion to the Football League because necessary ground improvements were not completed by the deadline date of 31st December 1994. Merthyr Tydfil and Stafford Rangers were both relegated to the Southern League from where Hednesford Town were promoted and Yeovil Town were relegated to the Isthmian League from where Slough Town were promoted. Morecambe joined after promotion from the Northern Premier League. From the start of the 1995-96 season, the competition was known as the Vauxhall Conference.

1996 Stevenage Borough were denied promotion to the Football League because necessary ground improvements were not completed by the deadline date of 31st December 1995. Dagenham & Redbridge were relegated to the Isthmian League from where Hayes were promoted. Runcorn were relegated to the Northern Premier League and Rushden & Diamonds joined after promotion from the Southern League.

1997 Macclesfield Town were promoted to the Football League from where Hereford United were relegated. Altrincham were relegated to the Northern Premier League from where Leek Town were promoted and Bath City and Bromsgrove Rovers were both relegated to the Southern League from where Cheltenham Town were promoted. Yeovil Town joined after being promoted from the Isthmian League.

1998 Halifax Town were promoted to the Football League from where Doncaster Rovers were relegated. Gateshead and Stalybridge Celtic were both relegated to the Northern Premier League from where Barrow were promoted. Slough Town were unable to finance necessary ground improvements and as a result, they were relegated to the Isthmian League from where Kingstonian were promoted. Forest Green Rovers joined after promotion from the Southern League. From the start of the 1998-99 season, the competition was known as the Football Conference.

1999 Cheltenham Town were promoted to the Football League from where Scarborough were relegated. Farnborough Town were relegated to the Isthmian League from where Sutton United were promoted and Leek Town were relegated to the Northern Premier League from where Altrincham were promoted. Barrow went into liquidation in January 1999 and, although their fixtures were completed after a new company was formed, they were expelled at the end of the season as they were unable to meet the necessary financial criteria. They also joined the Northern Premier League. Nuneaton Borough joined after promotion from the Southern League. From the start of the 1999-2000 season, the competition was known as the Nationwide Conference.

2000 Kidderminster Harriers were promoted to the Football League from where Chester City were relegated. Altrincham were relegated to the Northern Premier League from where Leigh RMI were promoted, Welling United were relegated to the Southern League from where Boston United were promoted and Sutton United were relegated to the Isthmian League from where Dagenham & Redbridge were promoted.

2001 Rushden & Diamonds were promoted to the Football League from where Barnet were relegated. Kettering Town and Hednesford Town were both relegated to the Southern League from where Margate were promoted and Kingstonian were relegated to the Isthmian League from where Farnborough Town were promoted. Stalybridge Celtic joined after promotion from the Northern Premier League.

2002 Boston United were promoted to the Football League from where Halifax Town were relegated. Stalybridge Celtic were relegated to the Northern Premier League from where Burton Albion were promoted, Dover Athletic were relegated to the Southern League from where Kettering Town were promoted and Hayes were relegated to the Isthmian League from where Gravesend & Northfleet were promoted. From the 2002-03 season onwards, two clubs were promoted to the Football League, the second promotion place to be decided by play-offs between the 2nd to 5th placed clubs.

2003 Yeovil Town and Doncaster Rovers (play-off winners) were promoted to the Football League from where Shrewsbury Town and Exeter City were relegated. Southport were relegated to the Northern Premier League from where Accrington Stanley were promoted, Nuneaton Borough were relegated to the Southern League from where Tamworth were promoted and Kettering Town were relegated to the Isthmian League from where Aldershot Town were promoted.

2004 Chester City and Shrewsbury Town (play-off winners) were promoted to the Football League from where Carlisle United and York City were relegated. Crawley Town joined after promotion from the Southern League and Canvey Island joined after promotion from the Isthmian League. Telford United were liquidated on 27th May 2004 because of financial problems. A replacement club called AFC Telford United was quickly formed and placed in the Northern Premier League – Division One by the Football Association. Margate had been ground-sharing at Dover Athletic's Crabble Athletic ground since 2002 while their own Hartsdown Park ground was re-developed to Conference standards. The work was planned for completion by the end of the 2003-04 season but a series of problems with the project meant that the old ground had been demolished while work on a replacement was yet to be approved. The club was therefore relegated to the newly formed Football Conference – South Division (see below).

Expansion to three divisions

In 2004, the Conference was expanded to three divisions as part of a major restructuring of the top levels of the non-League pyramid. The existing division was entitled National Division and there were two new 22-club regional divisions – Conference North and Conference South – which became feeders to the National Division with three clubs to be promoted - the champions of each division and then the winners of play-offs that involved the top four in each division. The Northern Premier League, Southern League and Isthmian League became feeders to the new regional divisions.

The founder members of the new divisions were:

North Division: Alfreton Town, Altrincham, Ashton United, Barrow, Bradford Park Avenue, Droylsden, Gainsborough Trinity, Harrogate Town, Hucknall Town, Lancaster City, Runcorn FC Halton, Southport, Stalybridge Celtic, Vauxhall Motors and Worksop Town (all from the Northern Premier League); Hinckley United, Moor Green, Nuneaton Borough, Redditch United, Stafford Rangers and Worcester City (all from the Southern League) and Kettering Town from the Isthmian League.

South Division: Basingstoke Town, Bishop's Stortford, Bognor Regis Town, Carshalton Athletic, Grays Athletic, Hayes, Hornchurch, Lewes, Maidenhead United, Redbridge, St. Albans City, Sutton United and Thurrock (all from the Isthmian League); Cambridge City, Dorchester Town, Eastbourne Borough, Havant & Waterlooville, Newport County, Welling United, Weston-super-Mare and Weymouth (all from the Southern League) and Margate from the National League (see above).

2005 National Division – Barnet and Carlisle United (play-off winners) were promoted to the Football League from where Cambridge United and Kidderminster Harriers were relegated. Farnborough Town were relegated to the South Division and Leigh RMI were relegated to the North Division. Northwich Victoria were also relegated to the North Division after entering administration and, although new owners took over the club, they were unable to meet legal requirements in time to register the club.

North Division – Southport and Altrincham (play-off winners) were promoted to the National Division. Runcorn FC Halton, Ashton United and Bradford Park Avenue were all relegated to the Northern Premier League from where Hyde United and Workington were promoted. Hednesford Town joined after promotion from the Southern League.

South Division – Grays Athletic were promoted to the National League. Margate and Redbridge were both relegated to the Isthmian League from where Eastleigh and Yeading were promoted. Histon joined after promotion from the Southern League. Hornchurch went into administration and were liquidated on 11th May 2005. A replacement club called AFC Hornchurch was immediately formed and joined the Essex Senior League for the 2005-06 season.

2006 National Division – Accrington Stanley and Hereford United (play-off winners) were promoted to the Football League from where Oxford United and Rushden & Diamonds were relegated. Scarborough were relegated to the North Division because they were unable to convince the league of their financial stability and Canvey Island took voluntary relegation to the Isthmian League – Division One (North) because poor levels of support did not justify the costs of running the side at such a high level. The Division was expanded to 24 clubs for the 2006-07 season. Four clubs were promoted instead of three with both North and South Division play-off winners included as well as the champions.

North Division – Northwich Victoria and Stafford Rangers (play-off winners) were promoted to the National Division. Hednesford Town were relegated to the Northern Premier League from where Farsley Celtic and Blyth Spartans were promoted.

South Division – Weymouth and St. Albans City (play-off winners) were promoted to the National Division. Maidenhead United were relegated to the Southern League from where Salisbury City and Bedford Town were promoted and Carshalton Athletic were relegated to the Isthmian League from where Braintree Town and Fisher Athletic were promoted.

2007 National Division – Dagenham & Redbridge and Morecambe (play-off winners) were promoted to the Football League from where Torquay United were relegated. Southport and Tamworth were both relegated to the North Division and St. Albans City were relegated to the South Division. Gravesend & Northfleet changed their name to Ebbsfleet United.

North Division – Droylsden and Farsley Celtic (play-off winners) were promoted to the National Division. Worksop Town were relegated to the Northern Premier League from where AFC Telford United and Burscough were promoted. Lancaster City went into administration and were liquidated but a replacement club was quickly formed and joined the Northern Premier League – Division One in 2007-08. Scarborough were liquidated on 20th June 2007 with debts of £2.5million. A replacement club called Scarborough Athletic was soon formed and joined the Northern Counties East League, ground-sharing at Bridlington Town's ground. Boston United joined after relegation from the Football League, having been relegated an extra division because they entered a Company Voluntary Arrangement on the last day of the 2006-07 season, in contravention of F.A. rules. Moor Green merged with Solihull Borough of the Southern League to form Solihull Moors. Moor Green had been playing at Solihull Borough's Damson park ground since 2005 when the Main Stand at their own Moorlands ground was destroyed by fire following an arson attack. The merged club continued to play in the North Division at Damson Park.

South Division – Histon and Salisbury City (play-off winners) were promoted to the National Division. Bedford Town were relegated to the Southern League from where Maidenhead United and Bath City were promoted. Hampton & Richmond Borough and Bromley joined after promotion from the Isthmian League. Farnborough Town went into administration and were expelled. A replacement club called Farnborough was quickly formed and joined the Southern League – Division One (South and West) in 2007-08. Hayes and Yeading merged to form Hayes & Yeading United who continued in the South Division playing at Hayes' Church Lane ground.

2008   National Division – Aldershot Town and Exeter City (play-off winners) were promoted to the Football League from where Mansfield Town and Wrexham were relegated. Droylsden, Farsley Celtic and Stafford Rangers were all relegated to the North Division. Halifax Town were liquidated in May 2008 with debts of over £2million. A replacement club was quickly formed called FC Halifax Town and joined the Northern Premier League – Division One (North) in 2008-09.

North Division – Kettering Town and Barrow (play-off winners) were promoted to the National Division. Boston United had not still exited administration by the end of the season and so were relegated to the Northern Premier League. Leigh RMI were relegated to the Northern Premier League and changed their name to Leigh Genesis. Nuneaton Borough went into liquidation on 2nd June 2008 but a replacement club called Nuneaton Town was quickly formed and joined the Southern League – Division One (Midlands) in 2008-09. Fleetwood Town and Gateshead joined after promotion from the Northern Premier League and King's Lynn joined after promotion from the Southern League. Worcester City were transferred to the South Division.

South Division – Lewes and Eastbourne Borough (play-off winners) were promoted to the National Division. Sutton United were relegated to the Isthmian League from where AFC Wimbledon and Chelmsford City were promoted. Cambridge City were relegated to the Southern League after their ground failed to meet the required standards. Team Bath joined following promotion from the Southern League.

2009   National Division – Burton Albion and Torquay United (play-off winners) were promoted to the Football League from where Chester City and Luton Town were relegated. Northwich Victoria were relegated to the North Division and Lewes, Weymouth and Woking were all relegated to the South Division.

North Division – Tamworth and Gateshead (play-off winners) were promoted to the National Division. Burscough and Hucknall Town were relegated to the Northern Premier League from where Eastwood Town and Ilkeston Town were promoted. King's Lynn were also relegated to the North Division after their ground failed to meet the required standards. Corby Town and Gloucester City both joined after promotion from the Southern League.

South Division – AFC Wimbledon and Hayes & Yeading United (play-off winners) were promoted to the National Division. Bognor Regis Town were relegated to the Isthmian League from where Dover Athletic and Staines Town were promoted. Team Bath disbanded after being told that their constitution meant that they could not be promoted any further. The club was funded by Bath University, so in effect by the taxpayer, and the university decided to disband the club rather than let it drop to a lower level. Fisher Athletic were liquidated by the High Court on 13th May 2009 after failing to repay considerable debts. A replacement club called Fisher FC was quickly formed and joined the Kent League in 2009-10.

2010 National Division – Stevenage Borough were promoted to the Football League and changed their name to Stevenage. Oxford United (play-off winners) were also promoted to the Football League from where Darlington and Grimsby Town were relegated. Ebbsfleet United were relegated to the South Division. Chester City were expelled from the league on 26th February 2010 for failing to fulfil fixtures and failing to pay a number of bills. Their record (P28 W5 D7 L16 F23 A42 P-3, because of a 25-point deduction for financial irregularities) was deleted. They were wound up by the High Court on 10th March 2010. A replacement club called Chester FC was quickly formed and joined the Northern Premier League – Division One (North) in 2010-11. Salisbury City were relegated to the Southern League – Premier Division for breaching league rules by failing to exit administration by an agreed deadline date. Grays Athletic decided to resign from the league and instead joined the Isthmian League – Division One (North) in 2010-11.

North Division – Southport and Fleetwood Town (play-off winners) were promoted to the National Division. Farsley Celtic were expelled in March 2010 after failing to fulfil fixtures and disbanded shortly afterwards with large unpaid debts. Their record (P30 W14 D2 L14 F48 A55 P34 with 10 points previously deducted for entering administration) was deleted. A replacement club called Farsley was formed and joined the Northern Counties East League – Premier Division in 2010-11. Northwich Victoria were relegated to the Northern Premier League – Premier Division because of ongoing financial problems. Hyde United changed their name to Hyde after a sponsorship agreement with Manchester City. Boston United and Guiseley joined after promotion from the Northern Premier League and Nuneaton Town joined after promotion from the Southern League.

South Division – Newport County and Bath City (play-off winners) were promoted to the National Division. Weymouth were relegated to the Southern League from where Farnborough were promoted. Dartford and Boreham Wood joined after promotion from the Isthmian League. Worcester City were transferred to the North Division.

2011 National Division – Crawley Town and AFC Wimbledon (play-off winners) were promoted to the Football League from where Lincoln City and Stockport County were relegated. Altrincham and Histon were relegated to the North Division and Eastbourne Borough were relegated to the South Division. Rushden & Diamonds were expelled from the Conference on 11th June 2011 as their perilous financial position meant that it was unlikely that they would be able to complete their 2011-12 fixtures. They were liquidated in July 2011 and a replacement club called AFC Rushden & Diamonds was formed which formed a youth team and joined the Northants Senior Youth League for the 2011-12 season.

North Division – Alfreton Town and AFC Telford United (play-off winners) were promoted to the National Division. Stafford Rangers were relegated to the Northern Premier League from where FC Halifax Town and Colwyn Bay were promoted. Redditch United were relegated to the Southern League. Ilkeston Town were liquidated by court order and expelled from the league on 8th September 2010 after failing to pay outstanding tax bills. Their record (P7 W1 D3 L3 F7 A16 P6) was deleted on 16th September. A replacement club called Ilkeston F.C. was formed and joined the Northern Premier League – Division One (South) for 2011-12.

South Division – Braintree Town and Ebbsfleet United (play-off winners) were promoted to the National Division. Lewes were relegated to the Isthmian League from where Tonbridge Angels and Sutton United were promoted and St. Albans City were relegated to the Southern League from where Salisbury City and Truro City were promoted.

2012 National Division – Fleetwood Town and York City (play-off winners) were promoted to the Football League from where Macclesfield Town and Hereford United were relegated. Hayes & Yeading United and Bath City were relegated to the South Division. Darlington went into administration in December 2011 and although they completed the season, they were only two days from liquidation when they were saved by a supporters' group. The F.A. ruled the club had to change name and drop four levels and so they joined the Northern League – Division One in 2012-13 as Darlington 1883. Kettering Town entered a Company Voluntary Arrangement in May 2012 because of a financial crisis and so were relegated to the Southern League – Premier Division in 2012-13.

North Division – Hyde and Nuneaton Town (play-off winners) were promoted to the National Division. Blyth Spartans and Eastwood Town were relegated to the Northern Premier League from where Chester and Bradford Park Avenue were promoted. Brackley Town and Oxford City joined after promotion from the Southern League.

South Division – Woking and Dartford (play-off winners) were promoted to the National Division. Hampton & Richmond Borough and Thurrock were relegated to the Isthmian League from where AFC Hornchurch and Billericay Town were promoted.

2013 National Division – Mansfield Town and Newport County (play-off winners) were promoted to the Football League from where Barnet and Aldershot Town were relegated. Stockport County, AFC Telford United and Barrow were all relegated to the North Division and Ebbsfleet United were relegated to the South Division.

North Division – Chester and FC Halifax Town (play-off winners) were promoted to the National Division. Droylsden were relegated to the Northern Premier League from where Hednesford Town and North Ferriby United were promoted. Corby Town and Hinckley United were relegated to the Southern League from where Leamington were promoted. Bishop's Stortford were transferred to the South Division.

South Division – Welling United and Salisbury City (play-off winners) were promoted to the National Division. AFC Hornchurch and Billericay Town were relegated to the Isthmian League from where Concord Rangers and Whitehawk were promoted and Truro City were relegated to the Southern League from where Gosport Borough were promoted.

2014 National Division – Luton Town and Cambridge United (play-off winners) were promoted to the Football League from where Bristol Rovers and Torquay United were relegated. Tamworth and Hyde were relegated to the North Division. Hereford United were expelled from the league on 10th June 2014 for non-payment of debts and dropped into the Southern League. However they were liquidated in December 2014 and a replacement club called Hereford FC was formed. Hereford joined the Midland League in 2015-16. Salisbury City were expelled by the league on 4th July 2014 for non-payment of debts. The club was later liquidated and was inactive in 2014-15 but a replacement club called Salisbury FC was formed and joined the Wessex League in 2015-16.

North Division – AFC Telford United and Altrincham (play-off winners) were promoted to the National Division. Workington were relegated to the Northern Premier League from where AFC Fylde and Chorley were promoted. Histon were relegated to the Southern League and Lowestoft Town joined after promotion from the Isthmian League. Vauxhall Motors resigned and disbanded their first team because of the increasing costs and so what was previously their reserve side, in the West Cheshire League, became their first team.

South Division – Eastleigh and Dover Athletic (play-off winners) were promoted to the National Division. Tonbridge Angels were relegated to the Isthmian League from where Wealdstone were promoted. Dorchester Town were relegated to the Southern League from where Hemel Hempstead Town and St. Albans City were promoted.

2015 National Division – Barnet and Bristol Rovers (play-off winners) were promoted to the Football League from where Cheltenham Town and Tranmere Rovers were relegated. Alfreton Town, AFC Telford United and Nuneaton Town were relegated to the North Division and Dartford were relegated to the South Division.

North Division – Barrow and Guiseley (play-off winners) were promoted to the National Division. Colwyn Bay and Hyde were relegated to the Northern Premier League from where Curzon Ashton and FC United of Manchester were promoted and Leamington were relegated to the Southern League from where Corby Town were promoted. Oxford City transferred to the South Division.

South Division – Bromley and Boreham Wood (play-off winners) were promoted to the National Division. Farnborough and Staines Town were relegated to the Isthmian League from where Maidstone United and Margate were promoted. Truro City joined after promotion from the Southern League.

2016 National Division – Cheltenham Town and Grimsby Town (play-off winners) were promoted to the Football League from where Dagenham & Redbridge and York City were relegated. FC Halifax Town, Altrincham and Kidderminster Harriers were all relegated to the North Division and Welling United were relegated to the South Division.

North Division – Solihull Moors and North Ferriby United (play-off winners) were promoted to the National Division. Hednesford Town and Corby Town were relegated to the Northern Premier League from where Darlington 1883 and Salford City were promoted. Lowestoft Town were relegated to the Isthmian League.

South Division – Sutton United and Maidstone United (play-off winners) were promoted to the National Division. Hayes & Yeading United and Basingstoke Town were relegated to the Southern League from where Hungerford Town and Poole Town were promoted. Havant & Waterlooville were relegated to the Isthmian League from where Hampton & Richmond Borough and East Thurrock United were promoted.

2017 National Division – Lincoln City and Forest Green Rovers (play-off winners) were promoted to the Football League from where Leyton Orient and Hartlepool United were relegated. York City, Southport and North Ferriby United were all relegated to the North Division and Braintree Town were relegated to the South Division.

North Division – AFC Fylde and FC Halifax Town (play-off winners) were promoted to the National Division. Stalybridge Celtic and Altrincham were relegated to the Northern Premier League from where Blyth Spartans and Spennymoor Town were promoted. Worcester City were relegated and took voluntary demotion to the Midland League for financial reasons. Gloucester City transferred to the South Division at the end of the season.

South Division – Maidenhead United and Ebbsfleet United (play-off winners) were promoted to the National Division. Gosport Borough and Bishop's Stortford were relegated to the Southern League from where Chippenham Town and Leamington were promoted. Margate were relegated to the Isthmian League from where Havant & Waterlooville and Bognor Regis Town were promoted.

2018 National Division – Macclesfield Town and Tranmere Rovers (play-off winners) were promoted to the Football League from where Chesterfield and Barnet were relegated. Chester and Guiseley were relegated to the North Division and Woking and Torquay United were relegated to the South Division.

North Division – Salford City and Harrogate Town (play-off winners) were promoted to the National Division. Gainsborough Trinity and North Ferriby United were relegated to the Northern Premier League from where Altrincham and Ashford United were promoted. Tamworth were relegated to the new Southern Football League Central Division.

South Division – Havant & Waterlooville and Braintree Town (play-off winners) were promoted to the National Division. Poole Town were relegated to the Southern League South Division (known as the Premier Division prior to the 2018/2019 season) from where Hereford and Slough Town were promoted. Whitehawk and Bognor Regis Town were relegated to the Isthmian League Premier Division from where Billericay Town and Dulwich Hamlet were promoted.

2019 National Division – Leyton Orient and Salford City (play-off winners) were promoted to the Football League from where Yeovil Town and Notts County were relegated. Gateshead were relegated to the North Division due to financial irregularities and Maidstone United, Braintree Town and Havant & Waterlooville were relegated to the South Division.

North Division – Stockport County and Chorley (play-off winners) were promoted to the National Division. Ashton United and FC United of Manchester were relegated to the Northern Premier League from where Altrincham and Ashford United were promoted. Nuneaton Borough were relegated to the Southern Football League Premier Division Central from where Kettering Town and King's Lynn Town were promoted. Gloucester City transferred from the National League South.

South Division – Torquay United and Woking (play-off winners) were promoted to the National Division. Truro City and Western-super-Mare were relegated to the Southern League Premier Division South from where Weymouth were promoted. East Thurrock United were relegated to the Isthmian League Premier Division from where Dorking Wanderers and Tonbridge Angels were promoted. Gloucester City transferred to the National League North.

2020 Play was suspended on 16th March 2020 due to the Covid-19 pandemic and the member clubs subsequently voted to end the season on 22nd April 2020. On 17th June 2020, the clubs voted that final league position would be based on a points per game basis so the teams finishing top of each revised table automatically won promotion. Promotion play-offs were then held in July and August to decide the additional promotion places.

National Division – Barrow and Harrogate Town (play-off winners) were promoted to the Football League from where Macclesfield Town were relegated. Due to Bury's expulsion from the Football League at the start of the season, just one club was relegated into the National League. AFC Fylde and Chorley were relegated to the North Division and Ebbsfleet United were relegated to the South Division.

North Division – King's Lynn Town and Altrincham (play-off winners) were promoted to the National Division. There was no relegation out of the National League North this season and no promotion from Step 3 of the Non-League pyramid.

South Division – Wealdstone and Weymouth (play-off winners) were promoted to the National Division. There was no relegation out of the National League South this season and no promotion from Step 3 of the Non-League pyramid.

2021 The season commenced on 3rd October 2020 as the play-offs for the 2019/2020 season were not completed until 2nd August due to delays caused by the ongoing Covid-19 pandemic. On 16th September, Macclesfield Town folded due to financial problems and were subsequently expelled from the league on 29th September.

National Division – Sutton United and Hartlepool United (play-off winners) were promoted to the Football League from where Southend United and Grimsby Town were relegated.

North Division – Play was suspended on 22nd January 2021 and it was decided to declare the season null and void on 18th February 2021. There was no promotion or relegation.

South Division – Play was suspended on 22nd January 2021 and it was decided to declare the season null and void on 18th February 2021. There was no promotion or relegation.

National League – Former Names

Since its formation in 1979, the National League has had a variety of official titles, sometimes due to a change of sponsors and sometimes because the league changed its name itself. The full list of titles by which the league has been known is shown below:

1979-1984	Alliance Premier League
1984-1986	Gola League
1986-1994	GM Vauxhall Conference
1994-1997	Vauxhall Conference
1997-1998	Football Conference
1998-2004	Nationwide Conference
2004-2007	Nationwide Conference/North/South
2007-2013	Blue Square Premier/North/South
2013-2014	Skrill Premier/North/South
2014-2015	Vanarama Conference Premier/Conference North/Conference South
2015-2019	Vanarama National League/National League North/National League South
2020-2021	Motorama National League/National League North/National League South

Alliance Premier League 1979/1980 Season	Altrincham	A.P. Leamington	Bangor City	Barnet	Barrow	Bath City	Boston United	Gravesend & Northfleet	Kettering Town	Maidstone United	Northwich Victoria	Nuneaton Borough	Redditch United	Scarborough	Stafford Rangers	Telford United	Wealdstone	Weymouth	Worcester City	Yeovil Town
Altrincham		3-0	5-0	1-0	3-1	4-0	3-0	4-1	0-0	1-0	0-0	3-1	2-0	2-0	3-1	2-0	2-1	3-2	3-1	1-1
A.P. Leamington	1-4		1-1	2-1	0-1	1-2	2-0	0-1	1-3	0-2	2-2	0-0	0-2	1-1	2-0	2-1	0-0	0-2	1-0	0-4
Bangor City	1-1	3-2		1-1	1-1	2-1	2-0	1-2	1-1	1-0	0-3	1-0	1-0	1-0	1-1	1-1	1-0	1-2	0-2	1-0
Barnet	2-0	1-0	1-1		1-1	1-0	0-0	3-0	0-2	0-1	0-2	2-1	0-0	0-0	2-1	4-1	1-3	0-2	0-0	0-3
Barrow	1-3	6-2	1-1	3-1		2-1	0-1	1-1	1-2	0-2	1-0	1-0	2-0	0-0	2-1	2-0	1-0	0-1	1-2	2-0
Bath City	1-1	0-0	2-1	1-2	1-0		0-1	2-0	3-0	1-1	0-0	1-1	1-1	1-0	2-1	1-1	4-4	4-2	0-4	1-1
Boston United	2-5	2-0	3-1	1-1	3-0	3-2		4-0	1-0	1-1	2-0	2-2	2-0	2-2	3-2	3-1	0-0	2-2	1-1	3-0
Gravesend & Northfleet	0-2	3-2	1-1	1-0	5-1	2-0	0-0		2-2	1-0	2-1	2-2	1-0	3-0	2-0	1-2	3-0	2-3	3-2	2-0
Kettering Town	1-2	1-1	0-1	1-0	0-4	1-2	3-1	0-0		1-1	1-0	1-1	2-1	1-0	3-6	3-2	2-0	3-1	0-0	5-3
Maidstone United	2-2	0-0	0-1	2-0	2-0	6-0	1-0	3-0	1-3		3-4	1-1	4-1	2-0	2-0	3-0	3-0	1-1	2-1	0-1
Northwich Victoria	1-0	2-1	4-0	2-0	6-3	6-1	0-1	0-0	2-2	0-2		2-1	1-0	1-1	1-0	2-1	0-0	0-0	1-0	0-1
Nuneaton Borough	2-0	1-1	2-2	2-1	3-0	1-1	2-0	3-1	2-2	4-0	2-1		5-1	3-1	3-1	1-1	0-1	1-2	1-0	3-0
Redditch United	0-1	3-1	1-5	1-0	1-3	1-1	0-2	0-2	0-1	0-0	0-1	1-0		1-2	0-2	2-2	4-1	0-2	1-1	2-2
Scarborough	1-1	5-0	0-0	0-0	2-0	6-1	2-4	1-1	2-0	1-2	2-1	2-1	3-0		0-0	1-2	0-0	0-0	4-1	0-0
Stafford Rangers	1-2	1-1	0-1	1-2	1-1	4-0	0-1	0-0	1-1	4-1	0-1	1-1	3-1	0-1		0-1	0-1	1-5	0-0	2-1
Telford United	3-2	0-1	2-0	1-2	3-2	3-1	4-1	1-2	0-3	3-1	0-0	2-1	2-1	2-2	1-0		1-3	3-3	0-1	0-3
Wealdstone	1-4	1-2	0-0	2-1	2-1	1-1	1-1	0-0	2-2	0-0	0-1	2-2	2-0	2-4	2-1	0-0		1-1	2-4	5-0
Weymouth	0-0	2-1	4-2	1-1	1-0	1-2	3-0	1-0	3-1	1-1	2-0	2-0	6-0	0-1	2-1	3-2	4-0		1-2	3-0
Worcester City	3-2	1-1	0-0	2-1	2-0	2-1	0-0	1-0	1-4	3-1	2-1	1-1	3-0	0-0	1-0	2-1	2-1	1-1		2-0
Yeovil Town	3-2	1-0	1-2	5-0	0-1	1-0	0-0	1-1	1-1	3-0	1-1	2-1	2-0	1-1	3-1	0-2	1-1	0-1	0-2	

Alliance Premier League
Season 1979/1980

Altrincham	38	24	8	6	79	35	56
Weymouth	38	22	10	6	73	37	54
Worcester City	38	19	11	8	53	36	49
Boston United	38	16	13	9	52	43	45
Gravesend & Northfleet	38	17	10	11	49	44	44
Maidstone United	38	16	11	11	54	37	43
Kettering Town	38	15	13	10	55	50	43
Northwich Victoria	38	16	10	12	50	38	42
Bangor City	38	14	14	10	41	46	42
Nuneaton Borough	38	13	13	12	58	44	39
Scarborough	38	12	15	11	47	38	39
Yeovil Town	38	13	10	15	46	49	36
Telford United	38	13	8	17	52	60	34
Barrow	38	14	6	18	47	55	34
Wealdstone	38	9	15	14	42	54	33
Bath City	38	10	12	16	43	69	32
Barnet	38	10	10	18	32	48	30
AP Leamington	38	7	11	20	32	63	25
Stafford Rangers	38	6	10	22	41	57	22
Redditch United	38	5	8	25	26	69	18

Relegated: Redditch United

Alliance Premier League 1980/1981 Season	Altrincham	A.P. Leamington	Bangor City	Barnet	Barrow	Bath City	Boston United	Frickley Athletic	Gravesend & Northfleet	Kettering Town	Maidstone United	Northwich Victoria	Nuneaton Borough	Scarborough	Stafford Rangers	Telford United	Wealdstone	Weymouth	Worcester City	Yeovil Town
Altrincham		4-1	2-0	2-0	2-2	3-1	2-0	2-0	2-1	4-1	2-1	1-1	0-3	4-3	4-2	0-2	2-0	1-2	1-0	2-1
A.P. Leamington	2-4		1-0	0-1	2-2	0-4	0-0	2-2	4-1	3-3	2-3	1-1	0-1	2-0	1-1	5-0	1-1	0-1	2-1	1-0
Bangor City	4-5	1-0		4-2	2-6	0-1	1-1	4-3	1-1	0-1	1-1	0-0	2-5	0-3	0-0	2-0	0-2	2-0	1-1	0-2
Barnet	3-2	1-0	0-1		0-0	1-5	2-2	2-0	1-1	0-1	4-1	1-0	1-0	1-2	1-1	2-1	3-0	0-3	0-2	4-4
Barrow	0-4	0-2	3-0	1-1		0-0	0-2	0-0	3-1	2-1	4-1	2-1	1-0	0-1	5-1	0-1	1-0	0-1	1-0	2-1
Bath City	0-1	5-0	0-0	1-0	2-1		2-0	3-0	1-0	0-0	0-0	0-0	0-1	0-0	0-1	2-0	2-3	3-0	2-1	
Boston United	1-1	2-3	1-1	3-0	0-2	4-2		1-2	2-1	2-1	1-1	2-3	3-1	0-3	2-2	5-3	2-1	2-1	3-1	3-1
Frickley Athletic	0-2	0-0	4-0	3-0	5-0	2-1	0-1		2-4	1-1	2-1	0-1	4-3	1-0	3-2	4-1	1-1	1-2	1-1	2-1
Gravesend & Northfleet	0-2	4-0	1-0	0-2	0-2	2-1	1-2	3-1		1-0	1-2	0-1	4-0	1-1	1-1	2-2	0-1	1-0	2-1	2-2
Kettering Town	1-1	3-0	3-1	2-1	0-1	2-2	0-0	6-1	2-0		3-0	3-3	3-0	1-0	1-0	2-1	0-1	1-0	1-0	4-0
Maidstone United	1-2	2-1	1-0	4-1	1-0	2-1	2-2	1-1	1-1	1-2		4-0	1-3	1-1	4-1	3-0	4-0	3-0	2-0	4-2
Northwich Victoria	1-0	2-0	2-1	4-1	0-0	3-1	3-1	1-3	4-0	1-1	2-1		2-0	0-1	2-1	1-0	0-0	0-0	3-0	1-2
Nuneaton Borough	0-0	3-0	3-2	0-1	3-1	0-0	0-2	0-1	1-2	1-5	1-1	2-0		0-4	2-2	3-3	2-0	1-4	2-3	3-0
Scarborough	1-0	0-0	1-1	3-0	0-0	1-0	3-2	2-1	1-0	1-2	1-2	0-0	2-1		0-0	1-1	4-0	2-0	0-0	2-1
Stafford Rangers	1-3	1-1	4-0	1-0	1-0	0-2	2-3	3-3	2-3	3-1	3-1	2-0	2-2	2-1		0-1	3-0	2-0	1-0	1-1
Telford United	3-2	2-3	1-1	0-0	5-2	2-1	2-0	1-0	0-0	0-2	1-2	1-3	2-2	0-0	1-1		2-1	1-0	1-2	0-1
Wealdstone	1-2	1-2	1-1	2-0	2-0	0-1	3-0	0-2	3-1	1-1	2-1	1-1	0-0	2-2	1-1	4-0		1-1	1-2	1-1
Weymouth	0-0	3-2	4-0	3-0	2-1	1-1	2-1	1-2	0-1	1-2	1-1	4-3	1-0	1-1	2-1	1-0	2-1		1-0	0-1
Worcester City	0-0	3-3	1-1	4-0	2-4	0-2	1-4	3-0	3-1	2-1	2-1	2-1	1-0	2-0	1-1	0-3	4-1	2-1		0-1
Yeovil Town	1-1	3-0	1-0	1-2	2-1	1-2	2-1	5-3	1-3	1-2	2-1	1-2	5-1	0-0	3-4	1-2	4-0	0-5	3-0	

Alliance Premier League
Season 1980/1981

Altrincham	38	23	8	7	72	41	54
Kettering Town	38	21	9	8	66	37	51
Scarborough	38	17	13	8	49	29	47
Northwich Victoria	38	17	11	10	53	40	45
Weymouth	38	19	6	13	54	40	44
Bath City	38	16	10	12	51	32	42
Maidstone United	38	16	9	13	64	53	41
Boston United	38	16	9	13	63	58	41
Barrow	38	15	8	15	50	49	38
Frickley Athletic	38	15	8	15	61	62	38
Stafford Rangers	38	11	15	12	56	56	37
Worcester City	38	14	7	17	47	54	35
Telford United	38	13	9	16	47	59	35
Yeovil Town	38	14	6	18	60	64	34
Gravesend & Northfleet	38	13	8	17	48	55	34
AP Leamington	38	10	11	17	47	66	31
Barnet	38	12	7	19	39	64	31
Nuneaton Borough	38	10	9	19	49	65	29
Wealdstone	38	9	11	18	37	56	29
Bangor City	38	6	12	20	35	68	24

Relegated: Nuneaton Borough, Wealdstone and Bangor City

Alliance Premier League 1981/1982 Season	Altrincham	A.P. Leamington	Barnet	Barrow	Bath City	Boston United	Dagenham	Dartford	Enfield	Frickley Athletic	Gravesend & Northfleet	Kettering Town	Maidstone United	Northwich Victoria	Runcorn	Scarborough	Stafford Rangers	Telford United	Trowbridge Town	Weymouth	Worcester City	Yeovil Town
Altrincham	■	2-3	2-0	1-1	1-0	1-1	1-1	2-0	1-0	1-1	3-1	2-1	1-2	0-2	2-2	2-0	0-1	3-0	1-2	0-0	6-3	7-1
A.P. Leamington	0-1	■	0-2	1-1	0-1	2-2	0-4	0-2	2-3	1-0	3-3	3-3	1-1	0-2	1-1	1-2	1-5	0-2	0-1	2-2	0-1	2-5
Barnet	0-0	0-0	■	1-2	0-1	0-0	1-2	2-0	4-1	0-0	2-0	2-1	1-1	0-1	1-3	1-1	0-2	1-0	0-0	0-3	1-2	0-0
Barrow	1-0	4-2	2-1	■	0-1	1-0	2-2	2-0	0-2	2-0	3-1	7-2	2-0	6-1	1-1	3-2	1-1	2-0	1-0	2-0	0-0	3-1
Bath City	1-1	7-0	2-1	0-0	■	1-2	0-3	1-1	0-1	1-3	1-0	3-2	1-1	1-0	0-2	2-0	1-1	1-2	1-1	2-1	2-3	2-0
Boston United	1-1	2-0	1-1	2-1	4-0	■	3-4	3-2	1-0	3-1	2-2	4-2	6-0	2-0	0-1	2-1	2-1	4-2	1-0	0-2	3-2	0-0
Dagenham	2-0	0-0	1-1	1-0	0-1	2-0	■	2-1	2-4	2-0	1-1	2-1	1-1	2-1	0-1	2-2	2-2	3-2	1-2	2-1	1-2	3-0
Dartford	0-1	2-2	2-1	0-2	1-1	2-1	0-3	■	0-2	1-0	0-1	2-2	2-1	0-1	1-2	0-1	2-2	2-0	1-0	0-0	0-2	5-0
Enfield	1-1	6-1	0-0	7-2	5-1	4-0	3-2	1-1	■	3-0	4-0	1-1	3-2	1-0	2-0	1-4	2-0	3-4	2-1	3-0	1-2	2-0
Frickley Athletic	1-1	4-1	0-1	2-1	1-3	4-1	3-1	3-0	1-1	■	1-1	3-2	0-3	1-0	2-0	2-3	2-0	0-0	2-0	0-1	1-2	2-1
Gravesend & Northfleet	1-1	4-1	2-3	3-1	0-2	3-1	1-2	1-0	1-2	4-1	■	1-3	2-2	0-1	2-4	3-0	1-1	0-2	1-1	2-1	1-1	1-1
Kettering Town	5-4	1-2	5-2	0-2	1-3	1-1	3-1	4-4	0-1	0-0	2-1	■	2-2	0-0	0-0	1-2	3-0	1-3	4-0	1-2	0-1	1-1
Maidstone United	0-0	4-0	0-0	1-0	1-0	0-2	2-2	5-1	1-4	0-0	0-1	2-0	■	6-1	1-2	0-2	3-1	2-2	3-0	0-1	2-2	0-1
Northwich Victoria	2-0	3-0	1-1	2-0	2-1	1-0	3-0	3-4	2-1	0-0	1-0	2-0	3-1	■	1-1	2-1	1-2	2-2	0-0	0-2	3-0	1-1
Runcorn	5-4	3-0	1-0	0-0	5-1	4-0	1-0	4-2	1-0	1-0	3-2	1-1	0-1		■	2-0	1-0	2-3	2-0	3-1	5-2	2-1
Scarborough	1-3	6-1	1-0	2-0	1-1	1-1	1-1	2-0	1-4	0-1	5-0	1-0	0-0	0-4	3-0	■	1-0	0-0	3-1	2-1	1-0	2-2
Stafford Rangers	2-0	3-1	1-0	1-1	2-0	0-0	0-0	0-3	0-1	0-0	1-0	1-1	1-1	2-2	0-1	1-1	■	1-2	0-2	3-0	0-2	3-1
Telford United	4-3	2-0	3-0	0-0	0-2	4-1	0-2	2-0	0-0	7-1	1-0	1-0	1-2	1-1	1-1	0-3	2-0	■	2-0	2-0	3-2	2-1
Trowbridge Town	0-2	2-1	1-1	2-0	1-1	1-0	0-0	2-1	2-2	2-0	2-1	0-1	3-0	1-0	0-0	1-3	1-2		■	1-1	1-1	2-4
Weymouth	1-0	1-2	0-2	3-0	2-0	2-1	1-1	2-1	2-2	5-0	1-2	2-3	1-0	1-0	0-1	3-1	1-1	0-1	1-0	■	3-2	1-1
Worcester City	4-3	2-1	3-1	4-0	2-0	0-0	2-1	2-0	1-2	3-2	2-1	1-1	4-1	0-1	0-1	2-4	1-1	2-1	3-1	0-0	■	0-1
Yeovil Town	2-1	3-2	4-1	0-0	2-0	0-1	1-4	1-1	1-2	1-2	2-1	1-1	1-0	4-1	1-3	0-0	2-1	1-2	2-0	1-4	3-0	■

Alliance Premier League
Season 1981/1982

Runcorn	42	28	9	5	75	37	93
Enfield	42	26	8	8	90	46	86
Telford United	42	23	8	11	70	51	77
Worcester City	42	21	8	13	70	60	71
Dagenham	42	19	12	11	69	51	69
Northwich Victoria	42	20	9	13	56	46	69
Scarborough	42	19	11	12	65	52	68
Barrow	42	18	11	13	59	50	65
Weymouth	42	18	9	15	56	47	63
Boston United	42	17	11	14	61	57	62
Altrincham	42	14	13	15	66	56	55
Bath City	42	15	10	17	50	57	55
Yeovil Town	42	14	11	17	56	68	53
Stafford Rangers	42	12	16	14	48	47	52
Frickley Athletic	42	14	10	18	47	60	52
Maidstone United	42	11	15	16	55	59	48
Trowbridge Town	42	12	11	19	38	54	47
Barnet	42	9	14	19	36	52	41
Kettering Town	42	9	13	20	64	76	40
Gravesend & Northfleet	42	10	10	22	51	69	40
Dartford	42	10	9	23	47	69	39
A.P. Leamington	42	4	10	28	40	105	22

Relegated: Gravesend & Northfleet, Dartford and A.P. Leamington

Alliance Premier League 1982/1983 Season	Altrincham	Bangor City	Barnet	Barrow	Bath City	Boston United	Dagenham	Enfield	Frickley Athletic	Kettering Town	Maidstone United	Northwich Victoria	Nuneaton Borough	Runcorn	Scarborough	Stafford Rangers	Telford United	Trowbridge Town	Wealdstone	Weymouth	Worcester City	Yeovil Town
Altrincham	■	2-0	3-0	2-2	0-0	2-2	2-0	2-2	2-2	3-1	0-2	3-0	1-2	2-1	2-1	4-0	1-0	2-0	0-1	1-0	2-0	4-1
Bangor City	1-0	■	1-0	2-2	0-0	0-1	1-1	0-0	1-0	4-2	2-2	1-1	5-2	1-2	0-3	1-0	1-1	4-3	2-2	4-3	0-2	2-2
Barnet	2-1	1-3	■	2-1	2-1	1-4	2-2	1-3	4-1	2-3	1-3	4-2	1-0	2-0	2-3	1-0	0-2	1-3	0-0	1-2	3-1	4-4
Barrow	2-2	1-5	0-1	■	0-1	1-1	1-2	0-3	2-0	2-0	0-3	0-0	2-2	1-2	1-2	2-1	0-5	3-2	0-2	3-0	2-0	3-1
Bath City	0-2	1-2	0-2	4-1	■	3-2	3-1	2-2	4-3	2-1	0-1	3-0	3-0	2-1	2-3	5-1	0-0	2-0	3-2	0-1	0-0	2-0
Boston United	3-0	4-3	1-0	2-1	2-2	■	3-3	0-2	2-1	2-1	1-0	1-0	1-1	2-4	1-0	1-1	4-0	3-0	0-0	3-2	4-1	6-3
Dagenham	1-1	1-1	1-2	0-0	0-1	1-1	■	1-0	4-1	2-3	0-1	3-1	0-0	3-1	1-1	3-3	1-1	0-1	1-2	1-2	3-3	3-0
Enfield	2-1	6-2	5-0	2-0	3-0	4-2	2-1	■	2-2	5-2	1-0	2-1	1-1	0-0	5-3	0-1	6-2	2-0	0-1	2-1	4-0	3-1
Frickley Athletic	3-0	3-3	0-1	1-1	2-1	2-0	1-2	5-2	■	3-2	2-1	0-0	2-1	0-2	2-1	3-0	2-2	2-2	2-2	1-2	2-0	3-0
Kettering Town	3-2	3-4	3-1	3-1	4-2	2-0	1-2	0-2	4-1	■	1-3	1-4	0-0	3-1	2-2	2-2	1-2	1-1	1-3	1-1	4-1	5-2
Maidstone United	3-2	6-1	2-0	2-0	0-1	2-0	1-3	1-1	4-0	5-1	■	1-0	2-0	2-0	6-0	1-0	1-0	6-0	0-3	3-0	5-0	2-1
Northwich Victoria	2-1	1-4	1-0	1-0	3-0	1-1	3-0	3-1	2-1	2-1	2-1	■	2-2	2-0	1-1	2-1	2-1	6-3	3-3	1-1	3-0	5-0
Nuneaton Borough	3-1	2-1	1-0	1-1	5-0	1-2	1-1	0-2	5-1	0-0	2-2	2-1	■	0-2	0-2	1-1	2-1	2-0	1-1	2-0	2-0	3-1
Runcorn	1-0	1-2	2-0	2-1	1-0	3-2	5-1	2-2	3-3	6-0	1-1	1-1	3-1	■	2-1	4-1	0-0	3-2	2-1	1-0	3-1	4-1
Scarborough	1-1	2-0	0-2	1-1	0-1	0-0	1-1	0-2	1-2	3-0	2-1	5-1	3-0	3-2	■	2-1	1-1	5-2	1-2	2-0	4-1	2-2
Stafford Rangers	2-3	1-1	1-0	2-0	1-1	0-2	1-2	0-3	1-1	1-1	2-3	1-1	1-2	0-1	0-0	■	1-1	3-2	2-1	1-2	0-0	1-3
Telford United	1-1	2-0	3-0	1-3	2-0	3-2	3-0	4-3	1-1	2-1	3-1	3-0	2-0	4-0	0-2	2-0	■	3-1	0-0	2-0	2-0	3-2
Trowbridge Town	3-2	2-2	0-2	2-1	1-1	1-2	2-2	2-1	2-0	2-1	0-2	0-2	0-2	1-2	1-1	5-3	2-0	■	0-0	0-0	2-3	2-1
Wealdstone	1-1	2-0	6-0	4-0	1-1	0-0	3-1	1-3	2-0	4-0	0-0	2-1	1-2	1-0	2-2	3-2	2-0	4-0	■	2-4	2-0	2-0
Weymouth	2-0	2-1	1-3	1-1	1-0	4-2	0-1	1-0	0-0	4-1	0-0	3-0	3-0	1-1	2-0	0-0	0-0	2-1	4-1	■	4-2	2-0
Worcester City	1-0	1-1	4-2	2-1	1-4	1-1	1-4	1-1	4-4	6-2	1-1	3-0	1-1	1-0	1-3	3-0	1-0	4-1	1-3	3-3	■	2-1
Yeovil Town	2-1	3-2	4-2	2-2	1-0	0-4	2-0	1-3	2-1	0-0	2-4	6-2	1-1	2-1	0-0	3-4	0-1	1-5	0-2	3-0		■

Alliance Premier League
Season 1982/1983

Enfield	42	25	9	8	95	48	84
Maidstone United	42	25	8	9	83	34	83
Wealdstone	42	22	13	7	80	41	79
Runcorn	42	22	8	12	73	53	74
Boston United	42	20	12	10	77	57	72
Telford United	42	20	11	11	69	48	71
Weymouth	42	20	10	12	63	48	70
Northwich Victoria	42	18	10	14	68	63	64
Scarborough	42	17	12	13	71	58	63
Bath City	42	17	9	16	58	55	60
Nuneaton Borough	42	15	13	14	57	60	58
Altrincham	42	15	10	17	62	56	55
Bangor City	42	14	13	15	71	77	55
Dagenham	42	12	15	15	60	65	51
Barnet	42	16	3	23	55	78	51
Frickley Athletic	42	12	13	17	66	77	49
Worcester City	42	12	10	20	58	87	46
Trowbridge Town	42	12	7	23	56	88	43
Kettering Town	42	11	7	24	69	99	40
Yeovil Town	42	11	7	24	63	99	40
Barrow	42	8	12	22	46	74	36
Stafford Rangers	42	5	14	23	40	75	29

Relegated: Barrow and Stafford Rangers

Alliance Premier League 1983/1984 Season

	Altrincham	Bangor City	Barnet	Bath City	Boston United	Dagenham	Enfield	Frickley Athletic	Gateshead	Kettering Town	Kidderminster Harriers	Maidstone United	Northwich Victoria	Nuneaton Borough	Runcorn	Scarborough	Telford United	Trowbridge Town	Wealdstone	Weymouth	Worcester City	Yeovil Town
Altrincham		2-1	3-2	2-0	3-0	4-0	1-3	1-0	5-0	1-1	0-1	1-0	1-1	0-1	1-3	2-0	1-1	4-0	1-0	2-1	3-4	2-1
Bangor City	1-3		0-1	1-0	0-0	2-4	2-1	4-1	3-3	3-1	1-2	0-2	0-1	1-2	2-3	1-1	4-0	4-0	0-0	1-3	2-4	3-0
Barnet	1-2	3-1		1-2	1-2	3-1	2-1	3-2	0-1	0-3	0-2	0-4	2-1	1-2	2-0	0-1	0-0	2-1	1-1	1-1	2-0	2-0
Bath City	0-0	5-1	0-1		4-2	0-1	3-2	1-0	1-1	1-1	3-0	1-2	2-0	0-1	1-1	4-1	1-1	2-1	0-0	1-0	0-0	3-1
Boston United	2-2	3-2	0-0	0-0		3-0	3-2	2-2	0-4	3-1	2-3	1-0	3-1	3-0	1-2	1-1	2-3	2-0	1-1	4-3	0-1	3-2
Dagenham	0-2	3-1	3-1	3-1	2-0		1-4	1-1	1-2	2-0	0-0	0-1	3-1	4-2	0-2	1-1	1-2	6-2	1-0	1-2	0-1	1-0
Enfield	0-1	3-1	0-1	2-0	1-0	3-0		3-3	0-3	2-2	1-0	0-3	1-2	0-1	1-1	2-1	3-1	2-1	0-2	0-1	2-2	3-0
Frickley Athletic	3-1	2-0	3-1	1-2	7-1	4-0	1-1		4-1	1-1	0-2	2-0	4-1	1-3	2-1	2-1	1-1	2-0	2-5	1-2	3-1	3-0
Gateshead	0-1	2-1	2-3	3-1	5-5	1-1	1-1	2-0		1-2	1-0	0-2	1-3	1-1	1-1	1-1	2-1	2-2	1-1	3-0	1-1	4-2
Kettering Town	1-1	1-3	0-1	0-0	2-1	2-2	1-0	0-1	3-0		4-2	0-2	1-0	3-4	1-0	2-3	4-1	3-2	1-2	0-2	0-1	2-3
Kidderminster Harriers	0-2	2-1	4-4	1-1	1-1	4-2	1-1	1-1	1-0	3-1		0-0	2-2	3-3	0-2	1-3	1-0	1-1	3-1	0-1	2-1	1-2
Maidstone United	1-0	2-0	1-1	1-1	2-2	2-0	1-1	3-1	1-0	1-0	3-1		0-1	1-0	1-1	1-1	6-0	4-1	2-1	2-2	1-1	4-0
Northwich Victoria	1-1	2-1	0-0	3-2	3-1	3-1	3-1	1-1	3-1	4-0	4-2	1-1		1-1	0-1	3-1	0-0	0-2	1-1	1-0	1-0	0-0
Nuneaton Borough	0-1	3-0	2-2	5-2	4-0	1-1	4-0	1-0	3-2	1-0	2-1	2-2	1-0		2-2	3-0	1-1	2-1	1-1	3-0	1-0	2-1
Runcorn	0-0	0-2	2-0	2-1	3-1	1-0	0-0	2-1	4-2	4-1	1-1	0-0	0-0	0-1		2-0	0-0	2-0	4-2	1-1	2-1	4-4
Scarborough	3-1	3-0	1-0	0-0	2-0	0-0	0-4	3-1	1-0	2-0	1-1	1-1	1-0	2-1	3-0		3-0	0-0	1-1	1-1	4-4	3-0
Telford United	2-1	2-1	0-0	3-2	3-2	3-1	0-3	0-1	4-0	1-0	3-0	3-1	0-2	1-0	1-1	1-0		1-0	0-1	0-1	2-0	2-2
Trowbridge Town	0-0	1-2	0-4	1-2	0-2	1-4	0-0	0-1	0-2	1-2	1-2	1-2	1-1	0-2	0-1	1-0	2-2		1-2	1-2	2-1	1-0
Wealdstone	3-1	5-0	3-0	0-3	1-1	1-0	2-1	0-0	4-0	4-2	1-0	0-0	4-2	1-1	4-0	6-0		2-0		2-0	3-1	1-0
Weymouth	0-1	5-0	2-2	0-1	0-2	3-1	1-3	0-2	1-1	0-0	1-3	1-1	0-1	3-1	6-1	2-3	0-1	0-4			0-2	1-3
Worcester City	0-1	0-0	2-0	2-4	2-2	2-2	1-3	0-0	3-1	0-3	1-1	3-0	2-0	1-1	3-0	3-0	0-1	5-2	1-1	1-0		4-0
Yeovil Town	1-2	1-1	2-4	0-2	4-2	0-2	3-2	3-0	0-0	2-0	1-1	1-3	2-0	1-0	0-1	1-2	1-0	3-1	0-0	6-3	2-2	

Alliance Premier League
Season 1983/1984

Maidstone United	42	23	13	6	71	34	70
Nuneaton Borough	42	24	11	7	70	40	69
Altrincham	42	23	9	10	64	39	65
Wealdstone	42	21	14	7	75	36	62
Runcorn	42	20	13	9	61	45	62
Bath City	42	17	12	13	60	48	53
Northwich Victoria	42	16	14	12	54	47	51
Worcester City	42	15	13	14	64	55	49
Barnet	42	16	10	16	55	58	49
Kidderminster Harriers	42	14	14	14	54	61	49
Telford United	42	17	11	14	50	58	49
Frickley Athletic	42	17	10	15	68	56	48
Scarborough	42	14	16	12	52	55	48
Enfield	42	14	9	19	61	58	43
Weymouth	42	13	8	21	54	65	42
Gateshead	42	12	13	17	59	73	42
Boston United	42	13	12	17	66	80	41
Dagenham	42	14	8	20	57	69	40
Kettering Town	42	12	9	21	53	67	37
Yeovil Town	42	12	8	22	55	77	35
Bangor City	42	10	6	26	54	82	29
Trowbridge Town	42	5	7	30	33	87	19

During this season, 2 points were awarded for a Home win, 3 points were awarded for an Away win and 1 point awarded for any Draw

Relegated: Bangor City and Trowbridge Town

Alliance Premier League
1984/1985 Season

	Altrincham	Barnet	Barrow	Bath City	Boston United	Dagenham	Dartford	Enfield	Frickley Athletic	Gateshead	Kettering Town	Kidderminster Harriers	Maidstone United	Northwich Victoria	Nuneaton Borough	Runcorn	Scarborough	Telford United	Wealdstone	Weymouth	Worcester City	Yeovil Town
Altrincham		0-2	2-0	0-0	7-2	3-1	2-1	3-2	3-4	2-0	2-1	2-1	2-0	1-2	1-0	0-1	3-0	0-1	1-2	2-0	1-1	2-0
Barnet	1-0		4-0	2-1	1-0	0-0	0-1	3-2	1-2	1-1	4-2	2-4	0-0	1-1	1-1	1-1	1-2	0-1	7-0	0-0	2-0	4-1
Barrow	0-2	1-0		0-1	1-1	3-1	0-0	1-1	6-0	0-1	0-1	1-3	0-2	0-0	0-0	1-1	1-1	2-1	2-1	3-3	1-0	2-2
Bath City	1-0	2-1	1-2		2-1	2-0	1-0	1-0	3-0	1-1	1-6	0-2	1-0	0-3	1-0	0-1	2-1	2-1	3-1	2-1	3-1	1-0
Boston United	0-0	2-1	1-3	1-2		4-1	2-0	3-2	2-1	1-1	3-1	2-3	1-0	3-4	2-3	2-0	3-3	1-3	1-1	2-2	4-1	3-0
Dagenham	1-1	0-0	1-1	0-0	1-2		0-1	0-3	4-1	0-2	2-1	2-2	4-1	2-1	2-1	2-1	0-2	1-0	1-2	2-2	1-3	2-0
Dartford	1-0	2-0	2-0	1-3	1-1	3-0		1-2	0-2	1-2	0-1	2-1	1-1	1-0	2-2	1-1	3-1	0-0	2-3	1-1	2-3	1-1
Enfield	3-3	3-3	0-0	1-1	1-1	3-2	0-1		1-0	3-1	5-3	5-2	1-2	3-2	1-0	1-1	3-4	0-0	2-0	2-1	6-0	4-0
Frickley Athletic	2-1	3-1	2-2	2-0	2-1	0-2	2-4	1-0		1-0	3-0	3-0	1-3	4-0	1-1	1-1	2-3	1-2	0-2	2-0	2-1	3-1
Gateshead	0-1	0-2	1-2	1-1	1-2	2-1	0-0	0-5	3-2		1-4	4-1	2-1	2-6	0-2	0-3	3-1	1-1	1-2	2-2	2-2	1-1
Kettering Town	1-2	4-0	0-0	1-2	2-1	0-1	0-2	4-3	5-0	1-1		2-2	2-0	2-2	1-1	3-0	0-1	4-2	0-1	1-1	1-0	3-0
Kidderminster Harriers	0-2	1-4	0-1	2-2	2-0	5-1	1-1	1-3	2-4	3-0	2-2		2-1	3-1	3-4	0-1	3-2	0-2	0-3	3-3	4-1	3-0
Maidstone United	3-0	1-0	2-0	2-0	2-2	0-1	2-1	2-2	1-1	1-0	3-0	1-4		1-0	2-2	5-1	2-2	0-0	0-1	1-4	4-0	3-3
Northwich Victoria	1-2	2-0	1-0	3-1	1-0	0-1	0-1	1-1	3-0	2-0	1-2	0-2	0-0		1-0	0-1	1-1	1-0	0-2	0-3	2-2	2-0
Nuneaton Borough	4-1	1-1	5-2	0-0	4-2	2-2	5-1	2-2	0-0	3-0	1-1	1-1	3-2	2-2		2-1	5-2	2-1	1-0	4-2	3-0	5-0
Runcorn	1-2	1-2	0-0	0-0	1-2	3-0	1-1	1-1	0-0	1-1	2-2	1-2	1-4	0-0	1-0		1-1	3-0	2-0	3-1	1-2	3-0
Scarborough	2-1	1-1	1-1	2-0	1-0	5-0	1-3	2-3	1-2	5-1	0-0	2-1	1-0	0-3	3-2	0-0		4-1	1-1	0-0	1-2	2-1
Telford United	0-2	1-0	3-1	3-1	1-1	1-1	1-2	2-0	5-3	1-1	1-1	3-2	0-0	0-1	2-1	3-1	1-2		4-2	0-0	1-1	3-1
Wealdstone	1-0	1-2	2-2	0-1	0-1	0-0	0-0	1-2	1-1	4-2	1-0	5-2	1-1	1-1	3-1	1-0	1-0	2-2		3-2	3-3	0-3
Weymouth	2-1	3-0	3-1	2-2	2-1	1-0	1-2	4-2	2-1	5-4	3-0	0-2	1-0	1-3	0-2	1-2	3-2	0-3	3-1		3-1	4-2
Worcester City	1-1	1-2	3-2	1-2	2-1	1-3	2-5	1-0	2-1	4-1	1-2	1-2	1-1	0-1	1-4	2-0	4-1	0-0	0-4	1-1		0-2
Yeovil Town	1-2	2-1	1-2	3-2	2-4	2-1	2-2	0-0	1-2	0-4	1-1	0-0	3-0	0-1	1-2	1-3	2-2	3-3	0-2	0-0	1-2	

Alliance Premier League
Season 1984/1985

Team	P	W	D	L	F	A	Pts
Wealdstone	42	20	10	12	64	54	62
Nuneaton Borough	42	19	14	9	85	53	58
Dartford	42	17	13	12	57	48	57
Bath City	42	21	9	12	52	49	57
Altrincham	42	21	6	15	63	47	56
Scarborough	42	17	13	12	69	62	54
Enfield	42	17	13	12	84	61	53
Kidderminster Harriers	42	17	8	17	79	77	51
Northwich Victoria	42	16	11	15	50	46	50
Telford United	42	15	14	13	59	54	49
Frickley Athletic	42	18	7	17	65	71	49
Kettering Town	42	15	12	15	68	59	48
Maidstone United	42	15	13	14	58	51	48
Runcorn	42	13	15	14	48	47	48
Barnet	42	15	11	16	59	52	47
Weymouth	42	15	13	14	70	66	45
Boston United	42	15	10	17	69	69	45
Barrow	42	11	16	15	47	57	43
Dagenham	42	13	10	19	47	67	41
Worcester City	42	12	9	21	55	84	38
Gateshead	42	9	12	21	51	82	33
Yeovil Town	42	6	11	25	44	87	25

Gateshead had 1 point deducted
During this season, 2 points were awarded for a Home win, 3 points were awarded for an Away win and 1 point awarded for any Draw

Relegated: Worcester City, Gateshead and Yeovil Town

Alliance Premier League 1985/1986 Season	Altrincham	Barnet	Barrow	Bath City	Boston United	Cheltenham Town	Dagenham	Dartford	Enfield	Frickley Athletic	Kettering Town	Kidderminster Harriers	Maidstone United	Northwich Victoria	Nuneaton Borough	Runcorn	Scarborough	Stafford Rangers	Telford United	Wealdstone	Weymouth	Wycombe Wanderers
Altrincham	■	2-0	2-0	1-2	1-3	4-1	3-1	0-0	1-4	1-0	2-2	2-1	1-0	2-1	7-4	1-1	2-0	1-3	1-0	1-0	3-1	4-3
Barnet	2-2	■	4-1	1-0	3-0	2-2	4-1	2-0	0-1	1-2	3-0	0-1	3-3	1-0	0-1	1-2	1-0	0-2	1-2	1-0	2-2	0-1
Barrow	0-1	0-1	■	1-1	2-1	2-2	1-0	1-2	1-2	2-2	1-0	3-4	1-1	1-2	2-0	0-4	2-4	0-1	1-0	1-1	3-4	1-1
Bath City	0-2	1-1	6-0	■	2-0	1-1	1-1	2-0	0-2	1-2	1-1	2-4	1-1	0-0	0-2	0-1	0-0	0-1	3-0	2-3	2-2	3-1
Boston United	1-3	1-2	2-1	1-1	■	1-2	3-0	3-0	1-2	0-3	4-1	2-1	2-2	3-0	3-2	2-1	2-1	1-1	2-2	1-0	5-0	1-1
Cheltenham Town	2-0	2-1	2-0	1-2	2-1	■	2-2	3-1	2-0	1-1	5-1	2-6	2-1	2-0	5-3	1-1	5-1	2-0	1-1	1-2	0-1	4-2
Dagenham	1-3	2-1	3-0	0-1	2-2	1-3	■	2-1	0-2	0-0	0-1	0-0	1-1	3-2	2-3	0-0	1-1	1-4	0-2	2-2	1-1	
Dartford	3-2	5-3	3-2	1-2	0-1	3-3	1-1	■	2-3	1-0	2-2	5-1	1-1	2-0	0-1	0-1	1-1	3-3	2-1	1-2	1-1	1-0
Enfield	1-1	1-0	4-0	3-1	3-0	1-0	3-1	1-0	■	3-1	1-1	2-2	1-3	1-0	3-2	2-0	4-0	3-1	4-0	1-0	4-4	2-3
Frickley Athletic	0-0	3-3	2-0	2-1	5-1	2-1	3-2	1-0	1-4	■	3-0	3-1	2-0	1-0	2-2	3-1	3-0	3-1	2-1	1-0	2-2	
Kettering Town	2-2	1-1	4-2	2-0	3-1	2-1	0-2	2-2	2-1	2-0	■	2-2	2-0	2-1	1-4	0-0	0-0	1-1	4-0	2-1	0-2	4-1
Kidderminster Harriers	0-2	0-2	2-1	3-1	3-2	5-1	2-0	4-1	1-2	1-1	0-0	■	3-1	2-2	2-1	2-4	5-1	1-1	3-0	3-1	1-2	8-2
Maidstone United	1-2	2-2	0-0	3-2	1-2	1-0	2-1	3-0	3-3	3-2	0-0	2-1	■	0-1	5-1	1-1	1-1	2-4	4-4	0-1	0-0	1-1
Northwich Victoria	1-2	0-1	0-1	1-2	3-4	3-1	0-1	2-0	2-2	2-3	0-0	0-0	1-0	■	0-3	1-1	0-0	2-0	0-1	2-2	0-1	4-0
Nuneaton Borough	0-0	4-1	0-1	2-3	0-1	0-1	1-2	3-1	1-5	0-1	0-3	0-3	1-0	1-3	■	1-0	3-1	3-0	1-1	0-0	3-0	3-0
Runcorn	2-1	0-0	3-1	2-0	3-0	5-0	1-1	5-0	1-1	2-2	0-1	0-2	3-0	2-3	3-1	■	0-0	3-0	1-0	1-1	1-2	2-1
Scarborough	1-0	3-1	3-1	2-1	2-1	1-0	2-1	1-1	1-3	2-3	2-3	3-5	2-0	0-0	2-1	1-1	■	2-4	3-1	0-1	1-1	1-2
Stafford Rangers	1-1	0-0	1-0	1-0	2-1	2-0	3-1	5-1	1-1	0-0	0-0	3-2	2-1	1-2	2-0	1-1	0-3	■	0-3	2-1	2-3	1-1
Telford United	2-1	2-2	3-1	1-0	2-1	3-0	2-1	2-1	2-2	2-1	2-2	0-1	2-4	4-0	1-1	2-3	1-0	0-0	■	2-1	4-1	3-1
Wealdstone	2-2	2-0	4-0	0-1	7-2	0-0	0-4	2-1	2-4	2-0	1-0	0-3	3-2	1-0	1-1	0-3	2-3	1-1		■	1-0	2-0
Weymouth	0-0	4-2	3-2	0-0	0-0	2-1	2-1	2-2	2-3	1-0	1-2	2-0	2-2	2-0	5-2	4-1	1-1	5-2	4-2		■	1-1
Wycombe Wanderers	0-1	2-0	1-1	1-4	4-1	3-3	1-1	3-2	1-0	1-3	0-0	2-5	2-2	1-1	2-0	0-1	2-1	2-4	1-2	1-0	0-3	■

Alliance Premier League
Season 1985/1986

Enfield	42	27	10	5	94	47	76
Frickley Athletic	42	25	10	7	78	50	69
Kidderminster Harriers	42	24	7	11	99	62	67
Altrincham	42	22	11	9	70	49	63
Weymouth	42	19	15	8	75	60	61
Runcorn	42	19	14	9	70	44	60
Stafford Rangers	42	19	13	10	61	54	60
Telford United	42	18	10	14	68	66	51
Kettering Town	42	15	15	12	55	53	49
Wealdstone	42	16	9	17	57	56	47
Cheltenham Town	42	16	11	15	69	69	46
Bath City	42	13	11	18	53	54	45
Boston United	42	16	7	19	66	76	44
Barnet	42	13	11	18	56	60	41
Scarborough	42	13	11	18	54	66	40
Northwich Victoria	42	10	12	20	42	54	37
Maidstone United	42	9	16	17	57	66	36
Nuneaton Borough	42	13	5	24	58	73	36
Dagenham	42	10	12	20	48	66	36
Wycombe Wanderers	42	10	13	19	55	84	36
Dartford	42	8	9	25	51	82	26
Barrow	42	7	8	27	41	86	24

During this season, 2 points were awarded for a Home win, 3 points were awarded for an Away win and 1 point awarded for any Draw

Relegated: Wycombe Wanderers, Dartford and Barrow

Football Conference 1986/1987 Season	Altrincham	Barnet	Bath City	Boston United	Cheltenham Town	Dagenham	Enfield	Frickley Athletic	Gateshead	Kettering Town	Kidderminster Harriers	Maidstone United	Northwich Victoria	Nuneaton Borough	Runcorn	Scarborough	Stafford Rangers	Sutton United	Telford United	Wealdstone	Welling United	Weymouth
Altrincham	■	2-0	1-1	3-1	2-0	0-2	0-1	1-1	1-1	4-1	3-1	4-0	1-1	2-2	0-0	1-0	2-0	2-1	2-1	1-2	1-1	2-1
Barnet	1-0	■	2-1	5-1	0-1	1-0	1-0	3-0	3-1	1-2	5-2	3-1	4-0	4-1	3-0	2-2	1-2	1-2	2-2	2-1	1-1	2-2
Bath City	1-1	0-1	■	4-2	0-0	2-0	1-3	4-2	1-1	1-2	3-2	1-0	1-1	2-3	1-2	0-3	4-2	1-3	3-1	2-0	1-1	2-1
Boston United	4-2	0-3	1-2	■	1-1	1-0	5-1	2-2	6-0	2-1	2-1	0-3	0-1	2-1	2-0	1-3	2-0	0-0	2-3	2-0	4-3	1-1
Cheltenham Town	1-1	1-2	1-1	1-3	■	6-1	2-0	2-0	4-2	3-1	1-2	2-0	5-2	1-1	1-1	2-3	2-1	1-2	3-1	0-1	2-0	2-0
Dagenham	3-1	1-3	1-2	3-2	1-1	■	0-3	0-1	0-0	1-2	3-1	0-2	3-3	3-1	3-2	0-2	1-0	2-1	3-1	1-0	1-1	2-0
Enfield	0-2	0-3	1-0	2-3	2-2	1-0	■	0-0	1-1	0-0	3-0	0-1	1-2	3-1	5-0	0-1	2-0	0-0	3-1	4-2	0-2	4-0
Frickley Athletic	2-2	0-3	2-2	0-1	0-2	1-3	1-4	■	3-1	2-2	0-1	0-2	1-1	1-1	0-2	0-2	2-1	1-1	4-2	3-1	3-1	2-2
Gateshead	1-3	1-5	1-2	1-3	1-1	3-2	1-2	2-0	■	1-1	2-4	1-4	1-1	3-2	1-3	0-1	2-2	1-1	0-2	1-1	1-1	1-4
Kettering Town	0-2	1-1	2-0	1-2	0-0	3-1	2-0	1-2	5-1	■	0-2	1-2	0-0	2-2	1-1	2-2	1-4	3-1	0-2	5-1	3-0
Kidderminster Harriers	3-0	0-3	2-4	1-2	5-1	4-2	3-4	4-1	3-1	2-1	■	2-2	1-2	3-0	3-2	0-1	1-1	0-0	0-4	5-2	3-0	1-1
Maidstone United	3-0	1-0	0-0	2-2	1-1	2-1	0-2	1-0	3-0	3-0	5-0	■	5-2	2-0	3-2	2-1	2-3	0-1	0-0	1-0	4-0	3-1
Northwich Victoria	1-1	1-2	1-1	4-0	1-0	2-3	2-0	1-1	1-2	0-0	1-2	1-1	■	1-2	1-2	0-1	1-1	1-0	2-1	2-1	1-1
Nuneaton Borough	2-2	1-3	1-0	1-5	0-0	3-3	2-0	2-1	1-1	0-0	1-2	2-0	0-1	■	1-0	3-0	0-0	1-1	0-2	1-1	1-2	0-4
Runcorn	1-1	1-1	0-1	3-1	1-0	4-0	1-1	1-0	4-0	1-0	4-3	3-2	7-3	1-1	■	0-2	3-1	3-2	3-0	1-1	2-2	1-1
Scarborough	2-2	0-0	1-1	0-0	1-3	2-1	1-1	4-2	3-2	1-1	2-1	0-0	2-1	1-0	1-2	■	2-0	2-1	0-0	2-1	2-0	2-1
Stafford Rangers	2-3	0-3	0-1	0-1	1-1	0-3	2-0	1-0	2-2	4-1	2-3	4-1	3-1	2-0	0-0	■	4-2	1-1	1-0	3-1	0-0
Sutton United	2-3	3-1	7-2	3-1	0-0	1-0	0-1	3-0	3-0	8-0	3-1	3-1	2-1	2-3	1-1	0-2	3-0	■	2-2	2-2	2-0	2-3
Telford United	4-0	0-1	4-2	5-2	3-1	0-2	2-1	4-1	2-1	0-1	1-1	1-0	1-1	2-2	0-0	0-0	0-2	■	1-3	2-1	5-1
Wealdstone	0-2	0-0	1-2	0-4	1-0	2-2	0-3	2-1	2-2	1-1	0-3	0-0	1-1	6-0	0-3	1-3	0-3	2-1	0-1	■	3-1	3-1
Welling United	0-1	1-1	1-1	4-2	1-3	1-0	2-3	3-2	3-4	0-3	1-0	2-2	3-2	1-2	3-0	1-3	2-4	3-1	1-3	1-1	■	5-0
Weymouth	2-2	3-3	1-2	3-4	4-3	3-0	0-1	3-2	0-1	2-0	2-1	4-1	2-2	1-0	1-1	0-1	1-3	2-2	3-0	3-2	3-2	■

Football Conference
Season 1986/1987

Scarborough	42	27	10	5	64	33	91
Barnet	42	25	10	7	86	39	85
Maidstone United	42	21	10	11	71	48	73
Enfield	42	21	7	14	66	47	70
Altrincham	42	18	15	9	66	53	69
Boston United	42	21	6	15	82	74	69
Sutton United	42	19	11	12	81	51	68
Runcorn	42	18	13	11	71	58	67
Telford United	42	18	10	14	69	59	64
Bath City	42	17	12	13	63	62	63
Cheltenham Town	42	16	13	13	64	50	61
Kidderminster Harriers	42	17	4	21	77	81	55
Stafford Rangers	42	14	11	17	58	60	53
Weymouth	42	13	12	17	68	77	51
Dagenham	42	14	7	21	56	72	49
Kettering Town	42	12	11	19	54	66	47
Northwich Victoria	42	10	14	18	53	69	44
Nuneaton Borough	42	10	14	18	48	73	44
Wealdstone	42	11	10	21	50	70	43
Welling United	42	10	10	22	61	84	40
Frickley Athletic	42	7	11	24	47	82	32
Gateshead	42	6	13	23	48	95	31

Nuneaton Borough were expelled from the league at the end of the season after their main stand was closed for fire safety reasons.

Promoted: Scarborough

Relegated: Nuneaton Borough, Frickley Athletic and Gateshead

Football Conference
1987/1988 Season

	Altrincham	Barnet	Bath City	Boston United	Cheltenham Town	Dagenham	Enfield	Fisher Athletic	Kettering Town	Kidderminster Harriers	Lincoln City	Macclesfield Town	Maidstone United	Northwich Victoria	Runcorn	Stafford Rangers	Sutton United	Telford United	Wealdstone	Welling United	Weymouth	Wycombe Wanderers
Altrincham	■	1-1	2-0	4-1	1-1	6-0	5-1	2-3	2-2	2-3	0-0	1-3	0-0	2-0	2-0	2-0	0-1	0-3	1-0	1-0	3-0	4-2
Barnet	3-1	■	4-0	1-0	1-1	3-2	3-0	2-0	4-0	1-1	4-2	2-1	2-0	4-1	1-2	2-2	6-2	0-2	5-1	5-2	3-2	1-1
Bath City	2-0	0-1	■	2-1	1-1	4-2	0-1	1-3	2-0	3-3	2-1	3-4	1-3	0-0	0-1	0-3	0-4	1-2	0-0	0-0	3-1	2-1
Boston United	2-2	2-1	2-0	■	4-1	1-0	2-3	2-1	0-2	1-0	1-2	0-2	3-3	0-1	2-2	4-1	0-0	1-1	0-1	1-2	1-0	4-0
Cheltenham Town	1-0	0-2	3-3	1-5	■	5-1	1-1	2-0	1-2	2-2	3-3	1-0	2-2	1-1	0-0	2-3	1-1	3-0	1-1	2-2	2-1	2-2
Dagenham	3-2	0-0	1-1	4-2	1-3	■	1-2	1-5	0-5	1-2	0-3	0-0	0-3	1-0	1-4	2-4	0-1	0-1	1-2	1-2	0-3	2-1
Enfield	1-1	2-0	1-3	3-2	0-1	2-2	■	0-0	2-0	5-2	0-1	1-2	2-4	0-1	1-3	0-0	2-3	1-4	5-2	1-0	3-2	3-2
Fisher Athletic	3-2	2-2	2-0	0-0	1-0	5-1	2-3	■	1-1	3-1	1-1	1-2	0-3	0-0	0-2	1-2	1-1	0-1	3-1	1-0	1-0	0-0
Kettering Town	1-2	1-1	1-1	3-0	1-1	3-0	2-1	2-1	■	1-1	2-0	3-2	0-2	3-1	0-3	1-0	2-2	1-0	3-2	1-0	3-0	3-0
Kidderminster Harriers	4-1	1-1	3-2	1-0	3-2	1-1	4-0	1-1	2-1	■	3-3	3-2	2-1	1-1	1-1	0-0	2-2	2-4	2-1	5-2	1-0	0-2
Lincoln City	5-0	2-1	3-0	5-1	5-1	3-0	4-0	3-0	0-1	5-3	■	3-0	1-1	3-2	1-0	2-1	1-1	0-0	3-0	2-1	0-0	2-0
Macclesfield Town	1-0	2-2	0-2	2-1	1-0	3-1	0-3	2-4	0-0	1-2	2-0	■	1-0	5-0	4-0	2-3	1-1	1-1	3-2	3-2	1-2	1-1
Maidstone United	2-2	2-1	3-0	1-2	2-2	2-0	3-2	2-2	2-3	1-2	1-2	2-0	■	1-1	3-0	4-2	2-4	2-4	1-1	0-1	2-1	0-1
Northwich Victoria	1-2	2-1	2-1	6-0	0-0	1-0	1-1	1-2	0-1	1-1	2-3	2-1	2-3	■	2-0	1-1	1-4	1-2	0-0	0-0	2-1	2-1
Runcorn	1-1	0-1	2-1	3-0	2-2	2-1	2-2	5-1	1-0	2-0	4-1	1-2	3-2	2-1	■	1-1	1-0	2-1	1-0	4-0	2-1	1-2
Stafford Rangers	3-0	1-1	1-0	3-4	2-2	4-0	3-1	3-2	2-5	1-0	0-2	1-4	0-1	2-3	3-0	■	2-0	1-1	5-2	2-0	0-0	3-0
Sutton United	2-1	0-1	3-1	1-2	3-0	1-1	3-3	2-0	2-2	2-0	4-1	2-2	5-1	1-1	2-2	2-0	■	2-1	1-1	1-1	0-1	2-2
Telford United	1-0	2-4	3-1	2-1	0-1	1-0	4-0	2-1	2-3	4-3	0-1	0-0	1-0	1-1	2-1	1-2	3-3	■	1-1	2-0	1-0	0-0
Wealdstone	0-0	0-6	1-1	1-1	1-4	2-3	1-0	2-1	0-2	1-1	0-0	1-1	1-3	2-2	0-1	4-2	0-1	2-2	■	1-1	0-2	0-0
Welling United	0-1	0-2	2-1	3-1	0-1	6-1	1-1	1-1	3-1	1-2	1-4	3-1	0-1	1-1	1-1	0-5	1-4	4-1	4-0	■	0-2	1-0
Weymouth	1-0	2-0	3-1	3-1	1-1	1-0	1-3	2-1	1-1	3-0	1-1	2-1	0-0	0-0	2-0	2-1	1-0	2-1	4-0	0-0	■	0-0
Wycombe Wanderers	1-0	0-7	2-2	1-2	5-3	2-1	1-5	1-1	0-3	0-1	1-2	5-0	1-5	1-1	2-2	0-4	1-1	2-1	1-0	3-1	2-1	■

Football Conference
Season 1987/1988

Lincoln City	42	24	10	8	86	48	82
Barnet	42	23	11	8	93	45	80
Kettering Town	42	22	9	11	68	48	75
Runcorn	42	21	11	10	68	47	74
Telford United	42	20	10	12	65	50	70
Stafford Rangers	42	20	9	13	79	58	69
Kidderminster Harriers	42	18	15	9	75	66	69
Sutton United	42	16	18	8	77	54	66
Maidstone United	42	18	9	15	79	64	63
Weymouth	42	18	9	15	53	43	63
Macclesfield Town	42	18	9	15	64	62	63
Enfield	42	15	10	17	68	78	55
Cheltenham Town	42	11	20	11	64	67	53
Altrincham	42	14	10	18	59	59	52
Fisher Athletic	42	13	13	16	58	61	52
Boston United	42	14	7	21	60	75	49
Northwich Victoria	42	10	17	15	46	57	47
Wycombe Wanderers	42	11	13	18	50	76	46
Welling United	42	11	9	22	50	72	42
Bath City	42	9	10	23	48	76	37
Wealdstone	42	5	17	20	39	76	32
Dagenham	42	5	6	31	37	104	21

Promoted: Lincoln City
Relegated: Bath City, Wealdstone and Dagenham

Football Conference 1988/1989 Season

	Altrincham	Aylesbury United	Barnet	Boston United	Cheltenham Town	Chorley	Enfield	Fisher Athletic	Kettering Town	Kidderminster Harriers	Macclesfield Town	Maidstone United	Northwich Victoria	Runcorn	Stafford Rangers	Sutton United	Telford United	Welling United	Weymouth	Wycombe Wanderers	Yeovil Town	Newport County
Altrincham	■	1-0	1-1	0-0	0-1	1-2	0-0	1-1	1-2	3-1	1-3	0-1	2-2	1-2	2-1	1-0	0-0	3-1	2-1	2-2	2-2	1-0
Aylesbury United	1-2	■	1-3	1-2	0-0	4-3	2-1	1-1	0-1	1-5	1-2	1-2	2-0	1-2	1-1	1-0	2-0	0-0	4-1	0-2	3-2	N/P
Barnet	3-0	1-0	■	0-0	3-1	2-4	2-1	2-3	3-2	0-2	1-4	2-1	2-0	3-2	1-2	1-1	1-3	2-3	4-1	1-0	2-0	4-1
Boston United	3-1	2-0	5-0	■	1-1	2-0	3-2	2-4	1-1	0-2	3-2	1-4	2-1	0-6	2-1	3-1	1-0	2-0	2-0	0-1	1-1	1-1
Cheltenham Town	2-1	0-0	1-2	3-1	■	2-2	3-2	2-2	2-1	4-1	3-0	0-4	2-2	2-1	1-2	2-3	0-1	1-1	1-1	0-1	1-1	3-2
Chorley	1-0	1-1	2-3	0-1	1-4	■	1-2	1-1	0-1	1-3	0-1	1-3	3-1	1-3	3-1	2-1	2-0	1-1	0-0	3-2	2-3	0-2
Enfield	2-1	2-1	4-0	1-2	3-4	1-2	■	2-1	1-1	1-3	2-1	1-1	1-2	0-3	4-2	1-1	0-1	3-0	3-4	1-1	3-0	
Fisher Athletic	1-1	0-2	1-2	1-3	2-0	4-0	1-2	■	3-0	2-0	2-2	0-2	2-4	0-1	0-1	1-0	1-3	3-2	3-3	4-2	3-2	
Kettering Town	0-1	5-2	3-1	1-2	2-0	3-0	0-1	2-1	■	2-1	1-0	3-3	2-1	2-0	1-0	1-0	1-0	2-1	1-0	2-1	1-0	N/P
Kidderminster Harriers	2-3	4-3	1-0	0-2	3-2	0-2	1-3	2-1	1-1	■	0-1	3-6	1-1	2-1	3-2	1-0	1-1	2-1	1-0	2-0	2-2	1-1
Macclesfield Town	1-0	3-1	1-1	0-1	0-0	3-2	1-1	2-2	0-1	1-1	■	4-3	0-2	3-2	2-1	1-3	2-1	3-0	2-0	0-1	2-3	3-0
Maidstone United	7-2	1-1	3-2	3-0	2-0	2-0	3-1	1-0	0-0	0-3	3-3	■	4-1	2-2	3-0	1-1	1-3	3-0	3-0	1-3	5-0	2-1
Northwich Victoria	4-3	1-1	1-1	0-1	1-0	0-4	2-2	3-0	1-1	2-4	3-2	2-0	■	0-1	1-1	4-2	1-0	0-2	2-0	2-3	1-2	3-1
Runcorn	3-0	5-0	3-0	1-2	2-1	3-0	1-2	1-1	2-1	1-3	2-2	0-1	3-1	■	4-1	2-1	0-0	1-2	1-0	2-3	2-1	0-0
Stafford Rangers	0-2	3-1	1-2	4-1	1-1	3-2	3-1	0-1	2-1	0-1	1-1	0-2	0-1	0-4	■	1-1	1-3	3-0	1-0	1-1	2-6	3-0
Sutton United	3-2	5-2	5-1	0-0	1-1	1-2	3-1	2-1	0-2	1-1	1-2	1-1	3-3	3-1	2-0	■	1-2	0-1	3-1	3-0	5-2	1-1
Telford United	0-1	0-1	0-3	0-1	2-0	2-1	3-0	1-1	1-0	1-3	1-2	1-4	1-1	2-2	0-0	■	0-0	1-0	1-2	0-1	3-1	
Welling United	0-0	5-0	1-1	3-2	0-2	1-0	0-0	3-1	2-1	0-1	2-0	0-0	0-0	4-0	1-3	1-1	0-1	■	4-0	0-1	0-2	N/P
Weymouth	1-3	0-0	1-1	2-2	3-2	2-3	2-3	1-0	3-0	3-1	1-2	1-3	2-2	1-1	1-0	2-2	0-0	1-0	■	0-3	0-2	N/P
Wycombe Wanderers	2-1	1-0	2-3	2-1	1-0	1-1	3-2	3-0	0-1	1-0	1-1	2-3	1-4	3-3	6-1	2-2	1-0	1-1	0-0	■	1-1	5-0
Yeovil Town	2-3	1-0	2-1	1-1	1-3	2-1	1-2	1-2	2-2	1-3	2-0	1-2	2-2	2-0	1-1	0-0	4-3	4-0	2-3	1-1	■	N/P
Newport County	N/P	2-2	1-7	1-1	0-1	2-0	N/P	N/P	1-2	1-2	N/P	2-1	N/P	N/P	N/P	N/P	0-3	0-1	4-0	3-5	1-1	■

Football Conference
Season 1988/1989

Maidstone United	40	25	9	6	92	46	84
Kettering Town	40	23	7	10	56	39	76
Boston United	40	22	8	10	61	51	74
Wycombe Wanderers	40	20	11	9	68	52	71
Kidderminster Harriers	40	21	6	13	68	57	69
Runcorn	40	19	8	13	77	53	65
Macclesfield Town	40	17	10	13	63	57	61
Barnet	40	18	7	15	64	69	61
Yeovil Town	40	15	11	14	68	67	56
Northwich Victoria	40	14	11	15	64	65	53
Welling United	40	14	11	15	45	46	53
Sutton United	40	12	15	13	64	54	51
Enfield	40	14	8	18	62	67	50
Altrincham	40	13	10	17	51	61	49
Cheltenham Town	40	12	12	16	55	58	48
Telford United	40	13	9	18	37	43	48
Chorley	40	13	6	21	57	71	45
Fisher Athletic	40	10	11	19	55	65	41
Stafford Rangers	40	11	7	22	49	74	40
Aylesbury United	40	9	9	22	43	71	36
Weymouth	40	7	10	23	37	70	31

Newport County were expelled from League. Their record was deleted at the time was: 29 4 7 18 31 62 19

Promoted: Maidstone United

Relegated: Aylesbury United and Weymouth

Football Conference
1989/1990 Season

	Altrincham	Barnet	Barrow	Boston United	Cheltenham Town	Chorley	Darlington	Enfield	Farnborough Town	Fisher Athletic	Kettering Town	Kidderminster Harriers	Macclesfield Town	Merthyr Tydfil	Northwich Victoria	Runcorn	Stafford Rangers	Sutton United	Telford United	Welling United	Wycombe Wanderers	Yeovil Town
Altrincham	■	2-1	1-1	0-0	5-0	1-0	0-1	3-0	2-3	1-1	1-1	0-1	0-1	4-1	0-2	1-2	3-1	0-0	0-1	4-0	1-2	2-1
Barnet	1-0	■	1-0	1-2	4-0	5-0	0-2	2-0	4-1	4-1	4-1	2-1	0-0	4-0	1-0	2-2	1-1	4-1	2-1	1-1	2-0	1-0
Barrow	1-1	1-1	■	2-1	2-1	3-1	1-1	2-2	3-1	1-1	1-0	2-1	1-1	1-5	1-0	2-2	2-1	1-0	3-0	1-1	0-3	2-1
Boston United	2-3	1-2	2-1	■	2-1	0-1	1-3	1-0	2-2	2-0	1-2	2-3	3-0	2-2	1-3	3-2	2-0	3-1	2-2	2-1	2-0	0-1
Cheltenham Town	0-0	2-0	1-0	0-0	■	2-0	0-1	3-1	4-0	0-0	1-1	2-1	1-2	0-2	2-3	2-2	1-3	2-0	1-2	3-2	1-1	2-1
Chorley	2-1	1-4	0-1	0-0	0-2	■	0-3	2-2	1-0	2-0	2-2	1-0	0-0	1-0	0-2	1-1	3-2	1-2	4-0	1-0	3-2	
Darlington	2-0	1-2	0-0	6-1	5-1	3-0	■	2-1	1-1	5-0	2-1	3-0	1-1	0-0	4-0	1-1	2-1	2-0	1-1	1-0	0-1	1-0
Enfield	2-1	1-3	3-0	0-1	4-2	2-0	0-3	■	0-0	1-2	0-3	2-1	1-1	2-0	2-0	3-2	4-1	2-3	1-2	2-3	3-5	1-1
Farnborough Town	0-0	0-1	3-0	1-0	4-0	1-3	1-0	2-3	■	1-1	1-1	0-1	1-2	0-1	0-1	6-3	3-3	1-3	2-1	3-1	1-1	2-4
Fisher Athletic	3-0	1-2	4-0	1-0	2-5	2-0	0-2	3-2	4-2	■	3-1	1-1	1-3	1-2	1-0	0-1	0-2	1-2	1-3	1-3	3-1	1-2
Kettering Town	3-0	3-2	2-0	5-0	1-0	2-1	1-3	3-2	1-1	3-0	■	0-2	0-0	2-0	3-1	1-1	0-0	2-0	1-1	0-1	1-0	1-0
Kidderminster Harriers	1-2	0-1	2-2	1-3	1-2	3-1	3-2	2-0	3-1	1-1	2-3	■	2-2	1-2	4-0	0-0	3-0	2-2	2-4	1-1	0-2	3-2
Macclesfield Town	1-0	0-1	2-1	1-0	3-0	0-0	4-0	0-0	0-1	3-1	1-2	3-1	■	3-2	3-1	4-0	2-2	1-1	3-0	3-2	1-0	0-1
Merthyr Tydfil	0-0	2-1	3-3	1-0	1-1	1-0	1-1	5-1	1-1	1-4	3-2	3-1	2-3	■	1-1	3-2	4-3	2-3	0-0	4-0	1-1	2-2
Northwich Victoria	2-3	0-2	1-0	1-0	0-0	0-1	1-0	1-0	0-2	2-1	2-2	1-2	2-0	3-1	■	1-1	4-3	2-3	0-2	2-3	3-0	1-4
Runcorn	0-0	2-2	4-3	3-1	2-4	3-2	2-1	9-0	3-2	4-0	3-1	2-1	2-0	1-0	2-1	■	3-0	1-0	3-0	0-1	2-0	1-1
Stafford Rangers	3-1	1-1	1-1	0-0	0-1	1-0	0-4	1-0	3-2	1-3	1-1	0-1	4-2	1-1	1-0	1-1	■	3-1	2-0	0-2	1-1	0-1
Sutton United	2-1	1-3	3-3	2-0	0-2	3-0	2-1	2-0	2-3	2-1	2-1	1-2	2-1	1-1	2-1	3-0	1-0	■	6-1	1-0	1-2	3-1
Telford United	1-3	1-3	3-0	4-2	1-0	0-4	0-1	1-1	4-2	3-1	1-3	1-1	1-0	1-1	2-1	2-1	0-2	1-1	■	0-0	4-1	1-1
Welling United	1-1	3-1	0-0	6-0	1-1	3-1	0-1	3-0	4-3	2-0	3-0	4-1	0-1	0-3	2-0	1-1	1-0	1-1	1-1	■	0-0	0-1
Wycombe Wanderers	1-1	1-0	4-0	1-0	0-4	4-0	0-1	1-0	1-0	6-1	2-2	3-3	1-1	1-2	3-3	5-0	2-1	3-2	1-1	1-0	■	1-2
Yeovil Town	0-0	3-2	2-2	2-1	1-1	2-1	0-2	3-1	0-0	2-2	0-2	3-1	0-0	4-0	1-2	1-1	0-0	3-1	1-0	0-4	4-2	■

Football Conference
Season 1989/1990

Team	P	W	D	L	F	A	Pts
Darlington	42	26	9	7	76	25	87
Barnet	42	26	7	9	81	41	85
Runcorn	42	19	13	10	79	62	70
Macclesfield Town	42	17	15	10	56	41	66
Kettering Town	42	18	12	12	66	53	66
Welling United	42	18	10	14	62	50	64
Yeovil Town	42	17	12	13	62	54	63
Sutton United	42	19	6	17	68	64	63
Merthyr Tydfil	42	16	14	12	67	63	62
Wycombe Wanderers	42	17	10	15	64	56	61
Cheltenham Town	42	16	11	15	58	60	59
Telford United	42	15	13	14	56	63	58
Kidderminster Harriers	42	15	9	18	64	67	54
Barrow	42	12	16	14	51	67	52
Northwich Victoria	42	15	5	22	51	67	50
Altrincham	42	12	13	17	49	48	49
Stafford Rangers	42	12	12	18	50	62	48
Boston United	42	13	8	21	48	67	47
Fisher Athletic	42	13	7	22	55	78	46
Chorley	42	13	6	23	42	67	45
Farnborough Town	42	10	12	20	60	73	42
Enfield	42	10	6	26	52	89	36

Promoted: Darlington
Relegated: Chorley, Farnborough Town and Enfield

Football Conference 1990/1991 Season	Altrincham	Barnet	Barrow	Bath City	Boston United	Cheltenham Town	Colchester United	Fisher Athletic	Gateshead	Kettering Town	Kidderminster Harriers	Macclesfield Town	Merthyr Tydfil	Northwich Victoria	Runcorn	Slough Town	Stafford Rangers	Sutton United	Telford United	Welling United	Wycombe Wanderers	Yeovil Town
Altrincham	■	4-1	1-1	2-0	1-1	3-0	2-2	0-0	4-1	3-2	1-2	5-3	9-2	0-2	1-0	3-0	0-0	4-1	2-1	0-1	1-0	2-2
Barnet	0-0	■	3-1	2-0	5-0	2-1	1-3	8-1	1-1	0-1	2-3	3-1	2-3	1-1	2-0	6-1	2-0	1-0	0-0	3-2	3-2	3-2
Barrow	1-0	4-2	■	1-1	1-1	0-0	2-2	3-1	3-1	0-1	1-3	1-1	0-2	2-2	2-1	2-1	2-0	3-1	2-1	1-1	2-2	1-0
Bath City	2-3	1-4	1-1	■	1-0	2-0	1-2	0-1	3-0	3-3	4-1	0-2	0-0	4-1	6-1	4-0	0-1	2-2	0-1	2-1	1-2	2-1
Boston United	2-6	1-3	0-2	3-0	■	2-1	1-3	4-1	5-1	1-2	3-1	1-1	3-0	4-1	2-2	0-1	0-2	2-2	2-1	0-0	0-1	4-0
Cheltenham Town	1-4	1-4	3-1	0-0	5-0	■	1-2	0-0	1-0	2-2	0-0	2-2	0-1	1-1	1-3	2-0	1-2	3-2	0-1	3-0	1-0	1-0
Colchester United	1-1	0-0	1-0	2-0	3-1	3-1	■	2-1	3-0	3-1	2-0	1-0	3-1	4-0	2-2	2-1	2-0	1-0	2-0	2-1	2-2	0-1
Fisher Athletic	0-0	2-4	1-2	0-3	1-2	1-1	0-0	■	0-2	0-0	1-1	1-2	0-0	5-2	0-1	1-1	1-3	1-1	2-0	1-1	2-3	2-1
Gateshead	0-3	1-3	5-1	2-0	0-1	3-3	1-2	1-0	■	1-2	2-1	1-1	1-0	0-4	3-1	1-0	2-1	0-9	5-1	0-3	2-1	1-1
Kettering Town	1-1	1-3	2-0	1-1	1-1	5-1	1-0	3-2	1-0	■	4-1	2-0	2-0	1-0	3-0	0-0	2-0	5-2	2-5	0-0	0-1	1-1
Kidderminster Harriers	0-1	0-3	3-1	3-2	3-3	2-0	0-0	3-3	2-3	3-0	■	0-0	1-2	3-1	3-1	1-2	2-1	1-0	1-3	1-2	1-2	0-0
Macclesfield Town	0-1	3-3	3-0	3-1	2-0	5-1	1-0	1-1	4-0	1-2	0-0	■	0-1	1-2	2-1	1-2	2-1	4-2	1-2	2-1	0-0	2-1
Merthyr Tydfil	0-2	1-1	0-2	0-0	2-0	3-0	3-0	7-0	3-1	1-3	1-2	0-2	■	3-2	0-0	3-0	1-1	3-0	2-3	1-0	2-4	1-1
Northwich Victoria	1-1	0-2	2-2	2-0	3-1	5-2	2-2	0-0	3-2	0-1	1-1	4-1	0-3	■	1-4	1-0	1-1	1-0	2-4	1-2	1-1	2-0
Runcorn	1-3	3-2	3-1	1-1	2-1	2-2	0-3	5-1	2-0	2-1	5-1	1-2	2-1	3-1	■	3-1	1-0	5-1	0-0	2-3	1-1	0-3
Slough Town	3-3	1-3	3-0	2-0	2-0	0-3	0-2	1-0	1-1	0-3	0-1	1-2	2-4	2-1		■	2-1	1-2	2-0	3-0	3-3	2-0
Stafford Rangers	2-1	2-2	2-2	2-1	1-2	2-2	0-2	2-0	0-1	0-0	3-1	2-2	2-0	0-0	1-1	3-4	■	1-2	1-1	1-0	2-1	1-1
Sutton United	1-2	0-1	2-1	1-1	0-0	2-3	0-1	3-1	3-3	1-2	1-2	3-1	1-1	2-2	1-3	5-2	0-3	■	0-3	1-1	1-0	1-0
Telford United	1-2	1-1	0-1	2-2	1-0	1-2	2-0	3-1	1-2	0-1	1-0	1-2	3-1	1-0	2-0	2-1	0-0	4-2	■	2-1	1-0	1-2
Welling United	2-2	1-4	4-2	2-1	0-0	0-0	1-1	1-1	6-0	0-0	1-0	0-0	2-1	4-5	2-2	2-0	2-1	1-2	1-1	■	1-1	0-3
Wycombe Wanderers	3-0	1-3	2-1	0-0	3-0	0-2	1-0	2-0	4-0	5-1	2-3	0-0	2-1	3-0	1-1	2-1	2-0	4-1	3-2	4-1	■	2-0
Yeovil Town	2-3	1-4	0-3	3-2	1-1	4-0	2-0	0-1	4-1	0-1	2-0	2-1	3-3	1-1	1-0	7-2	0-0	2-1	1-2	0-1	2-2	■

Football Conference
Season 1990/1991

Barnet	42	26	9	7	103	52	87
Colchester United	42	25	10	7	68	35	85
Altrincham	42	23	13	6	87	46	82
Kettering Town	42	23	11	8	67	45	80
Wycombe Wanderers	42	21	11	10	75	46	74
Telford United	42	20	7	15	62	52	67
Macclesfield Town	42	17	12	13	63	52	63
Runcorn	42	16	10	16	69	67	58
Merthyr Tydfil	42	16	9	17	62	61	57
Barrow	42	15	12	15	59	65	57
Welling United	42	13	15	14	55	57	54
Northwich Victoria	42	13	13	16	65	75	52
Kidderminster Harriers	42	14	10	18	56	67	52
Yeovil Town	42	13	11	18	58	58	50
Stafford Rangers	42	12	14	16	48	51	50
Cheltenham Town	42	12	12	18	54	72	48
Gateshead	42	14	6	22	52	92	48
Boston United	42	12	11	19	55	69	47
Slough Town	42	13	6	23	51	80	45
Bath City	42	10	12	20	55	61	42
Sutton United	42	10	9	23	62	82	39
Fisher Athletic	42	5	15	22	38	79	30

Promoted: Barnet

Relegated: Sutton United and Fisher Athletic

Football Conference 1991/1992 Season

	Altrincham	Barrow	Bath City	Boston United	Cheltenham Town	Colchester United	Farnborough Town	Gateshead	Kettering Town	Kidderminster Harriers	Macclesfield Town	Merthyr Tydfil	Northwich Victoria	Redbridge Forest	Runcorn	Slough Town	Stafford Rangers	Telford United	Welling United	Witton Albion	Wycombe Wanderers	Yeovil Town
Altrincham		1-1	4-0	2-4	2-1	1-2	1-1	1-1	1-1	1-1	3-1	1-1	0-1	0-3	2-2	3-7	3-0	2-3	1-2	2-2	0-4	2-1
Barrow	0-2		2-0	2-2	0-0	1-1	0-1	1-1	0-0	5-1	2-0	2-2	0-2	0-1	2-3	3-4	0-0	3-0	6-1	0-1	0-1	0-0
Bath City	3-2	2-1		2-0	5-1	0-0	1-2	0-1	1-1	0-1	1-1	0-0	2-0	0-0	3-1	2-1	0-1	1-2	0-3	0-2	1-1	3-1
Boston United	2-1	4-1	1-0		3-3	0-4	0-1	4-0	1-1	1-2	1-5	2-0	0-2	2-1	2-1	3-1	2-2	1-2	5-1	3-2	2-2	1-3
Cheltenham Town	0-2	0-0	1-2	1-1		1-1	4-3	3-2	0-3	1-2	2-3	1-2	1-0	0-7	4-1	1-0	0-0	2-1	3-2	0-1	2-1	1-1
Colchester United	3-3	5-0	5-0	1-0	4-0		2-3	2-0	3-1	3-0	2-0	2-0	1-1	1-0	2-1	4-0	2-0	2-0	3-1	3-2	3-0	4-0
Farnborough Town	3-0	5-0	1-2	5-0	1-1	0-2		3-1	1-3	2-1	4-2	0-0	2-4	1-0	0-2	2-1	1-1	2-2	1-1	1-1	1-3	0-0
Gateshead	4-0	1-1	0-1	2-1	2-1	0-2	0-2		0-0	0-3	2-0	0-1	2-0	0-1	1-1	2-1	0-0	0-2	1-1	2-1	2-3	1-0
Kettering Town	5-0	3-2	2-2	1-3	3-0	2-2	1-2	1-1		2-1	2-0	3-1	1-0	3-2	3-0	2-3	2-1	3-0	1-1	1-1	1-1	1-2
Kidderminster Harriers	1-0	1-2	0-1	1-3	2-1	2-2	1-1	5-3	2-3		1-1	2-2	1-0	5-1	2-1	3-3	2-1	1-2	1-3	0-1	1-0	1-1
Macclesfield Town	1-1	0-1	0-0	0-1	3-3	4-4	1-2	1-0	0-2	0-0		3-0	0-0	0-0	3-0	0-1	1-0	2-1	1-2	1-0	3-1	1-2
Merthyr Tydfil	3-1	2-1	1-1	2-0	3-1	2-0	1-0	1-4	4-1	2-1	3-2		2-1	2-2	2-0	1-2	1-0	2-2	2-1	1-0	1-2	2-2
Northwich Victoria	1-2	6-1	1-3	1-1	3-1	1-1	1-1	1-1	4-3	3-1	2-1	4-1		0-2	3-0	3-0	1-2	0-1	1-2	3-0	0-1	1-0
Redbridge Forest	0-1	2-2	3-1	1-4	1-2	2-1	2-0	2-1	4-0	5-0	0-0	1-1	4-3		1-2	4-0	4-3	1-0	2-0	3-1	0-5	0-1
Runcorn	2-2	2-2	0-2	2-2	2-1	1-3	1-1	1-1	0-0	4-1	0-0	1-1	3-1	1-0		1-0	0-0	0-2	2-2	0-1	1-2	2-2
Slough Town	2-3	1-0	2-2	3-1	1-3	2-4	0-5	2-0	0-2	3-1	0-3	0-0	0-1	4-0	1-0		2-2	0-3	0-3	2-1	0-1	1-4
Stafford Rangers	1-2	0-0	2-0	0-1	2-2	3-3	0-1	1-3	1-2	0-0	1-1	0-0	2-1	2-1	1-0	1-1		3-2	0-0	3-2	0-0	0-0
Telford United	2-1	4-2	0-2	0-2	2-1	0-3	1-2	1-1	1-1	3-1	0-1	1-2	1-4	3-3	1-0	2-2	4-1		2-1	2-1	1-0	1-1
Welling United	2-2	5-3	0-5	1-3	1-1	4-1	1-0	2-2	2-3	3-2	2-1	1-2	6-1	2-2	1-2	0-2	1-1	3-1		1-1	1-3	1-0
Witton Albion	2-0	0-1	2-2	1-0	4-2	2-2	4-1	0-3	1-0	2-1	1-1	3-2	1-1	2-0	1-3	2-1	6-0	1-1	2-2		1-2	3-1
Wycombe Wanderers	4-2	3-2	1-0	2-1	2-2	1-2	2-1	2-1	1-0	2-0	0-1	4-0	2-0	1-0	1-0	3-0	3-0	6-1	4-0	4-0		1-0
Yeovil Town	2-1	2-0	1-1	1-1	1-1	0-1	2-2	1-0	0-1	1-1	0-1	1-1	2-1	0-1	1-4	1-0	0-2	3-0	2-1	1-0		

Football Conference

Season 1991/1992

Colchester United	42	28	10	4	98	40	94
Wycombe Wanderers	42	30	4	8	84	35	94
Kettering Town	42	20	13	9	72	50	73
Merthyr Tydfil	42	18	14	10	59	56	68
Farnborough Town	42	18	12	12	68	53	66
Telford United	42	19	7	16	62	66	64
Redbridge Forest	42	18	9	15	69	56	63
Boston United	42	18	9	15	71	66	63
Bath City	42	16	12	14	54	51	60
Witton Albion	42	16	10	16	63	60	58
Northwich Victoria	42	16	6	20	63	58	54
Welling United	42	14	12	16	69	79	54
Macclesfield Town	42	13	13	16	50	50	52
Gateshead	42	12	12	18	49	57	48
Yeovil Town	42	11	14	17	40	49	47
Runcorn	42	11	13	18	50	63	46
Stafford Rangers	42	10	16	16	41	59	46
Altrincham	42	11	12	19	61	82	45
Kidderminster Harriers	42	12	9	21	56	77	45
Slough Town	42	13	6	23	56	82	45
Cheltenham Town	42	10	13	19	56	82	43
Barrow	42	8	14	20	52	72	38

Promoted: Colchester United

Relegated: Cheltenham Town and Barrow

Football Conference 1992/1993 Season	Altrincham	Bath City	Boston United	Bromsgrove Rovers	Dagenham & Redbridge	Farnborough Town	Gateshead	Kettering Town	Kidderminster Harriers	Macclesfield Town	Merthyr Tydfil	Northwich Victoria	Runcorn	Slough Town	Stafford Rangers	Stalybridge Celtic	Telford United	Welling United	Witton Albion	Woking	Wycombe Wanderers	Yeovil Town
Altrincham		1-0	1-1	2-2	1-0	2-2	0-1	3-0	2-2	1-0	0-1	0-0	0-2	1-1	1-5	0-0	0-3	2-0	2-1	1-0	0-2	1-2
Bath City	3-0		2-1	0-3	2-1	5-2	1-1	0-0	2-1	0-0	1-3	0-5	1-1	0-1	2-1	1-1	4-1	1-1	0-0	2-0	2-0	0-0
Boston United	1-2	1-2		1-2	3-1	0-0	0-2	0-1	0-3	3-1	2-0	3-5	0-0	0-0	0-1	1-1	2-2	2-1	2-2	1-2	0-3	1-0
Bromsgrove Rovers	4-1	1-1	2-1		1-2	2-2	3-0	1-1	2-2	3-0	1-2	1-2	0-0	0-1	2-3	4-0	0-0	2-2	3-2	1-0	1-0	1-0
Dagenham & Redbridge	2-2	2-1	1-0	1-1		5-1	3-1	1-2	3-2	1-2	6-1	4-1	5-1	4-4	0-1	1-2	0-2	1-0	1-1	5-1	1-2	1-1
Farnborough Town	2-5	2-1	4-0	1-1	1-4		6-1	3-2	2-2	0-0	2-1	0-3	2-3	1-0	1-1	1-2	0-1	3-2	1-1	0-3	0-2	2-1
Gateshead	2-0	0-4	2-2	0-0	1-1	1-0		1-1	1-0	1-0	4-0	0-2	4-1	1-0	0-0	0-1	1-2	3-1	1-1	0-1	1-1	4-1
Kettering Town	1-1	0-1	3-3	3-2	0-0	2-1	2-0		1-2	1-0	1-3	2-1	3-3	5-0	2-0	2-0	1-1	2-4	2-1	0-1	0-4	3-0
Kidderminster Harriers	0-1	1-0	0-2	1-0	0-1	1-5	3-3	0-0		2-1	1-0	5-3	2-0	1-1	0-2	2-1	2-1	0-0	1-3	1-4	1-1	1-1
Macclesfield Town	1-1	1-0	2-1	0-2	1-1	1-2	1-0	1-0	1-1		0-1	1-2	1-1	1-2	4-1	1-0	1-1	1-0	1-1	1-1	1-1	
Merthyr Tydfil	2-2	1-1	0-3	1-1	0-2	1-3	1-1	2-1	4-3	1-2		3-0	0-3	1-1	0-0	1-1	4-0	1-1	0-2	1-5	1-4	1-1
Northwich Victoria	1-2	3-1	3-3	0-1	1-1	3-0	0-0	2-2	0-1	1-3	1-2		3-2	0-1	1-2	1-3	1-0	1-1	1-3	1-0	0-0	0-1
Runcorn	0-1	1-3	1-2	2-1	1-0	1-4	4-2	2-2	0-0	1-2	2-3	0-1		0-3	0-2	2-1	3-1	3-0	4-4	2-3	2-1	1-0
Slough Town	1-4	1-1	3-0	1-3	2-0	3-1	1-0	3-0	3-1	2-1	2-1	0-4	1-1		2-1	2-3	2-0	4-2	2-3	0-1	1-1	3-0
Stafford Rangers	0-0	3-2	0-0	3-4	0-1	2-2	2-1	2-4	0-1	0-1	0-0	1-0	0-1	1-0		0-0	2-1	4-3	1-1	0-0	0-1	0-1
Stalybridge Celtic	1-0	1-1	2-1	0-3	2-1	0-0	2-2	2-2	0-6	0-0	0-0	1-0		3-3	0-1	1-2	3-0	2-2	1-1			
Telford United	2-1	0-0	0-1	0-1	0-1	6-3	1-0	3-1	1-1	3-1	5-0	1-0	2-1	1-1	0-0	0-2		0-1	0-3	3-3	2-3	1-0
Welling United	2-0	0-3	2-2	4-2	0-2	3-1	2-1	1-1	0-0	1-0	5-0	1-5	3-2	2-1	1-2	1-4	1-3		2-2	1-1	2-2	0-3
Witton Albion	1-1	0-0	2-0	1-1	2-2	1-1	1-3	4-2	2-2	1-1	3-1	1-3	0-3	1-1	2-5	2-0	2-1	0-1		1-2	2-2	1-2
Woking	0-2	0-1	3-0	0-2	1-1	4-1	1-4	3-2	1-5	4-0	0-2	1-0	4-0	1-2	0-3	2-1	3-2	1-0	1-2		0-3	0-0
Wycombe Wanderers	0-2	2-0	3-3	4-0	1-0	1-1	2-1	1-2	1-1	0-1	4-0	1-0	2-2	4-0	4-0	3-0	2-1	0-0				5-1
Yeovil Town	1-0	2-1	2-1	2-2	0-3	5-2	1-3	2-1	2-2	1-1	0-1	1-1	4-0	5-1	2-0	1-1	1-0	1-0	2-0	4-1	3-0	

Football Conference
Season 1992/1993

Wycombe Wanderers	42	24	11	7	84	37	83
Bromsgrove Rovers	42	18	14	10	67	49	68
Dagenham & Redbridge	42	19	11	12	75	47	67
Yeovil Town	42	18	12	12	59	49	66
Slough Town	42	18	11	13	60	55	65
Stafford Rangers	42	18	10	14	55	47	64
Bath City	42	15	14	13	53	46	59
Woking	42	17	8	17	58	62	59
Kidderminster Harriers	42	14	16	12	60	60	58
Altrincham	42	15	13	14	49	52	58
Northwich Victoria	42	16	8	18	68	55	56
Stalybridge Celtic	42	13	17	12	48	55	56
Kettering Town	42	14	13	15	61	63	55
Gateshead	42	14	10	18	53	56	52
Telford United	42	14	10	18	55	60	52
Merthyr Tydfil	42	14	10	18	51	79	52
Witton Albion	42	11	17	14	62	65	50
Macclesfield Town	42	12	13	17	40	50	49
Runcorn	42	10	19	13	58	76	49
Welling United	42	12	12	18	57	72	48
Farnborough Town	42	12	11	19	68	87	47
Boston United	42	9	13	20	50	69	40

Dagenham & Redbridge had 1 point deducted

Promoted: Wycombe Wanderers

Relegated: Farnborough Town and Boston United

Football Conference 1993/1994 Season	Altrincham	Bath City	Bromsgrove Rovers	Dagenham & Redbridge	Dover Athletic	Gateshead	Halifax Town	Kettering Town	Kidderminster Harriers	Macclesfield Town	Merthyr Tydfil	Northwich Victoria	Runcorn	Slough Town	Southport	Stafford Rangers	Stalybridge Celtic	Telford United	Welling United	Witton Albion	Woking	Yeovil Town
Altrincham		0-2	2-3	1-2	2-0	0-3	0-0	1-1	1-0	0-1	3-0	2-2	2-1	2-0	1-2	0-0	0-0	2-0	2-0	1-3	0-2	1-0
Bath City	0-1		0-1	0-0	0-0	2-3	2-2	0-3	4-0	5-1	0-3	0-0	0-0	3-0	2-1	2-3	1-1	3-0	0-0	1-1	0-1	3-0
Bromsgrove Rovers	1-2	0-1		2-0	1-2	3-0	1-0	0-4	0-3	3-0	3-3	0-0	0-0	0-1	2-2	3-3	2-0	0-5	1-1	3-3	0-0	1-2
Dagenham & Redbridge	3-0	3-0	4-2		2-1	1-1	3-0	2-3	1-1	1-1	0-1	1-1	2-1	1-0	3-3	1-0	0-1	4-1	2-0	2-1	3-4	2-1
Dover Athletic	1-0	0-3	4-3	1-1		3-1	1-2	0-1	3-1	1-2	1-0	2-0	2-3	0-0	0-2	2-0	1-1	0-1	1-0	1-0	5-0	0-2
Gateshead	2-1	1-0	0-1	3-1	1-2		2-1	0-0	0-0	1-0	2-2	0-0	1-3	0-0	2-1	0-2	1-0	3-0	1-1	2-1		
Halifax Town	0-0	0-0	3-0	0-1	0-1	3-1		0-0	1-2	2-1	1-2	1-1	1-0	2-2	1-1	2-1	6-0	1-1	0-0	2-3	1-1	
Kettering Town	1-0	0-1	0-1	1-1	1-0	0-0	0-1		1-1	0-0	0-0	0-0	2-2	2-0	2-0	2-0	3-2	1-2	2-2	1-0	3-0	1-0
Kidderminster Harriers	0-1	0-0	1-1	2-1	3-0	1-1	2-1	0-2		2-1	2-0	2-0	3-0	0-0	2-0	0-0	1-0	2-0	1-0	0-0	3-1	2-3
Macclesfield Town	1-0	0-0	4-3	3-0	0-2	6-1	0-1	0-0	0-0		1-2	0-0	0-0	2-2	0-1	0-0	1-3	1-0	2-0	1-1	1-2	
Merthyr Tydfil	0-0	1-1	2-1	0-0	0-0	3-0	2-1	0-1	1-4	2-1		5-0	1-1	5-1	2-2	2-0	1-2	0-3	0-1	4-3	2-3	1-1
Northwich Victoria	2-0	3-1	1-1	2-2	0-1	1-2	0-2	1-1	3-0	1-1	1-2		1-1	1-1	2-1	0-0	2-0	1-1	3-1	0-1	0-0	1-1
Runcorn	2-1	0-0	4-1	2-1	2-1	1-1	5-0	0-0	0-5	2-1	1-1	1-2		3-2	3-0	2-2	1-1	3-2	2-4	1-0	2-1	4-0
Slough Town	0-2	0-0	1-1	3-1	1-0	2-1	2-0	0-2	1-5	1-1	3-2	2-2	3-0		0-0	3-0	2-3	0-0	1-1	0-1	0-0	5-2
Southport	3-1	1-1	1-2	0-0	3-2	1-1	2-2	1-1	1-1	1-0	3-2	0-0	1-0	1-0		0-2	0-2	1-1	2-1	2-1	1-1	
Stafford Rangers	0-1	2-0	0-0	2-0	2-2	3-1	1-1	0	2-3	2-3	5-1	3-1	2-2	0-0	0-2		2-2	1-1	3-0	1-0	3-0	4-2
Stalybridge Celtic	1-3	1-3	0-2	5-0	0-0	2-1	1-1	1-1	0-2	0-2	2-2	1-1	1-2	0-1	3-1	1-2		1-0	2-1	2-2	1-2	
Telford United	0-2	0-0	0-0	0-0	0-1	0-0	3-2	1-2	1-0	1-3	1-0	2-1	1-1	4-1	1-3	2-1	0-2		2-0	2-2	2-2	1-1
Welling United	2-1	0-0	1-1	0-0	2-0	1-2	0-2	0-0	0-3	1-1	0-1	1-1	6-2	0-2	1-1	1-2	0-0	1-1		2-1	2-2	2-0
Witton Albion	0-1	0-3	4-1	1-1	1-2	1-0	2-2	0-1	2-0	0-2	2-2	1-1	1-1	1-0	0-2	1-1	0-3	0-0	0-5		0-0	1-2
Woking	1-1	4-1	0-0	1-8	3-0	1-0	2-6	0-0	1-0	3-0	2-1	2-1	1-1	2-1	1-0	4-0	3-0	0-0	0-2	3-1		1-2
Yeovil Town	0-0	1-2	2-3	2-1	1-3	0-2	0-0	1-0	0-1	4-0	2-2	0-3	4-2	0-2	3-2	0-1	0-0	1-0	0-1	2-0	0-1	

Football Conference
Season 1993/1994

Kidderminster Harriers	42	22	9	11	63	35	75
Kettering Town	42	19	15	8	46	24	72
Woking	42	18	13	11	58	58	67
Southport	42	18	12	12	57	51	66
Runcorn	42	14	19	9	63	57	61
Dagenham & Redbridge	42	15	14	13	62	54	59
Macclesfield Town	42	16	11	15	48	49	59
Dover Athletic	42	17	7	18	48	49	58
Stafford Rangers	42	14	15	13	56	52	57
Altrincham	42	16	9	17	41	42	57
Gateshead	42	15	12	15	45	53	57
Bath City	42	13	17	12	47	38	56
Halifax Town	42	13	16	13	55	49	55
Stalybridge Celtic	42	14	12	16	54	55	54
Northwich Victoria	42	11	19	12	44	45	52
Welling United	42	13	12	17	47	49	51
Telford United	42	13	12	17	41	49	51
Bromsgrove Rovers	42	12	15	15	54	66	51
Yeovil Town	42	14	9	19	49	62	51
Merthyr Tydfil	42	12	15	15	60	61	49
Slough Town	42	11	14	17	44	58	47
Witton Albion	42	7	13	22	37	63	34

Merthyr Tydfil had 2 points deducted

Promoted: Kidderminster Harriers

Relegated: Slough Town and Witton Albion

Football Conference 1994/1995 Season

	Altrincham	Bath City	Bromsgrove Rovers	Dagenham & Redbridge	Dover Athletic	Farnborough Town	Gateshead	Halifax Town	Kettering Town	Kidderminster Harriers	Macclesfield Town	Merthyr Tydfil	Northwich Victoria	Runcorn	Southport	Stafford Rangers	Stalybridge Celtic	Stevenage Borough	Telford United	Welling United	Woking	Yeovil Town
Altrincham	■	1-0	1-1	0-1	3-0	2-0	1-3	3-1	2-4	2-0	1-2	1-0	1-3	3-2	0-0	5-1	1-0	1-2	3-1	1-1	1-2	1-3
Bath City	0-3	■	1-1	3-0	0-0	2-0	0-2	0-0	2-0	3-5	1-0	1-0	2-2	4-3	1-2	3-3	2-3	2-1	1-1	2-0	2-0	3-0
Bromsgrove Rovers	0-3	1-1	■	2-2	2-0	2-2	2-2	0-1	2-4	4-3	2-2	2-0	1-4	1-0	1-1	2-1	2-1	2-1	0-1	4-1	5-5	5-0
Dagenham & Redbridge	0-4	1-0	2-0	■	2-0	0-1	0-0	1-4	2-1	1-2	0-4	2-1	1-2	3-2	5-1	3-3	2-2	0-1	3-2	0-0	0-2	0-0
Dover Athletic	1-3	3-0	0-2	1-1	■	1-1	2-2	1-1	0-2	1-0	0-0	2-2	3-1	1-1	1-2	3-2	0-0	2-0	2-0	1-1	2-3	1-1
Farnborough Town	2-3	0-0	0-3	1-3	1-0	■	3-1	2-0	0-0	1-0	1-0	2-1	2-1	0-4	1-4	0-0	0-0	1-1	5-3	1-2	0-2	0-3
Gateshead	1-0	0-1	2-1	2-1	1-0	2-0	■	1-2	0-0	1-0	2-1	2-0	4-0	4-0	0-1	1-1	0-0	1-2	0-0	2-0	2-0	0-3
Halifax Town	1-1	4-2	4-2	1-1	4-0	0-1	3-2	■	2-1	1-2	0-1	2-2	0-0	4-0	2-0	6-0	1-1	0-2	1-1	4-0	4-0	2-1
Kettering Town	2-2	0-0	0-1	2-2	1-0	4-1	2-4	5-1	■	0-0	1-0	4-1	3-3	3-0	1-0	1-0	1-0	0-2	3-2	4-3	0-1	3-2
Kidderminster Harriers	2-2	2-1	0-1	1-1	0-0	0-1	2-3	3-0	1-3	■	1-2	2-0	1-2	1-1	0-1	1-2	3-2	0-3	1-1	3-0	1-3	3-0
Macclesfield Town	4-2	1-0	2-2	2-0	3-0	4-1	2-1	1-1	1-0	1-3	■	0-0	3-1	0-1	3-0	1-2	3-0	0-3	2-0	3-1	2-0	1-0
Merthyr Tydfil	2-5	2-0	2-1	2-0	2-3	1-1	1-2	2-0	2-1	0-1	1-2	■	2-0	3-0	1-2	4-1	4-2	2-2	3-1	0-2	1-1	0-0
Northwich Victoria	1-1	1-1	3-1	5-0	1-3	1-2	1-1	3-0	3-2	3-4	1-3	2-0	■	4-1	2-1	0-1	2-2	0-1	1-1	1-1	2-2	2-2
Runcorn	3-0	1-1	3-1	0-0	3-3	1-0	3-2	0-3	1-2	2-2	2-2	0-0	2-2	■	2-1	3-1	0-3	3-1	4-1	3-2	1-0	2-1
Southport	1-4	3-1	2-1	1-1	2-2	0-1	5-0	4-0	1-1	4-1	2-3	3-1	0-2	5-0	■	3-0	3-1	2-1	2-1	1-0	2-0	0-0
Stafford Rangers	0-1	0-2	1-1	1-2	1-0	1-1	3-1	0-2	1-2	0-3	1-3	1-2	1-1		5-0	■	0-3	2-2	1-1	2-3		4-1
Stalybridge Celtic	2-1	0-1	1-1	1-0	2-1	4-1	0-1	1-1	1-4	1-3	2-2	1-1	2-1	0-0	1-1	2-3	■	1-0	1-0	1-3	2-1	3-1
Stevenage Borough	4-2	3-0	1-0	3-1	0-3	3-1	2-3	1-0	2-2	2-3	1-1	0-0	1-1	0-1	1-2	1-0	5-1	■	4-3	1-2	0-1	5-0
Telford United	2-3	3-0	2-2	0-4	1-1	1-1	3-1	1-1	1-0	3-1	2-0	1-0	2-0	0-0	1-1	1-2			■	4-2	0-0	1-0
Welling United	0-0	1-5	1-2	4-1	0-1	1-3	3-0	1-1	2-1	0-2	0-1	2-1	1-5	1-2	3-1	3-1	3-3	1-0	1-0	■	1-2	2-1
Woking	4-0	2-2	4-0	3-5	0-0	3-2	1-1	1-3	3-1	0-0	1-0	4-1	1-1	2-0	3-0	2-2	4-1	3-0	2-1	1-1	■	2-2
Yeovil Town	1-3	1-2	2-0	2-2	1-3	0-1	1-1	3-1	1-1	1-2	1-3	4-4	1-0	0-1	1-0	3-0	0-0	1-1	3-3	1-2		■

Football Conference
Season 1994/1995

Team	P	W	D	L	F	A	Pts
Macclesfield Town	42	24	8	10	70	40	80
Woking	42	21	12	9	76	54	75
Southport	42	21	9	12	68	50	72
Altrincham	42	20	8	14	77	60	68
Stevenage Borough	42	20	7	15	68	49	67
Kettering Town	42	19	10	13	73	56	67
Gateshead	42	19	10	13	61	53	67
Halifax Town	42	17	12	13	68	54	63
Runcorn	42	16	10	16	59	71	58
Northwich Victoria	42	14	15	13	77	66	57
Kidderminster Harriers	42	16	9	17	63	61	57
Bath City	42	15	12	15	55	56	57
Bromsgrove Rovers	42	14	13	15	66	69	55
Farnborough Town	42	15	10	17	45	64	55
Dagenham & Redbridge	42	13	13	16	56	69	52
Dover Athletic	42	11	16	15	48	55	49
Welling United	42	13	10	19	57	74	49
Stalybridge Celtic	42	11	14	17	52	72	47
Telford United	42	10	16	16	53	62	46
Merthyr Tydfil	42	11	11	20	53	63	44
Stafford Rangers	42	9	11	22	53	79	38
Yeovil Town	42	8	14	20	50	71	37

Yeovil Town had 1 point deducted for fielding an ineligible player.

Promoted: Macclesfield Town

Relegated: Merthyr Tydfil, Stafford Rangers and Yeovil Town

Football Conference 1995/1996 Season

	Altrincham	Bath City	Bromsgrove Rovers	Dagenham & Redbridge	Dover Athletic	Farnborough Town	Gateshead	Halifax Town	Hednesford Town	Kettering Town	Kidderminster Harriers	Macclesfield Town	Morecambe	Northwich Victoria	Runcorn	Slough Town	Southport	Stalybridge Celtic	Stevenage Borough	Telford United	Welling United	Woking
Altrincham		1-2	3-0	3-1	2-2	2-2	1-1	3-2	2-1	1-3	1-1	0-4	3-0	3-4	2-2	0-1	1-1	1-0	0-2	1-0	1-0	2-0
Bath City	2-2		0-1	0-2	2-1	2-1	0-1	2-1	1-0	3-1	1-1	1-1	3-2	0-3	3-0	3-1	4-0	0-4	1-2	0-3	1-1	0-3
Bromsgrove Rovers	0-0	4-1		2-0	3-0	1-2	3-1	0-1	1-4	3-2	2-1	1-0	1-0	1-1	2-0	0-0	4-1	1-1	1-1	0-2	1-1	2-1
Dagenham & Redbridge	1-0	0-1	2-2		3-0	2-2	0-4	1-1	1-2	1-2	4-2	3-0	2-2	0-3	2-3	1-3	1-2	4-1	1-2	1-1	1-1	0-0
Dover Athletic	1-4	1-0	0-2	0-1		1-3	1-1	3-2	1-3	2-1	2-1	2-3	2-3	0-1	4-2	0-1	1-3	1-2	1-0	2-1	4-3
Farnborough Town	1-1	0-0	1-0	2-0	3-2		2-3	0-0	1-3	1-1	3-1	6-1	3-1	0-1	0-1	0-1	1-0	1-1	2-2	2-1	0-1	0-2
Gateshead	2-3	3-1	1-0	2-0	1-1	1-1		3-2	0-3	1-1	4-1	0-1	3-0	1-1	1-0	2-1	2-2	1-0	2-2	1-2	1-1	0-1
Halifax Town	1-1	3-1	1-1	3-0	1-0	0-0	2-0		1-3	2-0	0-2	1-0	1-1	2-0	1-3	1-2	2-2	2-3	2-3	0-0	2-1	2-2
Hednesford Town	2-1	2-1	4-2	0-0	2-2	4-1	0-1	3-0		1-0	1-3	0-1	1-2	2-1	2-0	3-1	2-1	0-1	2-1	4-0	1-1	2-1
Kettering Town	4-2	3-0	2-2	2-0	2-2	0-2	1-0	1-2	2-0		2-0	2-2	2-3	2-2	4-0	2-0	1-1	1-6	1-2	0-3	1-3	3-0
Kidderminster Harriers	1-1	1-2	1-0	5-1	1-1	3-3	1-1	6-1	3-1	1-0		0-4	4-2	2-1	4-1	4-3	2-3	3-0	0-1	2-0	3-0	2-0
Macclesfield Town	2-3	0-1	2-1	3-1	0-1	1-0	1-0	7-0	1-1	1-1	0-2		2-0	0-0	1-0	1-1	3-1	1-0	0-0	1-0	2-1	3-2
Morecambe	7-0	1-0	4-1	2-2	3-1	2-3	2-3	0-1	0-1	5-3	3-1	2-4		2-2	3-1	1-2	4-3	2-0	1-2	2-0	1-0	4-5
Northwich Victoria	2-1	2-2	2-2	1-0	1-2	1-3	1-2	1-1	0-2	6-2	5-2	1-2	2-1		4-3	0-3	1-2	1-0	1-3	2-0	1-2	3-0
Runcorn	0-1	1-0	0-0	2-0	1-3	0-3	1-1	0-2	2-2	4-2	0-1	0-0	1-3	3-4		4-3	1-1	0-1	0-8	2-3	1-3	2-3
Slough Town	1-2	1-1	2-3	5-0	3-2	1-1	1-2	2-3	0-2	1-2	5-4	2-2	1-1	1-1	0-1		2-5	2-1	2-6	1-2	0-0	2-3
Southport	1-2	2-1	1-2	2-1	0-0	7-1	1-0	0-0	2-2	6-1	0-2	2-1	1-1	2-2	1-1	2-0		5-3	0-1	3-2	2-0	2-2
Stalybridge Celtic	1-0	1-0	2-1	2-1	2-0	2-2	0-2	1-0	0-1	3-2	2-2	1-2	0-2	1-5	2-0	0-1	1-4		2-5	2-2	2-1	2-4
Stevenage Borough	1-1	2-0	3-3	1-0	3-2	0-0	1-1	2-0	1-0	5-1	4-1	1-0	5-1	4-1	3-1	1-3	2-2			0-1	4-1	4-0
Telford United	2-0	3-1	0-0	0-0	1-0	3-2	0-0	1-1	2-1	3-4	1-1	1-2	2-2	1-0	1-2	2-0	2-1	0-1	1-3		0-0	1-2
Welling United	1-1	2-1	5-2	0-0	1-0	0-1	1-2	0-0	1-1	1-0	0-0	1-2	1-0	1-1	1-1	0-3	0-1	1-1	0-3	3-1		1-2
Woking	2-0	2-0	1-1	2-2	1-0	2-1	2-0	2-0	3-0	1-1	0-0	3-2	3-0	0-0	2-1	3-0	4-0	2-1	4-1	5-1	3-2	

Football Conference
Season 1995/1996

Stevenage Borough	42	27	10	5	101	44	91
Woking	42	25	8	9	83	54	83
Hednesford Town	42	23	7	12	71	46	76
Macclesfield Town	42	22	9	11	66	49	75
Gateshead	42	18	13	11	58	46	67
Southport	42	18	12	12	77	64	66
Kidderminster Harriers	42	18	10	14	78	66	64
Northwich Victoria	42	16	12	14	72	64	60
Morecambe	42	17	8	17	78	72	59
Farnborough Town	42	15	14	13	63	58	59
Bromsgrove Rovers	42	15	14	13	59	57	59
Altrincham	42	15	13	14	59	64	58
Telford United	42	15	10	17	51	56	55
Stalybridge Celtic	42	16	7	19	59	68	55
Halifax Town	42	13	13	16	49	63	52
Kettering Town	42	13	9	20	68	84	48
Slough Town	42	13	8	21	63	76	47
Bath City	42	13	7	22	45	66	46
Welling United	42	10	15	17	42	53	45
Dover Athletic	42	11	7	24	51	74	40
Runcorn	42	9	8	25	48	87	35
Dagenham & Redbridge	42	7	12	23	43	73	33

Promoted: Stevenage Borough
Relegated: Runcorn and Dagenham & Redbridge

Football Conference 1996/1997 Season	Altrincham	Bath City	Bromsgrove Rovers	Dover Athletic	Farnborough Town	Gateshead	Halifax Town	Hayes	Hednesford Town	Kettering Town	Kidderminster Harriers	Macclesfield Town	Morecambe	Northwich Victoria	Rushden & Diamonds	Slough Town	Southport	Stalybridge Celtic	Stevenage Borough	Telford United	Welling United	Woking
Altrincham	■	1-3	3-1	1-2	0-3	0-1	2-1	0-2	1-1	4-3	0-1	0-1	0-1	2-3	4-3	0-1	1-0	1-0	1-2	2-3	1-1	1-1
Bath City	1-2	■	1-0	2-1	1-1	3-0	0-0	3-1	2-1	0-2	0-3	0-3	2-1	3-2	3-2	0-0	0-2	0-2	0-0	2-3	3-1	1-1
Bromsgrove Rovers	4-0	2-1	■	3-1	1-1	2-2	3-0	2-2	1-0	1-2	0-1	0-3	2-3	0-5	0-1	4-1	0-1	1-1	2-1	1-0	0-3	
Dover Athletic	2-2	2-2	2-0	■	0-0	0-1	2-2	1-0	2-2	0-1	0-5	2-1	3-0	2-2	1-1	0-0	0-1	2-1	3-3	1-4	2-1	5-1
Farnborough Town	1-1	4-1	2-1	2-3	■	1-2	3-0	1-1	1-0	0-2	2-1	0-1	2-2	2-2	2-2	2-1	3-3	1-0	3-1	0-2	2-1	1-2
Gateshead	1-1	5-0	1-0	1-3	1-0	■	0-1	1-1	0-1	1-1	3-1	0-0	0-3	5-1	1-0	2-1	2-2	0-2	2-2	2-3	1-2	3-2
Halifax Town	1-1	4-5	1-0	1-3	3-0	2-0	■	2-2	1-0	2-1	2-3	3-3	1-1	0-3	1-3	4-1	2-0	4-1	4-2	0-3	1-1	0-4
Hayes	3-1	0-1	1-0	2-0	0-0	0-0	0-0	■	4-0	2-1	0-1	0-2	2-3	1-1	1-1	5-0	1-1	0-2	1-3	0-1	1-1	3-2
Hednesford Town	2-2	2-0	3-0	1-1	0-1	0-0	1-1	2-0	■	0-0	1-4	4-1	2-1	3-0	1-0	2-1	0-1	2-1	0-0	0-0	0-3	2-0
Kettering Town	3-1	1-0	2-0	1-1	3-1	4-1	4-1	2-2	0-2	■	3-1	1-4	0-2	1-5	0-0	0-1	1-0	1-0	1-2	0-1	2-3	0-0
Kidderminster Harriers	1-1	6-0	1-2	4-1	2-3	3-2	3-0	5-1	2-1	4-0	■	0-0	2-2	1-0	1-0	1-2	3-0	1-1	3-0	1-0	3-2	1-0
Macclesfield Town	1-1	2-2	4-0	1-0	3-0	3-0	1-0	1-0	4-0	2-0	0-1	■	0-0	0-1	2-1	2-0	3-2	2-1	2-1	1-1	5-0	
Morecambe	2-1	1-1	1-0	3-1	1-1	4-0	1-0	2-4	2-2	5-2	2-3	1-0	■	2-0	2-0	0-0	2-1	0-0	1-2	0-1	1-2	1-2
Northwich Victoria	2-2	1-0	1-0	2-0	1-1	4-2	2-2	2-1	2-1	1-1	2-1	1-0		■	1-2	0-1	5-1	0-1	0-1	1-0	0-0	1-2
Rushden & Diamonds	3-2	4-1	1-2	1-1	0-2	0-4	1-0	2-2	0-2	1-0	1-1	1-1	2-1	1-1	■	2-2	3-0	1-1	0-1	2-0	3-0	1-1
Slough Town	0-1	5-2	2-0	2-2	1-1	0-1	1-0	1-3	2-2	1-1	0-2	0-0	1-2	3-4	5-0	■	1-1	4-1	1-6	6-0	3-3	3-0
Southport	1-3	3-1	0-0	0-1	0-3	1-1	2-1	0-2	1-2	2-2	1-0	1-5	3-1	0-0	2-1	0-1	■	3-0	0-0	0-1	3-2	4-1
Stalybridge Celtic	1-0	2-2	3-0	4-2	2-0	2-5	2-3	3-1	1-2	3-1	4-1	0-1	2-1	0-1	2-0	2-2	2-2	■	0-3	0-0	0-0	0-2
Stevenage Borough	2-1	2-1	3-0	4-1	3-1	4-1	6-0	2-0	3-2	0-0	2-2	2-3	4-2	2-0	4-1	2-2	2-1	1-1	■	3-0	2-1	0-3
Telford United	0-0	1-1	3-1	1-0	2-0	0-3	1-1	0-0	1-1	1-0	0-2	2-3	2-2	0-5	0-2	1-0	1-1	2-3		■	2-0	1-2
Welling United	1-0	2-0	1-2	1-0	0-2	2-0	0-1	1-0	1-2	1-2	0-1	0-3	1-4	1-1	0-1	3-2	2-3	2-0	2-0	2-1	■	1-1
Woking	7-1	2-2	1-3	1-1	0-2	1-1	2-2	1-2	2-0	2-1	2-1	2-3	1-2	3-1	4-2	2-0	0-1	3-2	3-1	0-0	2-1	■

Football Conference
Season 1996/1997

Macclesfield Town	42	27	9	6	80	30	90
Kidderminster Harriers	42	26	7	9	84	42	85
Stevenage Borough	42	24	10	8	87	53	82
Morecambe	42	19	9	14	69	56	66
Woking	42	18	10	14	71	63	64
Northwich Victoria	42	17	12	13	61	54	63
Farnborough Town	42	16	13	13	58	53	61
Hednesford Town	42	16	12	14	52	50	60
Telford United	42	16	10	16	46	56	58
Gateshead	42	15	11	16	59	63	56
Southport	42	15	10	17	51	61	55
Rushden & Diamonds	42	14	11	17	61	63	53
Stalybridge Celtic	42	14	10	18	53	58	52
Kettering Town	42	14	9	19	53	62	51
Hayes	42	12	14	16	54	55	50
Slough Town	42	12	14	16	62	65	50
Dover Athletic	42	12	14	16	57	68	50
Welling United	42	13	9	20	50	60	48
Halifax Town	42	12	12	18	55	74	48
Bath City	42	12	11	19	53	80	47
Bromsgrove Rovers	42	12	5	25	41	67	41
Altrincham	42	9	12	21	49	73	39

Promoted: Macclesfield Town

Relegated: Bath City, Bromsgrove Rovers and Altrincham

Football Conference — 1997/1998 Season

	Cheltenham Town	Dover Athletic	Farnborough Town	Gateshead	Halifax Town	Hayes	Hednesford Town	Hereford United	Kettering Town	Kidderminster Harriers	Leek Town	Morecambe	Northwich Victoria	Rushden & Diamonds	Slough Town	Southport	Stalybridge Celtic	Stevenage Borough	Telford United	Welling United	Woking	Yeovil Town
Cheltenham Town	■	3-1	1-0	2-0	4-0	2-1	1-0	1-2	2-0	0-1	1-1	2-1	3-2	2-0	1-1	2-0	2-0	1-1	3-1	1-1	3-2	2-0
Dover Athletic	3-0	■	2-2	0-1	0-1	1-0	1-3	1-1	0-0	0-4	2-1	2-3	4-0	0-3	2-1	3-1	3-1	1-1	6-3	2-1	0-2	1-0
Farnborough Town	1-2	1-0	■	4-0	1-2	0-2	1-3	0-2	3-2	3-3	2-0	0-2	2-3	2-0	1-0	3-2	6-0	1-2	1-0	0-0	3-0	2-2
Gateshead	0-0	1-2	3-0	■	2-2	1-1	2-5	1-1	2-0	2-0	0-2	1-4	2-2	2-1	5-1	0-2	3-3	2-1	0-2	2-1	1-2	0-3
Halifax Town	1-1	1-1	1-0	2-0	■	1-1	1-1	3-0	3-0	2-1	2-1	5-1	4-2	2-0	1-0	4-3	3-1	4-0	6-1	1-0	1-0	3-1
Hayes	1-1	0-0	3-1	1-0	1-2	■	4-0	2-0	0-1	1-1	3-1	0-3	1-1	1-2	0-1	2-0	1-2	1-3	2-1	3-1	3-0	6-4
Hednesford Town	0-1	1-0	1-3	3-0	0-0	2-1	■	1-1	1-1	3-0	1-0	0-1	2-0	0-1	2-1	2-1	1-0	1-1	1-0	3-2	1-1	1-0
Hereford United	3-2	0-1	2-1	1-0	0-0	3-0	2-1	■	3-2	1-0	1-0	1-0	2-2	1-1	1-1	1-1	3-0	0-2	1-1	1-2	2-1	1-1
Kettering Town	0-1	2-1	2-1	3-0	1-1	1-1	2-1	1-2	■	2-2	1-0	1-1	1-3	0-4	3-3	2-1	3-1	2-0	1-3	0-1	0-1	1-1
Kidderminster Harriers	1-2	3-3	2-0	1-1	0-2	1-0	1-1	1-4	4-1	■	1-1	1-4	1-1	1-2	0-1	1-1	5-0	1-3	1-1	2-1	1-1	3-1
Leek Town	0-0	5-1	3-1	2-2	2-0	1-2	3-3	2-2	0-4	0-0	■	1-1	1-1	2-0	0-2	0-1	2-2	2-1	3-1	1-2	2-0	2-0
Morecambe	1-0	3-3	1-1	2-0	1-1	0-2	1-3	1-5	1-3	3-1	1-1	■	3-1	3-1	2-1	2-0	3-1	0-2	1-0	4-2	1-2	1-0
Northwich Victoria	2-1	2-1	3-3	1-1	2-0	1-1	1-1	0-2	0-0	1-1	3-1	5-0	■	2-4	0-1	0-0	1-0	1-1	2-2	5-1	0-2	2-1
Rushden & Diamonds	4-1	4-1	5-5	3-2	4-0	1-3	1-0	4-1	0-1	4-1	0-1	3-3	0-1	■	1-0	3-0	3-2	0-1	2-1	2-2		
Slough Town	1-2	2-4	1-0	1-0	1-1	0-0	2-0	3-0	1-1	2-0	1-1	3-3	3-0	1-2	■	1-0	4-0	3-1	1-0	1-2	1-3	1-1
Southport	1-2	0-1	3-1	3-1	0-0	0-2	4-1	0-0	2-1	1-2	2-2	1-1	0-2	3-2	1-2	■	4-2	1-0	1-2	3-1	0-0	2-1
Stalybridge Celtic	1-4	1-0	1-1	2-2	0-1	1-1	1-1	2-3	3-4	2-1	6-1	3-1	0-1	2-4	0-1	1-3	■	1-1	2-2	1-0	0-3	3-2
Stevenage Borough	1-2	2-2	5-0	6-1	1-2	1-5	1-2	0-0	3-1	1-3	2-1	4-2	1-0	1-1	1-1	0-0		■	1-1	0-0	0-0	2-1
Telford United	0-0	0-1	0-1	4-4	0-3	1-0	1-1	0-0	1-1	1-1	3-0	1-3	2-1	4-2	0-1	2-2	1-0	3-0	■	0-3	0-3	1-4
Welling United	2-1	2-2	1-0	2-0	6-2	2-0	3-2	3-0	2-2	0-3	2-0	2-2	0-1	1-1	3-5	1-0	4-1		1-1	■	1-1	1-3
Woking	2-0	4-0	3-0	3-1	2-2	3-0	4-2	3-1	0-1	0-1	5-2	0-2	1-0	0-2	2-1	1-1	3-1	5-3	1-1	3-1	■	2-0
Yeovil Town	3-1	4-1	0-1	6-3	0-1	4-3	1-0	2-0	2-0	1-0	3-1	2-3	2-2	1-2	2-1	0-0	2-0	2-1	5-3	1-1	2-0	■

Football Conference
Season 1997/1998

Team	P	W	D	L	F	A	Pts
Halifax Town	42	25	12	5	74	43	87
Cheltenham Town	42	23	9	10	63	43	78
Woking	42	22	8	12	72	46	74
Rushden & Diamonds	42	23	5	14	79	57	74
Morecambe	42	21	10	11	77	64	73
Hereford United	42	18	13	11	56	49	67
Hednesford Town	42	18	12	12	59	50	66
Slough Town	42	18	10	14	58	49	64
Northwich Victoria	42	15	15	12	63	59	60
Welling United	42	17	9	16	64	62	60
Yeovil Town	42	17	8	17	73	63	59
Hayes	42	16	10	16	62	52	58
Dover Athletic	42	15	10	17	60	70	55
Kettering Town	42	13	13	16	53	60	52
Stevenage Borough	42	13	12	17	59	63	51
Southport	42	13	11	18	56	58	50
Kidderminster Harriers	42	11	14	17	56	63	47
Farnborough Town	42	12	8	22	56	70	44
Leek Town	42	10	14	18	52	67	44
Telford United	42	10	12	20	53	76	42
Gateshead	42	8	11	23	51	87	35
Stalybridge Celtic	42	7	8	27	48	93	29

Promoted: Halifax Town

Relegated: Gateshead and Stalybridge Celtic. Slough Town were also demoted as their ground did not meet Conference standards.

Football Conference 1998/1999 Seasons	Barrow	Cheltenham Town	Doncaster Rovers	Dover Athletic	Farnborough Town	Forest Green Rovers	Hayes	Hednesford Town	Hereford United	Kettering Town	Kidderminster Harriers	Kingstonian	Leek Town	Morecambe	Northwich Victoria	Rushden & Diamonds	Southport	Stevenage Borough	Telford United	Welling United	Woking	Yeovil Town
Barrow	■	1-1	2-2	1-0	1-0	2-1	0-1	0-2	0-1	0-0	0-4	0-1	2-1	2-1	0-1	0-2	0-0	0-1	1-1	2-1	1-2	2-0
Cheltenham Town	4-1	■	2-1	1-1	0-0	1-1	3-3	0-0	2-2	3-0	1-0	1-0	0-0	4-1	0-1	1-0	3-0	3-0	2-0	0-0	1-1	3-2
Doncaster Rovers	2-1	2-2	■	5-4	1-2	0-1	0-1	0-1	3-1	1-1	1-0	0-1	0-1	2-1	2-2	1-1	0-1	0-0	2-1	4-1	0-1	0-2
Dover Athletic	1-1	0-0	1-0	■	2-1	1-1	0-0	3-1	0-1	0-1	5-1	2-1	2-3	0-0	1-1	2-1	1-1	1-1	1-2	3-2	1-2
Farnborough Town	2-2	2-4	1-0	1-2	■	2-2	1-5	0-1	0-4	1-3	2-4	4-2	2-1	1-6	1-6	1-2	1-1	1-0	3-1	1-1	2-1	0-0
Forest Green Rovers	1-1	1-2	0-0	0-1	0-0	■	1-2	1-0	2-1	1-0	5-0	1-0	3-1	2-2	3-1	0-2	1-0	1-2	1-1	3-2	0-2	1-2
Hayes	1-0	3-2	2-0	1-2	1-0	0-3	■	1-0	1-2	0-2	2-1	3-2	2-0	1-0	2-1	1-0	3-0	2-2	4-3	1-2	2-2	1-1
Hednesford Town	1-0	3-2	1-1	1-2	0-0	1-1	0-0	■	3-1	0-2	2-1	1-2	1-1	1-0	1-0	1-1	3-1	2-2	1-1	3-2	2-1	2-3
Hereford United	3-0	0-2	1-0	2-0	2-0	4-0	0-1	0-0	■	0-2	1-3	2-0	1-0	2-0	2-2	3-2	2-2	0-1	0-0	0-0	0-1	0-1
Kettering Town	2-0	0-2	0-1	0-2	4-1	2-1	1-0	1-0	1-1	■	1-1	2-0	2-1	6-0	0-0	1-0	1-2	2-1	1-1	3-0	1-2
Kidderminster Harriers	1-2	0-1	3-3	1-0	2-0	2-2	0-1	1-2	1-0	1-1	■	0-1	1-2	5-2	4-0	0-0	2-1	2-0	3-0	0-1	3-2	0-1
Kingstonian	5-1	1-2	2-1	1-0	1-1	0-1	1-1	1-1	2-0	1-2	1-0	■	3-0	0-0	1-1	1-5	0-2	1-0	1-0	2-1	0-0	0-0
Leek Town	3-1	0-2	1-1	2-0	4-0	0-2	1-4	1-3	3-2	1-2	1-4	2-2	■	7-0	0-3	2-3	0-0	1-1	1-1	2-4	0-3	2-4
Morecambe	3-2	0-2	1-2	0-4	1-0	3-1	2-3	3-1	1-0	3-1	2-1	0-0	2-2	■	3-1	2-3	1-1	0-1	2-1	0-1	1-1
Northwich Victoria	1-0	1-0	1-3	2-0	3-0	1-0	2-1	1-1	1-0	4-0	1-0	2-3	0-2	1-1	■	2-1	1-2	0-1	1-1	3-0	0-3	1-2
Rushden & Diamonds	4-0	1-2	1-3	2-2	1-0	4-0	5-0	1-0	1-1	1-2	1-1	0-0	2-0	3-1	1-2	■	3-1	2-1	2-3	3-1	2-0	1-2
Southport	0-4	0-2	3-2	3-0	2-2	1-1	1-2	1-1	0-0	0-1	1-1	1-1	3-1	1-0	2-2	0-1	■	1-1	5-2	0-0	2-3
Stevenage Borough	1-2	2-2	2-0	1-0	3-1	1-1	2-1	3-1	0-3	2-2	3-0	3-3	2-0	2-0	1-3	0-0	0-0	■	2-2	1-1	5-0	1-1
Telford United	1-1	0-3	0-2	1-1	3-1	2-1	2-0	1-1	0-0	0-1	1-1	2-0	2-3	3-0	2-2	1-0	0-3	■	0-0	1-0	2-2
Welling United	1-1	2-1	1-1	0-3	0-0	0-2	0-2	1-1	2-2	0-0	1-3	1-0	3-2	2-3	0-1	2-1	1-1	0-1	■	0-1	1-2
Woking	2-3	1-0	2-0	1-2	4-0	1-1	2-0	2-1	0-1	0-0	2-1	0-1	1-0	0-3	2-1	1-1	2-3	1-2	3-0	0-0	■	0-0
Yeovil Town	1-0	2-2	2-2	1-1	6-3	0-4	1-1	1-2	3-0	2-1	3-1	1-3	2-0	0-1	1-2	0-1	3-1	1-3	4-0	1-3	0-1	■

Football Conference
Season 1998/1999

Cheltenham Town	42	22	14	6	71	36	80
Kettering Town	42	22	10	10	58	37	76
Hayes	42	22	8	12	63	50	74
Rushden & Diamonds	42	20	12	10	71	42	72
Yeovil Town	42	20	11	11	68	54	71
Stevenage Borough	42	17	17	8	62	45	68
Northwich Victoria	42	19	9	14	60	51	66
Kingstonian	42	17	13	12	50	49	64
Woking	42	18	9	15	51	45	63
Hednesford Town	42	15	16	11	49	44	61
Dover Athletic	42	15	13	14	54	48	58
Forest Green Rovers	42	15	13	14	55	50	58
Hereford United	42	15	10	17	49	46	55
Morecambe	42	15	8	19	60	76	53
Kidderminster Harriers	42	14	9	19	56	52	51
Doncaster Rovers	42	12	12	18	51	55	48
Telford United	42	10	16	16	44	60	46
Southport	42	10	15	17	47	59	45
Barrow	42	11	10	21	40	63	43
Welling United	42	9	14	19	44	65	41
Leek Town	42	8	8	26	48	76	32
Farnborough Town	42	7	11	24	41	89	32

Promoted: Cheltenham Town

Relegated: Leek Town and Farnborough Town. Barrow were also relegated after entering administration.

Football Conference 1999-2000	Altrincham	Doncaster Rovers	Dover Athletic	Forest Green Rovers	Hayes	Hednesford Town	Hereford United	Kettering Town	Kidderminster Harriers	Kingstonian	Morecambe	Northwich Victoria	Nuneaton Borough	Rushden & Diamonds	Scarborough	Southport	Stevenage Borough	Sutton United	Telford United	Welling United	Woking	Yeovil Town
Altrincham	■	1-2	3-0	1-1	1-2	0-1	2-1	1-1	0-0	1-3	2-2	2-0	2-2	1-2	2-1	3-0	0-1	3-0	3-3	0-1	1-1	2-2
Doncaster Rovers	0-1	■	0-1	3-2	0-0	2-1	2-2	2-1	1-2	1-0	0-1	2-0	0-1	0-1	0-1	1-1	1-2	1-0	2-0	1-1	0-0	0-3
Dover Athletic	2-2	1-3	■	4-0	2-2	4-1	2-0	1-1	0-1	0-1	3-1	4-1	3-1	0-4	1-1	1-1	4-2	1-1	3-0	2-1	2-2	3-0
Forest Green Rovers	1-1	1-0	3-1	■	0-1	3-0	0-1	2-0	3-2	0-3	1-2	5-1	1-2	1-0	0-1	1-0	3-2	1-2	5-2	1-2	0-0	3-0
Hayes	1-1	3-4	1-2	3-0	■	2-1	0-0	0-1	2-0	1-2	0-1	2-1	3-0	0-5	0-1	0-2	1-2	1-0	1-2	1-0	0-0	2-3
Hednesford Town	5-0	2-1	1-0	1-0	2-1	■	0-1	1-1	0-2	2-3	1-3	1-0	0-0	1-2	0-3	1-2	2-2	1-0	2-1	0-1	3-0	1-0
Hereford United	2-2	5-3	2-0	1-0	0-2	3-0	■	4-2	1-1	0-2	1-1	3-0	1-1	4-0	4-4	2-1	4-1	2-2	1-2	2-4	0-1	
Kettering Town	0-0	2-2	1-2	1-0	1-1	4-2	2-0	■	3-1	2-1	1-1	1-1	1-1	1-1	0-0	0-3	1-0	1-0	0-0	2-1	0-0	1-2
Kidderminster Harriers	1-1	1-0	1-2	3-3	2-1	3-0	1-1	1-0	■	2-0	2-1	3-1	1-2	2-0	2-0	5-0	3-1	1-0	2-0	4-1	3-2	4-0
Kingstonian	2-2	0-1	4-1	0-1	1-3	0-2	0-0	2-0	0-1	■	0-0	3-3	2-0	1-0	2-0	4-2	1-0	4-2	4-2	1-0	0-2	0-1
Morecambe	3-3	2-1	2-0	1-1	1-4	4-0	3-2	2-1	0-1	1-2	■	5-0	1-1	0-0	0-1	3-3	3-3	6-2	5-2	2-1	1-0	1-1
Northwich Victoria	1-1	2-1	1-1	0-0	0-0	3-2	0-0	2-6	1-1	0-3	0-0	■	3-1	2-1	2-0	0-1	3-3	2-0	2-1	3-2	3-1	3-0
Nuneaton Borough	3-1	0-0	0-2	2-3	2-1	3-0	0-1	2-3	2-0	1-1	3-1		1-1	1-1	0-2	0-1	2-0	1-1	1-1	4-3	0-1	1-1
Rushden & Diamonds	1-0	0-0	1-1	3-2	1-0	1-1	0-2	5-3	1-0	0-2	6-0	1-1	■		0-0	4-2	2-1	4-0	1-1	2-0	1-3	1-1
Scarborough	1-0	0-0	1-2	5-0	4-1	1-1	3-0	0-0	0-0	0-1	0-2	3-0	1-1	0-1	■	3-0	1-3	3-0	2-0	0-0	3-2	5-0
Southport	2-0	1-0	1-2	2-1	4-1	2-0	0-1	0-1	0-1	0-0	1-1	0-1	2-0	2-1	2-2	■	2-1	1-1	1-3	3-2	4-1	1-1
Stevenage Borough	1-1	3-0	3-1	1-1	3-0	0-1	0-3	3-0	0-1	1-2	3-1	2-1	2-2	0-1	1-1		■	1-0	2-0	0-1	0-1	0-0
Sutton United	3-0	1-0	0-1	3-2	2-2	0-0	1-1	1-1	0-3	2-2	1-2	0-4	1-2	1-1	0-2		2-1	■	2-3	1-1	0-1	
Telford United	0-1	0-2	1-1	2-0	1-2	6-2	1-1	3-1	3-2	1-0	3-2	0-1	1-1	1-0	0-0	2-1	2-0		■	2-1	1-2	3-1
Welling United	2-2	0-1	1-1	1-1	1-2	3-1	1-0	1-2	0-1	0-0	1-3	0-0	0-3	2-1	4-1	2-1	2-3	2-0		■	1-2	2-5
Woking	0-1	1-3	2-0	2-1	0-3	0-1	0-2	1-1	1-0	1-1	0-0	1-1	1-1	1-3	0-2	0-0	0-2	1-2	1-0	2-3	■	2-0
Yeovil Town	3-0	1-3	1-1	1-0	2-4	3-0	1-0	2-0	1-0	3-2	2-0	3-2	1-3	5-1	1-2	1-1	2-2	1-2	2-1	1-1	0-3	■

Football Conference
Season 1999/2000

Kidderminster Harriers	42	26	7	9	75	40	85
Rushden & Diamonds	42	21	13	8	71	42	76
Morecambe	42	18	16	8	70	48	70
Scarborough	42	19	12	11	60	35	69
Kingstonian	42	20	7	15	58	44	67
Dover Athletic	42	18	12	12	65	56	66
Yeovil Town	42	18	10	14	60	63	64
Hereford United	42	15	14	13	61	52	59
Southport	42	15	13	14	55	56	58
Stevenage Borough	42	16	9	17	60	54	57
Hayes	42	16	8	18	57	58	56
Doncaster Rovers	42	15	9	18	46	48	54
Kettering Town	42	12	16	14	44	50	52
Woking	42	13	13	16	45	53	52
Nuneaton Borough	42	12	15	15	49	53	51
Telford United	42	14	9	19	56	66	51
Hednesford Town	42	15	6	21	45	68	51
Northwich Victoria	42	13	12	17	53	78	51
Forest Green Rovers	42	13	8	21	54	63	47
Welling United	42	13	8	21	54	66	47
Altrincham	42	9	19	14	51	60	46
Sutton United	42	8	10	24	39	75	34

Promoted: Kidderminster Harriers

Relegated: Welling United, Altrincham and Sutton United

Football Conference 2000/2001 Season	Boston United	Chester City	Dagenham & Redbridge	Doncaster Rovers	Dover Athletic	Forest Green Rovers	Hayes	Hednesford Town	Hereford United	Kettering Town	Kingstonian	Leigh RMI	Morecambe	Northwich Victoria	Nuneaton Borough	Rushden & Diamonds	Scarborough	Southport	Stevenage Borough	Telford United	Woking	Yeovil Town
Boston United		0-0	5-1	3-1	1-2	0-0	0-1	3-4	5-3	4-3	2-1	0-1	2-1	1-1	4-1	1-1	2-2	1-0	3-3	2-1	0-0	4-1
Chester City	2-2		1-1	3-0	1-0	0-1	0-0	0-1	2-1	2-1	0-0	1-1	1-0	1-1	4-0	1-2	3-2	0-1	1-1	1-0	3-3	2-1
Dagenham & Redbridge	2-1	1-1		2-1	1-1	3-1	2-0	6-1	2-1	5-1	1-2	2-1	3-2	1-0	1-1	0-2	1-0	0-1	3-0	0-0	1-2	2-0
Doncaster Rovers	4-2	1-0	1-0		1-1	3-0	0-0	3-1	2-1	0-0	0-2	4-0	1-0	0-2	1-1	3-2	0-2	1-0	0-0	1-2	0-1	2-0
Dover Athletic	0-0	1-1	3-1	1-1		1-2	4-1	4-0	1-0	1-0	1-3	1-2	2-2	3-0	2-1	4-1	0-2	0-1	1-0	1-3	0-0	1-1
Forest Green Rovers	0-3	1-1	4-4	2-2	2-1		0-2	1-1	3-2	3-1	3-1	0-0	1-1	0-0	0-0	0-0	2-3	2-0	2-3	1-1	0-0	0-1
Hayes	1-1	1-3	4-1	0-3	3-2	1-0		1-1	0-2	2-1	1-1	1-2	1-1	2-2	0-0	0-3	0-1	1-0	0-1	0-1	1-2	2-3
Hednesford Town	2-4	0-0	0-2	2-4	0-0	1-1	1-3		0-3	1-2	3-2	1-2	0-0	7-1	0-3	2-3	0-1	1-1	1-1	1-1	1-2	1-2
Hereford United	1-1	2-0	0-1	0-1	4-2	3-1	3-2	1-1		0-0	0-0	1-1	2-2	0-0	1-1	3-1	1-1	0-0	1-1	2-0	0-1	2-2
Kettering Town	2-2	4-0	0-0	0-0	0-2	1-3	0-2	2-0	0-2		3-1	0-1	1-5	2-3	1-2	0-2	1-1	1-1	1-2	0-1	2-0	2-1
Kingstonian	0-0	1-3	2-3	1-1	0-0	0-1	0-1	1-0	0-3	0-1		0-2	1-6	1-0	2-2	2-4	2-2	3-1	0-2	0-1	0-3	3-4
Leigh RMI	2-2	0-1	1-2	0-1	2-1	1-1	4-0	2-2	2-1	1-0	2-1		1-0	3-0	6-2	1-0	2-0	2-2	1-4	1-1	2-0	2-3
Morecambe	2-0	0-2	2-3	2-1	1-2	2-0	4-0	1-1	0-2	3-2	1-2			4-0	4-2	2-1	4-4	1-3	1-2	0-0	3-0	0-0
Northwich Victoria	0-3	1-1	3-0	1-1	2-0	0-0	3-4	2-2	1-0	1-2	2-1	1-1	1-0		2-2	0-0	3-0	0-2	3-2	0-1	4-0	1-2
Nuneaton Borough	3-1	1-2	2-0	1-0	1-2	2-0	1-1	5-1	1-2	1-1	2-1	5-1	3-1		1-1	1-2	0-3	1-1	1-1	0-2		
Rushden & Diamonds	0-0	2-0	2-1	0-0	2-1	4-0	5-1	1-0	1-1	1-1	4-1	2-1	2-1			1-0	4-0	2-2	3-0	2-0	1-2	
Scarborough	2-2	0-2	0-1	3-1	2-0	1-0	2-0	0-0	2-4	0-1	1-0	1-1	2-2	4-0	0-0	0-3		1-1	2-2	1-1	3-2	2-2
Southport	3-1	1-0	0-1	1-0	2-1	1-1	2-0	2-0	1-1	2-3	2-2	1-2	1-2	1-1	1-2	1-3	3-1		2-2	3-0	0-1	3-0
Stevenage Borough	3-2	1-2	0-2	0-0	1-1	3-1	3-3	4-1	2-1	2-0	2-5	3-0	1-1	3-1	1-1	0-2	1-1	1-3		5-3	0-3	0-0
Telford United	3-2	3-0	0-1	1-0	0-2	1-0	2-0	2-1	1-0	2-1	0-1	2-1	2-0	2-3	2-1	1-2	1-0	2-3	2-2		3-1	1-2
Woking	1-1	1-0	4-4	1-1	4-1	2-0	1-2	1-1	0-3	1-1	0-0	1-1	0-2	1-4	1-1	1-2	1-1	3-0				2-3
Yeovil Town	2-1	2-1	1-3	2-0	4-0	2-0	3-0	4-2	2-3	2-0	3-1	6-1	3-2	1-0	0-0	0-0	0-1	0-1	1-1	2-0	1-0	

Football Conference
Season 2000/2001

Rushden & Diamonds	42	25	11	6	78	36	86
Yeovil Town	42	24	8	10	73	50	80
Dagenham & Redbridge	42	23	8	11	71	54	77
Southport	42	20	9	13	58	46	69
Leigh RMI	42	19	11	12	63	57	68
Telford United	42	19	8	15	51	51	65
Stevenage Borough	42	15	18	9	71	61	63
Chester City	42	16	14	12	49	43	62
Doncaster Rovers	42	15	13	14	47	43	58
Scarborough	42	14	16	12	56	54	58
Hereford United	42	14	15	13	60	46	57
Boston United	42	13	17	12	74	63	56
Nuneaton Borough	42	13	15	14	60	60	54
Woking	42	13	15	14	52	57	54
Dover Athletic	42	14	11	17	54	56	53
Forest Green Rovers	42	11	15	16	43	54	48
Northwich Victoria	42	11	13	18	49	67	46
Hayes	42	12	10	20	44	71	46
Morecambe	42	11	12	19	64	66	45
Kettering Town	42	11	10	21	46	62	43
Kingstonian	42	8	10	24	47	73	34
Hednesford Town	42	5	13	24	46	86	28

Promoted: Rushden & Diamonds

Relegated: Kettering Town, Kingstonian and Hednesford Town

Nationwide Conference 2001/2002 Season	Barnet	Boston United	Chester City	Dagenham & Redbridge	Doncaster Rovers	Dover Athletic	Farnborough Town	Forest Green Rovers	Hayes	Hereford United	Leigh RMI	Margate	Morecambe	Northwich Victoria	Nuneaton Borough	Scarborough	Southport	Stalybridge Celtic	Stevenage Borough	Telford United	Woking	Yeovil Town
Barnet		0-1	3-1	4-0	2-0	2-0	0-3	0-1	3-1	2-0	1-1	4-1	1-0	1-0	0-1	1-1	0-0	1-2	0-3	0-0	3-0	2-3
Boston United	1-1		0-1	1-2	2-2	4-2	4-0	6-1	4-1	3-4	2-1	0-1	2-1	3-2	4-1	2-2	0-0	4-1	0-0	3-1	4-0	4-0
Chester City	1-0	1-2		0-1	1-1	3-0	1-0	2-3	3-1	2-0	1-1	0-3	1-1	1-2	1-0	0-0	0-2	0-0	5-1	2-2	0-2	1-1
Dagenham & Redbridge	1-1	1-0	3-0		1-0	1-0	2-1	1-1	1-1	1-0	0-1	4-1	3-2	1-1	2-0	4-2	1-1	2-1	1-0	1-5	3-1	1-1
Doncaster Rovers	2-3	0-1	2-0	0-0		2-1	1-1	5-1	5-2	4-0	2-0	1-0	3-3	2-2	2-2	4-3	1-0	2-0	1-0	1-1	1-2
Dover Athletic	2-2	3-2	1-0	0-1	0-1		2-1	1-2	3-2	0-1	0-0	1-1	2-1	1-2	0-2	1-0	0-1	1-0	0-1	2-2	1-2
Farnborough Town	2-1	0-2	1-1	1-2	0-1	1-0		3-0	1-2	4-2	3-0	0-0	2-1	4-1	2-1	4-2	0-1	2-0	6-1	1-1	0-1	1-3
Forest Green Rovers	2-2	0-3	0-2	2-4	0-2	2-1	1-0		2-1	1-1	1-2	3-3	3-1	2-0	1-2	2-2	2-1	0-2	0-0	1-1	2-1	1-1
Hayes	0-2	0-2	1-3	2-4	1-5	2-1	0-3	1-1		4-1	2-1	2-4	3-1	1-2	1-2	1-2	1-0	0-0	0-2	1-4	4-1	0-4
Hereford United	2-1	0-1	1-0	1-0	0-0	3-0	4-2	0-0	0-1		0-1	3-0	0-2	1-0	1-1	6-0	0-0	3-0	1-1	0-1	2-2	0-2
Leigh RMI	3-3	1-2	3-0	2-0	1-4	1-2	3-0	1-2	1-1	0-1		2-2	0-1	1-2	0-1	1-1	1-2	1-0	1-2	3-1	3-1	0-1
Margate	0-1	1-1	0-0	1-1	1-1	0-1	2-1	1-1	1-0	2-2	1-2		1-1	1-2	1-1	1-1	2-0	8-0	2-1	3-1	4-3	0-1
Morecambe	1-0	0-0	0-3	1-1	2-1	2-1	1-3	1-2	2-0	2-1	2-2	1-3		2-1	1-0	2-0	2-2	1-0	0-3	2-1	3-1	1-5
Northwich Victoria	0-3	1-2	3-1	1-2	2-3	2-1	1-2	2-2	1-0	1-0	0-3	1-1	4-3		3-0	1-1	3-1	1-0	2-1	2-2	0-3	1-3
Nuneaton Borough	2-3	1-1	1-3	2-0	2-3	3-0	1-1	2-1	0-2	2-0	2-1	0-0	2-3	0-1		1-2	3-1	2-1	1-2	2-0	1-2
Scarborough	3-0	2-0	2-1	0-0	1-0	1-1	1-0	1-1	3-2	2-5	0-1	0-2	1-2	1-2		2-0	1-1	1-1	3-1	1-0	0-0
Southport	0-1	2-3	3-2	2-2	1-0	0-2	2-5	5-1	2-3	1-1	5-0	1-2	1-1	5-1	1-1	1-0		3-1	0-0	0-0	2-0	3-0
Stalybridge Celtic	1-1	2-1	0-4	2-3	1-0	0-2	1-1	2-1	1-0	0-2	0-1	2-2	4-3	1-1	4-2	2-3	0-0		2-0	0-2	0-2	1-1
Stevenage Borough	3-2	1-2	2-1	1-3	0-0	1-3	4-1	1-1	3-1	0-1	3-1	3-1	1-0	2-2	2-0	2-1	2-0		1-1	1-4	2-3
Telford United	1-2	2-2	0-3	1-4	1-1	4-3	0-1	0-0	1-2	0-1	3-1	2-0	4-1	1-0	0-2	3-0	1-1	3-1	2-1		3-3	2-2
Woking	1-3	0-2	2-1	0-2	3-1	4-0	3-2	3-4	0-1	1-0	1-1	0-1	1-3	3-1	0-0	1-2	2-0	1-1	1-1	1-1		0-2
Yeovil Town	1-2	0-1	0-1	3-3	1-1	2-0	0-1	2-2	2-1	2-1	2-1	1-2	1-1	2-3	2-1	2-2	0-0	0-2	2-1	1-1	1-3	

Football Conference
Season 2001/2002

Boston United	42	25	9	8	84	42	84
Dagenham & Redbridge	42	24	12	6	70	47	84
Yeovil Town	42	19	13	10	66	53	70
Doncaster Rovers	42	18	13	11	68	46	67
Barnet	42	19	10	13	64	48	67
Morecambe	42	17	11	14	63	67	62
Farnborough Town	42	18	7	17	66	54	61
Margate	42	14	16	12	59	53	58
Telford United	42	14	15	13	63	58	57
Nuneaton Borough	42	16	9	17	57	57	57
Stevenage Borough	42	15	10	17	57	60	55
Scarborough	42	14	14	14	55	63	55
Northwich Victoria	42	16	7	19	57	70	55
Chester City	42	15	9	18	54	51	54
Southport	42	13	14	15	53	49	53
Leigh RMI	42	15	8	19	56	58	53
Hereford United	42	14	10	18	50	53	52
Forest Green Rovers	42	12	15	15	54	76	51
Woking	42	13	9	20	59	70	48
Hayes	42	13	5	24	53	80	44
Stalybridge Celtic	42	11	10	21	40	69	43
Dover Athletic	42	11	6	25	41	65	39

Scarborough had 1 point deducted.

Promoted: Boston United

Relegated: Hayes, Stalybridge Celtic and Dover Athletic

Nationwide Conference 2002/2003 Season	Barnet	Burton Albion	Chester City	Dagenham & Redbridge	Doncaster Rovers	Farnborough Town	Forest Green Rovers	Gravesend & Northfleet	Halifax Town	Hereford United	Kettering Town	Leigh RMI	Margate	Morecambe	Northwich Victoria	Nuneaton Borough	Scarborough	Southport	Stevenage Borough	Telford United	Woking	Yeovil Town
Barnet	■	2-2	0-3	2-1	1-2	1-2	2-0	1-4	0-0	2-1	0-2	4-0	0-1	1-1	3-4	2-1	3-0	3-1	0-2	3-0	0-0	2-1
Burton Albion	0-3	■	2-0	0-0	1-2	2-0	2-3	1-1	2-2	2-0	2-0	0-1	0-1	1-4	1-1	1-0	1-1	1-0	1-2	4-7	0-2	1-1
Chester City	1-1	2-1	■	5-2	1-0	0-2	0-1	1-1	2-0	0-1	0-0	2-1	5-0	2-1	2-3	1-2	0-0	2-0	2-0	4-1	2-2	2-2
Dagenham & Redbridge	5-1	1-2	1-0	■	3-3	1-0	3-1	4-0	0-0	1-0	3-1	3-1	3-0	1-1	2-0	1-2	1-0	0-3	3-2	1-1	1-1	0-4
Doncaster Rovers	2-1	1-0	0-0	5-1	■	1-0	1-0	4-1	0-0	2-0	1-0	1-0	3-1	1-1	1-2	1-1	0-1	0-0	0-0	1-3	3-1	0-4
Farnborough Town	2-2	5-1	1-2	1-0	0-0	■	0-3	1-1	3-0	2-2	0-1	1-0	4-1	2-3	3-2	0-2	1-1	2-1	0-1	2-2	5-0	2-4
Forest Green Rovers	4-4	2-0	0-2	5-2	1-2	3-1	■	2-1	0-2	1-3	1-0	4-1	4-1	1-0	1-0	6-1	0-0	0-2	0-3	1-1	3-2	2-1
Gravesend & Northfleet	2-2	3-2	0-1	1-2	2-2	0-0	1-1	■	1-0	3-0	0-2	1-3	1-2	3-2	1-1	4-1	5-2	1-3	2-1	0-2	4-2	2-4
Halifax Town	2-4	0-1	0-0	3-3	2-1	1-0	1-1	2-1	■	1-0	4-0	1-0	2-2	1-0	0-5	3-1	2-1	3-4	1-0	2-0	1-1	2-3
Hereford United	4-0	4-0	0-0	2-1	2-4	2-1	1-1	3-0	1-1	■	2-0	0-1	2-3	1-2	1-2	2-1	0-1	0-2	2-2	2-0	5-0	0-0
Kettering Town	1-2	1-2	0-1	1-3	0-2	1-4	2-3	1-1	0-1	2-3	■	0-1	1-1	3-2	2-2	3-0	1-3	1-0	1-0	2-4	0-3	0-1
Leigh RMI	4-2	4-2	0-4	1-3	0-2	3-2	1-0	0-0	0-2	2-2	2-0	■	1-1	1-1	0-2	1-1	2-1	0-3	1-0	2-4		
Margate	2-2	0-0	0-1	0-1	2-1	0-0	3-0	4-2	2-1	0-2	2-2	2-0	■	1-1	4-4	1-1	3-1	1-0	1-1	1-1	2-1	1-2
Morecambe	1-1	5-0	1-1	2-1	3-0	1-1	4-0	2-0	2-0	3-1	1-0	2-1	3-0	■	3-1	3-2	3-1	3-0	3-1	1-0	5-0	1-2
Northwich Victoria	1-1	1-3	1-1	0-2	1-2	2-2	2-1	1-2	0-2	2-2	1-2	0-1	1-0	3-2	■	3-1	0-2	2-1	1-1	2-1	1-3	1-2
Nuneaton Borough	3-2	1-2	1-0	1-3	0-3	0-2	3-2	0-1	2-0	0-3	1-0	0-2	3-2	1-1	1-4	■	1-1	3-2	3-0	1-0	1-1	1-1
Scarborough	1-1	4-1	0-1	0-1	2-5	1-0	3-0	3-2	0-1	2-1	4-1	2-0	3-2	1-0	4-1	4-1	■	2-2	1-2	1-4	1-1	2-1
Southport	2-1	2-2	1-3	2-3	0-4	0-0	2-2	1-1	2-0	1-2	0-0	4-2	0-2	2-3	1-1	1-0	1-1	■	3-2	1-1	5-1	0-1
Stevenage Borough	1-2	0-1	0-1	2-0	2-3	5-0	0-0	0-1	0-2	2-0	3-1	1-1	2-2	3-1	1-1	3-0	1-1	1-3	■	1-3	1-1	2-2
Telford United	2-1	0-2	0-1	1-2	4-4	0-2	0-1	2-1	1-2	0-1	2-0	1-1	1-0	0-3	1-0	1-2	0-2	2-0	1-3	■	1-0	0-5
Woking	0-0	2-2	1-0	0-0	2-2	1-1	1-0	2-3	2-1	1-2	2-1	3-0	1-5	0-6	2-3	2-1	2-1	1-1	1-5	3-0	■	1-1
Yeovil Town	0-0	6-1	1-1	2-2	1-1	2-0	1-0	2-2	3-0	4-0	4-0	3-1	2-1	2-0	2-1	3-2	1-0	6-0	2-1	3-0	4-0	■

Football Conference
Season 2002/2003

Yeovil Town	42	28	11	3	100	37	95
Morecambe	42	23	9	10	86	42	78
Doncaster Rovers	42	22	12	8	73	47	78
Chester City	42	21	12	9	59	31	75
Dagenham & Redbridge	42	21	9	12	71	59	72
Hereford United	42	19	7	16	64	51	64
Scarborough	42	18	10	14	63	54	64
Halifax Town	42	18	10	14	50	51	64
Forest Green Rovers	42	17	8	17	61	62	59
Margate	42	15	11	16	60	66	56
Barnet	42	13	14	15	65	68	53
Stevenage Borough	42	14	10	18	61	55	52
Farnborough Town	42	13	12	17	57	56	51
Northwich Victoria	42	13	12	17	66	72	51
Telford United	42	14	7	21	54	69	49
Burton Albion	42	13	10	19	52	77	49
Gravesend & Northfleet	42	12	12	18	62	73	48
Leigh RMI	42	14	6	22	44	71	48
Woking	42	11	14	17	52	81	47
Nuneaton Borough	42	13	7	22	51	78	46
Southport	42	11	12	19	54	69	45
Kettering Town	42	8	7	27	37	73	31

Promoted: Yeovil Town

Relegated: Nuneaton Borough, Southport and Kettering Town

Football Conference 2003/2004 Season	Accrington Stanley	Aldershot Town	Barnet	Burton Albion	Chester City	Dagenham & Redbridge	Exeter City	Farnborough Town	Forest Green Rovers	Gravesend & Northfleet	Halifax Town	Hereford United	Leigh RMI	Margate	Morecambe	Northwich Victoria	Scarborough	Shrewsbury Town	Stevenage Borough	Tamworth	Telford United	Woking
Accrington Stanley		4-2	2-0	3-1	0-2	2-3	1-2	3-1	4-1	3-3	2-1	2-0	4-1	3-2	1-0	2-2	1-0	0-1	2-1	3-0	1-5	3-3
Aldershot Town	2-1		1-1	3-1	1-1	2-1	2-1	2-0	3-0	2-2	3-1	1-2	2-0	0-2	2-2	4-3	1-2	1-1	2-0	1-1	3-1	2-1
Barnet	0-0	2-1		2-1	0-0	2-4	2-3	0-2	5-0	1-0	4-1	1-1	2-1	3-1	2-1	1-0	0-0	0-1	0-0	1-0	2-0	0-0
Burton Albion	1-1	1-4	2-3		1-1	0-1	3-4	1-0	2-3	3-0	2-2	4-1	3-2	0-1	0-1	0-1	2-0	0-1	1-1	0-1	2-1	2-0
Chester City	3-3	4-2	1-0	3-1		2-1	3-2	3-2	1-0	2-2	2-0	0-0	5-0	3-0	2-1	4-0	1-0	2-1	1-2	1-0	0-0	2-1
Dagenham & Redbridge	0-1	2-3	5-2	0-2	0-0		0-2	1-0	5-2	0-4	0-1	0-9	1-2	4-0	1-3	2-0	1-0	5-0	1-2	0-0	1-1	1-0
Exeter City	3-2	2-1	1-1	2-0	2-1	1-1		1-1	2-2	0-1	1-1	0-1	3-2	1-1	4-0	2-0	0-0	3-2	1-0	3-2	0-3	1-2
Farnborough Town	1-1	4-0	1-1	2-1	1-2	2-2	1-2		1-3	1-2	1-0	0-5	1-1	1-1	2-4	2-0	1-2	1-3	2-0	3-3	2-1	1-0
Forest Green Rovers	2-1	3-1	1-1	1-1	2-1	1-3	2-5	1-1		1-2	1-2	1-7	2-2	1-2	1-2	0-0	4-0	1-1	3-1	2-1	0-0	2-2
Gravesend & Northfleet	0-0	1-3	1-1	1-2	0-4	1-2	3-2	2-0	1-1		1-0	2-5	3-1	2-1	6-0	2-2	1-1	0-3	2-3	2-0	1-2	2-2
Halifax Town	1-1	1-2	1-2	1-4	0-3	3-0	2-0	2-0	0-1	1-0		1-2	2-1	0-1	1-0	5-3	1-0	0-0	2-1	1-2	1-1	2-2
Hereford United	1-0	4-3	2-0	1-2	2-1	1-1	1-1	2-0	5-1	3-3	7-1		0-1	2-1	3-0	1-0	2-1	2-1	1-0	0-1	2-1	0-1
Leigh RMI	1-2	2-2	1-4	0-1	2-6	2-1	1-1	0-2	1-2	1-1	0-5		4-2	3-1	1-0	1-4	2-2	1-3	1-1	1-1	0-1	
Margate	3-1	1-2	0-1	1-2	1-2	3-3	0-1	3-0	2-0	1-3	2-0	1-3	2-0		1-1	3-1	0-2	0-2	1-4	3-2	1-0	2-1
Morecambe	1-0	2-0	1-3	2-1	0-1	3-2	0-3	3-2	4-0	2-2	2-0	2-2	1-0	3-3		3-0	2-1	3-3	2-1	4-0	1-0	2-1
Northwich Victoria	3-3	1-1	1-1	1-2	0-4	0-1	1-1	1-1	0-4	0-0	0-1	1-5	0-1	0-3	1-1		1-1	0-2	1-2	1-0	1-0	1-4
Scarborough	2-1	1-0	2-2	1-2	2-2	0-0	2-3	2-1	2-2	2-0	1-0	3-3	4-1	0-1	1-0	1-0		1-1	2-2	0-1	1-1	2-2
Shrewsbury Town	0-0	1-2	0-1	1-0	0-0	2-1	2-2	3-0	2-0	1-1	2-0	4-1	3-1	1-1	2-0	3-1	4-1		3-1	3-1	0-0	1-0
Stevenage Borough	2-1	0-1	1-2	1-0	0-0	0-2	2-2	3-2	1-2	2-2	1-0	0-2	4-0	2-1	0-1	1-0	2-2	2-0		3-1	0-1	1-1
Tamworth	1-1	3-3	2-0	1-1	1-5	2-0	2-1	2-1	1-0	1-3	4-3	1-1	2-3	2-1	0-0	1-1	1-2		1-1		0-1	2-0
Telford United	1-0	2-5	1-2	2-2	0-2	1-0	2-0	2-4	0-2	1-1	2-1	0-3	5-0	1-1	2-1	0-1	2-1	1-0	0-2	2-0		1-0
Woking	2-2	2-2	2-2	1-0	1-2	0-0	1-0	3-2	1-1	3-2	2-2	0-1	2-0	0-0	4-1	3-0	2-1	3-3	1-1	4-0	3-1	

Football Conference
Season 2003/2004

Chester City	42	27	11	4	85	34	92
Hereford United	42	28	7	7	103	44	91
Shrewsbury Town	42	20	14	8	67	42	74
Barnet	42	19	14	9	60	46	71
Aldershot Town	42	20	10	12	80	67	70
Exeter City	42	19	12	11	71	57	69
Morecambe	42	20	7	15	66	66	67
Stevenage Borough	42	18	9	15	58	52	63
Woking	42	15	16	11	65	52	61
Accrington Stanley	42	15	13	14	68	61	58
Gravesend & Northfleet	42	14	15	13	69	66	57
Telford United	42	15	10	17	49	51	55
Dagenham & Redbridge	42	15	9	18	59	64	54
Burton Albion	42	15	7	20	57	59	51
Scarborough	42	12	15	15	51	54	51
Margate	42	14	9	19	56	64	51
Tamworth	42	13	10	19	49	68	49
Forest Green Rovers	42	12	12	18	58	80	48
Halifax Town	42	12	8	22	43	65	44
Farnborough Town	42	10	9	23	53	74	39
Leigh RMI	42	7	8	27	46	97	29
Northwich Victoria	42	4	11	27	30	80	23

Burton Albion had 1 point deducted.
Telford United folded at the end of the season.

Promoted: Chester City
Relegated: Kettering Town, Kingstonian and Hednesford Town

Football Conference National 2004/2005 Season	Accrington Stanley	Aldershot Town	Barnet	Burton Albion	Canvey Island	Carlisle United	Crawley Town	Dagenham & Redbridge	Exeter City	Farnborough Town	Forest Green Rovers	Gravesend & Northfleet	Halifax Town	Hereford United	Leigh RMI	Morecambe	Northwich Victoria	Scarborough	Stevenage Borough	Tamworth	Woking	York City
Accrington Stanley	■	3-3	4-1	3-1	1-0	1-2	4-0	0-3	0-0	2-1	2-2	1-2	1-1	2-1	2-1	2-1	5-0	2-1	4-1	2-3	0-0	2-2
Aldershot Town	0-0	■	2-3	3-0	2-0	0-5	1-0	4-0	2-1	3-1	1-2	1-0	0-0	0-2	2-0	3-3	2-1	2-0	0-1	4-3	4-0	2-0
Barnet	3-0	2-1	■	2-3	1-0	1-1	3-0	5-0	1-0	7-1	3-1	4-1	3-1	0-2	3-2	5-1	4-0	1-0	2-1	0-3	2-2	4-0
Burton Albion	2-2	1-3	1-1	■	1-1	0-1	1-0	1-3	1-0	0-0	4-1	3-2	2-2	3-0	0-0	1-3	1-0	2-3	0-3	1-1	0-1	0-2
Canvey Island	0-2	2-2	0-1	2-2	■	0-3	2-2	4-2	2-2	1-1	2-1	1-1	0-1	0-4	3-0	0-0	2-2	1-0	3-0	3-3	2-2	4-0
Carlisle United	2-0	1-1	1-3	0-0	0-0	■	1-0	1-0	0-2	7-0	0-1	2-2	1-0	3-1	3-0	3-3	1-0	2-1	1-2	2-1	2-1	6-0
Crawley Town	2-0	1-0	1-3	4-0	2-1	1-0	■	2-0	0-1	2-0	4-2	1-1	1-2	1-1	2-2	2-1	0-0	2-1	1-2	3-0	2-1	1-0
Dagenham & Redbridge	0-5	3-0	2-0	3-1	3-1	1-0	1-0	■	2-3	0-0	2-2	5-0	4-2	3-1	2-0	2-1	2-3	0-3	3-1	0-0	1-1	0-3
Exeter City	1-2	3-1	0-3	3-1	0-1	0-0	3-2	1-1	■	2-1	2-0	3-0	2-1	4-0	5-1	1-1	2-3	3-1	2-0	2-2	0-0	0-1
Farnborough Town	2-1	1-2	0-0	1-3	1-3	1-2	2-3	2-1	2-1	■	1-1	0-3	3-2	0-6	0-1	1-2	0-2	0-1	0-3	2-2	0-0	1-1
Forest Green Rovers	1-0	0-0	0-2	3-2	2-2	0-3	1-1	1-4	2-3	1-1	■	1-5	0-0	1-3	1-1	0-3	1-3	0-1	1-1	1-1	1-3	1-1
Gravesend & Northfleet	2-2	1-3	1-3	0-2	3-2	1-3	0-0	2-1	1-1	2-2	0-0	■	0-3	1-2	4-1	1-2	2-2	4-0	2-1	2-0	1-1	4-0
Halifax Town	1-2	2-0	2-3	2-0	4-1	2-2	1-0	2-2	2-1	2-0	4-0	1-0	■	0-1	5-1	1-3	2-2	2-1	2-1	3-3	3-1	2-0
Hereford United	0-0	2-0	1-1	0-0	1-0	0-0	0-0	0-1	1-2	3-1	2-1	1-0	2-3	■	3-0	1-1	4-0	1-0	0-1	2-1	2-2	2-0
Leigh RMI	0-6	3-3	0-3	1-4	2-1	1-6	1-2	0-1	0-1	1-2	2-0	0-1	0-3	3-4	■	0-2	0-1	1-1	1-2	2-3	0-3	0-3
Morecambe	1-2	0-0	1-1	3-0	4-0	1-1	1-2	1-0	2-2	1-1	3-1	1-3	2-1	2-1	2-1	■	3-1	2-1	1-3	3-0	2-1	2-1
Northwich Victoria	3-3	1-2	2-0	4-0	3-1	2-2	1-0	2-2	1-2	2-0	2-1	1-2	1-2	1-4	2-0	2-2	■	1-0	1-1	1-2	1-3	3-0
Scarborough	4-0	2-2	1-1	1-1	1-1	1-1	2-2	2-0	1-1	4-0	0-0	1-0	3-1	0-0	3-0	1-1	3-0	■	3-3	2-2	2-0	5-1
Stevenage Borough	5-0	0-1	2-1	0-1	1-4	2-1	1-0	1-0	3-2	3-1	2-2	2-0	2-1	0-1	2-0	0-1	4-1	1-0	■	2-0	0-2	2-2
Tamworth	1-0	1-2	0-2	0-2	1-0	1-0	1-0	0-4	1-2	0-2	4-0	2-1	2-1	2-2	0-1	0-0	3-0	1-0	0-0	■	1-3	1-0
Woking	2-1	1-2	1-1	1-0	1-0	1-1	2-0	2-4	3-3	2-0	0-1	2-0	2-1	1-1	1-0	0-0	2-0	1-1	1-2	2-1	■	1-0
York City	0-1	0-2	2-1	1-2	0-0	2-1	3-1	0-0	1-2	4-0	1-3	0-0	1-1	0-3	1-1	1-0	0-0	0-2	3-1	2-0	0-2	■

Football Conference National

Season 2004/2005

Barnet	42	26	8	8	90	44	86
Hereford United	42	21	11	10	68	41	74
Carlisle United	42	20	13	9	74	37	73
Aldershot Town	42	21	10	11	68	52	73
Stevenage Borough	42	22	6	14	65	52	72
Exeter City	42	20	11	11	71	50	71
Morecambe	42	19	14	9	69	50	71
Woking	42	18	14	10	58	45	68
Halifax Town	42	19	9	14	74	56	66
Accrington Stanley	42	18	11	13	72	58	65
Dagenham & Redbridge	42	19	8	15	68	60	65
Crawley Town	42	16	9	17	50	50	57
Scarborough	42	14	14	14	60	46	56
Gravesend & Northfleet	42	13	11	18	58	64	50
Tamworth	42	14	11	17	53	63	50
Burton Albion	42	13	11	18	50	66	50
York City	42	11	10	21	39	66	43
Canvey Island	42	9	15	18	53	65	42
Northwich Victoria	42	14	10	18	58	72	42
Forest Green Rovers	42	6	15	21	41	81	33
Farnborough Town	42	6	11	25	35	89	29
Leigh RMI	42	4	6	32	31	98	18

Tamworth had 3 points deducted.
Northwich Victoria had 10 points deducted and were relegated after their new owners could not re-register the club in the required time-frame.

Football Conference National Promotion Play-offs

Stevenage Borough 1   Hereford United 1
Aldershot Town 1   Carlisle United 0

Hereford United 0   Stevenage Borough 1
Stevenage Borough won 2-1 on aggregate.

Carlisle United 2   Aldershot Town .... 1 (aet)
Aggregate 2-2. Carlisle United won 5-4 on penalties

Carlisle United 1   Stevenage Borough 0

Promoted: Barnet and Carlisle United

Relegated: Northwich Victoria, Farnborough Town and Leigh RMI

Football Conference North 2004/2005 Season	Alfreton Town	Altrincham	Ashton United	Barrow	Bradford Park Avenue	Droylsden	Gainsborough Trinity	Harrogate Town	Hinckley United	Hucknall Town	Kettering Town	Lancaster City	Moor Green	Nuneaton Borough	Redditch United	Runcorn FC Halton	Southport	Stafford Rangers	Stalybridge Celtic	Vauxhall Motors	Worcester City	Worksop Town
Alfreton Town		0-2	1-1	1-1	2-1	0-1	0-1	2-0	0-2	0-2	1-2	2-3	2-2	2-0	1-2	4-0	2-1	0-1	1-0	3-1	0-0	0-0
Altrincham	1-2		1-2	2-0	0-0	2-2	4-1	3-0	4-1	1-1	3-3	4-0	0-2	1-0	0-0	3-3	2-1	1-0	4-1	3-1	2-0	4-1
Ashton United	3-1	0-1		1-2	0-0	1-0	1-3	3-2	0-2	0-0	0-2	2-0	1-3	2-3	2-3	5-4	0-3	1-2	2-3	0-2	1-0	2-3
Barrow	0-3	2-0	1-1		3-2	1-3	2-0	1-0	3-0	0-3	2-1	2-2	3-4	1-3	1-6	1-1	0-2	2-2	2-1	1-2	2-2	2-1
Bradford Park Avenue	0-4	1-2	3-3	0-1		0-2	0-3	1-2	1-1	2-4	1-2	1-0	1-1	2-2	0-3	0-1	3-1	3-1	0-1	0-1	0-1	1-1
Droylsden	3-2	2-0	4-0	2-0	3-3		2-1	2-1	1-0	3-1	2-3	3-4	2-2	1-0	1-0	3-0	1-3	4-0	0-0	4-0	2-3	1-3
Gainsborough Trinity	1-2	0-1	1-0	1-0	2-0	1-1		0-0	1-1	0-1	1-1	4-2	1-1	1-2	2-1	2-3	1-0	1-1	2-2	1-2	3-0	1-1
Harrogate Town	2-1	1-1	5-1	2-1	2-1	1-1	5-1		1-1	0-0	2-1	1-1	1-2	3-1	4-2	1-0	2-5	0-1	2-0	2-1	2-0	0-0
Hinckley United	1-0	2-1	3-1	1-0	4-0	3-3	3-1	0-1		0-3	0-1	2-2	2-1	2-3	1-2	0-0	0-0	0-2	1-1	1-4	0-4	3-1
Hucknall Town	4-0	4-2	2-1	1-2	0-0	0-4	2-5	1-1	1-1		2-1	0-2	1-1	1-3	2-1	0-0	2-4	2-1	3-0	1-1	2-2	0-0
Kettering Town	1-1	0-1	0-0	2-0	1-0	0-2	0-1	0-0	3-1	3-1		0-2	1-2	1-0	1-0	2-1	0-5	0-1	2-0	1-1	2-1	2-1
Lancaster City	0-1	1-1	2-0	2-1	0-1	1-0	2-0	0-3	2-3	2-2	1-0		3-1	0-2	2-1	1-1	1-0	0-1	3-1	0-2	1-0	
Moor Green	0-1	2-2	2-0	1-1	1-0	1-2	2-1	2-1	2-1	1-1	1-2	0-2		1-3	1-0	2-1	2-3	0-1	2-2	0-2	1-2	2-0
Nuneaton Borough	1-1	0-0	1-0	1-1	2-1	3-2	1-0	2-0	0-1	1-3	2-0	2-0	1-0		0-1	3-0	0-1	4-3	1-0	2-1	2-0	0-2
Redditch United	1-3	0-1	3-2	2-0	3-1	1-1	0-2	2-1	3-0	1-1	2-3	0-0	3-1	1-5		1-0	3-2	1-0	2-3	4-1	0-4	3-2
Runcorn FC Halton	1-0	2-1	2-0	1-0	2-1	1-3	0-1	0-0	1-2	1-2	2-0	2-2	2-1	0-2	0-1		0-2	3-3	1-1	1-1	2-2	0-1
Southport	3-1	2-1	1-2	0-0	1-0	3-0	2-1	2-3	3-2	1-0	1-3	0-0	2-1	3-0	1-1	3-1		0-0	2-0	2-1	2-2	1-1
Stafford Rangers	3-1	0-1	1-1	2-2	1-0	2-0	2-0	1-1	1-1	1-2	3-0	2-2	2-3	1-1	0-1	1-1	3-2		1-1	0-0	4-0	
Stalybridge Celtic	2-3	1-1	2-1	1-2	1-4	1-3	2-2	1-3	0-2	1-2	2-2	2-2	1-1	1-0	1-0	3-5	1-0		2-1	1-0	2-2	
Vauxhall Motors	2-0	2-0	0-0	0-2	1-0	1-2	1-0	1-1	0-2	1-0	0-2	3-1	1-0	1-1	1-1	1-2	0-3	0-0	1-2		2-2	1-1
Worcester City	0-0	2-1	2-2	0-1	2-1	3-1	1-2	1-2	1-1	3-0	2-2	3-1	4-1	0-2	2-1	2-1	1-3	0-0	2-1	1-0		0-2
Worksop Town	3-2	1-1	3-1	2-1	2-1	0-2	1-3	2-0	3-1	2-1	0-3	2-0	1-0	2-3	5-3	1-1	1-2	0-0	1-1	2-3	2-0	

Football Conference North

Season 2004/2005

Team	P	W	D	L	F	A	Pts
Southport	42	25	9	8	83	45	84
Nuneaton Borough	42	25	6	11	68	45	81
Droylsden	42	24	7	11	82	52	79
Kettering Town	42	21	7	14	56	50	70
Altrincham	42	19	12	11	66	46	69
Harrogate Town	42	19	11	12	62	49	68
Worcester City	42	16	12	14	59	53	60
Stafford Rangers	42	14	17	11	52	44	59
Redditch United	42	18	8	16	65	59	59
Hucknall Town	42	15	14	13	59	57	59
Gainsborough Trinity	42	16	9	17	55	55	57
Hinckley United	42	15	11	16	55	62	56
Lancaster City	42	14	12	16	51	59	54
Alfreton Town	42	15	8	19	53	55	53
Vauxhall Motors	42	14	11	17	48	57	53
Barrow	42	14	10	18	50	64	52
Worksop Town	42	16	12	14	59	59	50
Moor Green	42	13	10	19	55	64	49
Stalybridge Celtic	42	12	12	18	52	70	48
Runcorn FC Halton	42	10	12	20	44	63	42
Ashton United	42	8	9	25	46	79	33
Bradford Park Avenue	42	5	9	28	37	70	24

Football Conference North Play-offs

Nuneaton Borough 1   Altrincham .... 1 (aet)
Altrincham won 4-2 on penalties.
Droylsden 1   Kettering Town 2

Kettering Town 2   Altrincham 3

Football Conference South Play-offs

Cambridge United received a walkover as Lewes' ground was not passed fit for promotion to the Conference National
Thurrock 2   Eastbourne Borough 4

Cambridge City 0   Eastbourne Borough 3

Football Conference North/South Promotion Play-off

Altrincham 2   Eastbourne Borough 1

Promoted: Southport and Altrincham

Relegated: Northwich Victoria, Farnborough Town and Leigh RMI

Football Conference South
2004/2005 Season

	Basingstoke Town	Bishop's Stortford	Bognor Regis Town	Cambridge City	Carshalton Athletic	Dorchester Town	Eastbourne Borough	Grays Athletic	Havant & Waterlooville	Hayes	Hornchurch	Lewes	Maidenhead United	Margate	Newport County	Redbridge	St. Albans City	Sutton United	Thurrock	Welling United	Weston-super-Mare	Weymouth
Basingstoke Town	■	2-3	2-1	2-1	0-1	2-2	0-2	0-3	3-2	2-0	2-0	0-0	0-1	2-1	3-0	3-0	5-1	1-0	3-0	4-0	1-1	0-1
Bishop's Stortford	1-3	■	2-3	3-0	2-0	2-1	2-0	1-2	1-1	0-4	3-1	1-0	2-1	3-0	3-0	2-1	2-0	3-2	0-0	4-2	2-2	0-2
Bognor Regis Town	2-1	3-1	■	1-2	1-0	7-2	1-0	0-0	1-1	1-2	3-1	1-3	1-2	2-2	0-2	4-1	4-1	0-1	3-2	6-5	3-0	2-2
Cambridge City	2-1	3-2	1-0	■	3-0	2-2	2-2	0-2	2-0	1-0	0-3	2-3	0-1	2-1	2-0	2-1	0-2	0-1	0-0	0-1	1-2	4-1
Carshalton Athletic	2-0	0-3	0-0	0-2	■	4-3	1-4	0-2	2-1	3-2	0-2	1-0	1-1	0-1	1-0	1-0	1-3	1-2	0-2	0-1	1-1	0-1
Dorchester Town	0-1	4-3	1-0	0-0	1-1	■	3-1	0-7	2-1	1-1	3-1	1-1	4-2	2-0	1-0	4-1	2-3	2-2	0-2	3-2	2-3	4-1
Eastbourne Borough	2-0	1-1	4-1	1-2	1-4	3-2	■	2-2	1-2	1-0	4-2	1-2	0-0	1-1	1-0	1-2	1-0	2-2	4-0	0-1	3-0	4-2
Grays Athletic	0-1	3-0	6-0	1-2	4-0	2-2	1-1	■	3-0	1-1	5-1	4-0	4-0	5-0	0-0	4-1	2-0	5-1	2-1	4-2	2-0	2-0
Havant & Waterlooville	5-1	0-4	0-0	0-2	4-1	4-0	2-1	1-2	■	0-0	4-1	2-1	2-1	3-1	1-0	1-0	1-1	2-3	0-2	2-3	3-2	1-0
Hayes	0-1	2-3	0-1	4-0	1-3	0-1	1-1	1-1	1-5	■	1-1	3-2	2-1	1-0	3-1	1-0	3-2	1-0	1-3	1-1	1-0	1-1
Hornchurch	6-0	3-1	1-1	0-1	2-2	2-3	2-0	1-2	4-0	1-1	■	3-2	6-0	1-0	1-1	2-0	1-1	3-0	0-1	0-5	3-2	2-1
Lewes	0-0	2-1	2-1	2-2	1-1	3-1	1-0	3-2	3-1	3-2	1-2	■	0-1	7-3	2-2	5-4	1-2	0-1	1-1	2-1	3-1	0-0
Maidenhead United	1-1	2-2	2-3	1-5	4-0	0-1	1-2	0-3	1-0	1-1	2-2	1-0	■	2-4	0-2	4-3	3-3	2-2	0-3	2-1	0-0	2-3
Margate	2-1	1-0	2-3	0-2	0-1	1-2	2-1	0-6	5-1	3-1	0-1	1-1	2-0	■	1-1	2-0	2-3	1-1	2-1	1-2	2-0	0-1
Newport County	0-1	6-3	1-0	0-1	0-1	3-2	1-3	1-4	1-1	1-1	2-2	2-2	2-1	2-0	■	2-3	1-0	2-4	1-2	4-1	2-2	2-0
Redbridge	0-3	1-1	1-2	0-0	1-3	4-1	0-3	1-3	3-1	0-1	0-1	0-1	4-1	2-1	0-5	■	2-1	0-5	1-2	1-2	1-1	3-2
St. Albans City	2-1	2-0	4-0	1-0	3-1	1-1	0-0	1-4	3-1	0-1	4-3	2-3	1-2	3-3	0-1	2-3	■	1-2	1-3	2-5	1-0	0-1
Sutton United	1-0	0-0	0-0	0-3	4-1	3-2	0-0	0-6	1-1	2-4	1-2	3-5	2-2	2-0	0-0	2-3	1-2	■	1-2	1-0	1-2	0-3
Thurrock	3-1	1-0	0-5	0-1	2-2	1-2	1-0	2-4	1-3	2-1	1-0	2-0	1-2	2-2	1-0	1-2	1-2	■		1-1	3-1	2-1
Welling United	0-1	0-0	1-1	0-2	4-0	1-4	0-3	1-2	0-1	1-1	1-1	1-0	1-2	1-0	3-1	1-2	2-3	3-2	1-2	■	1-1	0-1
Weston-super-Mare	2-1	2-1	2-1	2-1	1-1	2-2	0-2	2-0	2-1	0-1	0-0	1-2	2-1	2-2	3-1	1-0	3-0	2-1	2-1	0-2	■	2-2
Weymouth	1-1	3-2	2-1	1-2	2-2	1-1	0-1	1-1	3-2	3-1	2-0	3-3	3-1	2-2	0-1	1-0	1-0	1-1	1-2	0-3	1-1	■

Football Conference South
Season 2004/2005

Grays Athletic	42	30	8	4	118	31	98
Cambridge City	42	23	6	13	60	44	75
Thurrock	42	21	6	15	61	56	69
Lewes	42	18	11	13	73	64	65
Eastbourne Borough	42	18	10	14	65	47	64
Basingstoke Town	42	19	6	17	57	52	63
Weymouth	42	17	11	14	62	59	62
Dorchester Town	42	17	11	14	77	81	62
Bognor Regis Town	42	17	9	16	70	65	60
Bishop's Stortford	42	17	8	17	70	66	59
Weston-super-Mare	42	15	13	14	55	60	58
Hayes	42	15	11	16	55	57	56
Havant & Waterlooville	42	16	7	19	64	69	55
St. Albans City	42	16	6	20	64	76	54
Sutton United	42	14	11	17	60	71	53
Welling United	42	15	7	20	64	68	52
Hornchurch	42	17	10	15	71	63	51
Newport County	42	13	11	18	56	61	50
Carshalton Athletic	42	13	9	20	44	72	48
Maidenhead United	42	12	10	20	54	81	46
Margate	42	12	8	22	54	75	34
Redbridge	42	11	3	28	50	86	33

Hornchurch and Margate each had 10 points deducted.
Redbridge had 3 points deducted.
Lewes were not allowed to participate in the play-offs due to issues with their ground.

Hornchurch disbanded at the end of the season. A new club named AFC Hornchurch was formed and this joined the Essex Senior League the next season.

Promoted: Grays Athletic

Relegated: Margate and Redbridge

Football Conference National 2005/2006 Season	Accrington Stanley	Aldershot Town	Altrincham	Burton Albion	Cambridge United	Canvey Island	Crawley Town	Dagenham & Redbridge	Exeter City	Forest Green Rovers	Gravesend & Northfleet	Grays Athletic	Halifax Town	Hereford United	Kidderminster Harriers	Morecambe	Scarborough	Southport	Stevenage Borough	Tamworth	Woking	York City
Accrington Stanley	■	3-2	1-0	2-1	1-0	1-0	4-2	1-0	1-2	2-0	1-1	2-3	1-1	2-1	2-0	2-0	1-0	4-0	1-1	2-1	2-1	2-1
Aldershot Town	1-4	■	0-2	1-1	1-3	2-2	3-2	3-1	1-0	2-1	3-2	0-3	3-1	0-1	1-0	2-0	0-1	2-0	2-2	0-2	1-1	2-1
Altrincham	0-1	5-1	■	1-2	2-1	0-1	1-1	0-5	1-1	2-1	2-2	0-2	1-2	0-1	3-0	2-0	1-1	1-0	1-1	2-0	0-4	0-3
Burton Albion	0-2	1-2	1-0	■	2-0	1-2	3-1	2-2	2-0	1-0	0-0	1-1	1-2	0-1	1-0	0-4	2-1	0-0	3-1	1-1	1-1	0-0
Cambridge United	3-1	0-2	4-0	2-2	■	3-1	2-1	1-2	2-1	2-2	1-1	1-1	1-1	2-1	0-2	2-2	2-1	2-1	1-0	2-1	0-2	2-0
Canvey Island	0-2	2-1	1-1	0-2	1-1	■	1-0	1-2	1-1	1-1	1-2	2-1	0-1	1-1	2-1	3-3	1-0	2-1	1-1	1-2	0-2	1-1
Crawley Town	0-1	2-0	2-0	1-1	1-0	3-1	■	0-0	0-2	1-0	1-2	1-3	2-2	0-2	2-0	1-3	2-0	1-2	3-0	2-2	0-1	
Dagenham & Redbridge	1-2	2-0	2-4	3-1	1-0	2-2	0-3	■	2-2	1-1	1-2	1-2	1-0	3-0	3-1	2-1	3-1	3-1	2-2	2-1	1-3	0-2
Exeter City	1-3	4-0	3-1	1-2	4-0	0-2	4-0	3-1	■	0-0	1-0	1-2	4-2	1-2	1-0	2-0	1-1	5-0	3-0	1-1	1-3	
Forest Green Rovers	1-1	4-2	5-0	1-0	1-0	1-2	2-2	0-3	0-0	■	0-0	1-2	2-2	2-2	0-0	1-0	5-1	1-2	2-0	1-3	0-3	1-2
Gravesend & Northfleet	1-3	0-3	2-0	0-1	0-0	2-0	1-1	1-3	0-2	2-0	■	1-3	4-0	1-2	1-0	2-0	2-1	2-0	2-0	2-0	2-2	
Grays Athletic	1-2	2-1	1-1	2-3	5-3	1-2	1-0	0-4	3-0	2-2	6-1	■	1-1	2-2	2-2	1-2	5-0	1-1	2-2	5-0	2-2	1-1
Halifax Town	2-2	1-1	2-0	1-0	1-0	0-2	2-2	3-0	2-0	1-0	2-0	2-1	■	2-1	0-0	0-0	1-1	1-1	4-0	1-0	1-0	
Hereford United	2-2	2-1	0-0	2-0	3-0	1-1	2-1	1-1	0-2	1-1	1-1	0-2	1-0	■	0-1	1-0	4-0	1-1	2-0	1-0	4-0	1-0
Kidderminster Harriers	2-0	1-4	1-1	0-1	1-0	3-2	1-0	3-1	1-2	1-0	0-2	0-5	0-1	1-1	■	1-0	2-1	1-1	0-0	0-1	2-1	0-0
Morecambe	3-2	5-2	2-0	3-1	1-0	1-0	3-0	2-2	3-2	3-0	1-0	2-2	2-0	■		0-3	0-0	4-1	0-0	3-1	2-0	
Scarborough	2-2	2-2	1-2	3-0	1-2	1-2	1-2	0-1	0-1	1-0	3-1	2-7	2-0	0-1	1-1	0-1	■	0-1	1-1	0-0	1-1	2-2
Southport	2-0	0-1	1-1	3-2	2-2	0-0	0-2	1-2	0-3	1-0	1-4	0-2	1-2	1-4	0-3	0-2	■	3-2	1-1	1-0	1-4	
Stevenage Borough	3-1	2-1	3-0	2-3	3-1	3-0	2-1	2-1	2-1	2-0	0-1	1-1	0-0	3-1	1-1	2-0	0-1	■	3-1	1-1	1-1	
Tamworth	1-2	2-1	1-1	1-1	1-1	1-0	0-0	2-2	1-1	0-0	1-0	2-2	1-2	0-1	1-0	1-3	0-1	0-0	2-0	■	0-1	0-3
Woking	0-1	1-2	3-1	2-2	0-1	1-1	0-0	0-0	1-0	2-1	1-3	1-1	2-2	1-1	0-1	0-1	4-0	1-0	3-2	5-0	■	2-0
York City	2-4	3-2	5-0	0-1	1-0	2-1	0-0	1-1	4-2	5-1	1-0	1-2	0-2	1-3	2-2	1-1	3-1	0-0	0-1	2-1	2-1	■

Football Conference National

Season 2005/2006

Accrington Stanley	42	28	7	7	76	45	91
Hereford United	42	22	14	6	59	33	80
Grays Athletic	42	21	13	8	94	55	76
Halifax Town	42	21	12	9	55	40	75
Morecambe	42	22	8	12	68	41	74
Stevenage Borough	42	19	12	11	62	47	69
Exeter City	42	18	9	15	65	48	63
York City	42	17	12	13	63	48	63
Burton Albion	42	16	12	14	50	52	60
Dagenham & Redbridge	42	16	10	16	63	59	58
Woking	42	14	14	14	58	47	56
Cambridge United	42	15	10	17	51	57	55
Aldershot Town	42	16	6	20	61	74	54
Canvey Island	42	13	12	17	47	58	51
Kidderminster Harriers	42	13	11	18	39	55	50
Gravesend & Northfleet	42	13	10	19	45	57	49
Crawley Town	42	12	11	19	48	55	47
Southport	42	10	10	22	36	68	40
Forest Green Rovers	42	8	14	20	49	62	38
Tamworth	42	8	14	20	32	63	38
Scarborough	42	9	10	23	40	66	37
Altrincham	42	10	11	21	40	71	23

Altrincham had 18 points deducted for fielding an ineligible player but were not relegated after Canvey Island withdrew from the League and Scarborough were relegated for a breach of the financial rules, despite managing to come out of administration.

Football Conference National Promotion Play-offs

Morecambe 1   Hereford United 1
Halifax Town 3   Grays Athletic 2

Hereford United 3   Morecambe 2
Hereford United won 4-3 on aggregate.
Grays Athletic 2   Halifax Town 2
Halifax Town won 5-4 on aggregate.

Hereford United 3   Halifax Town .... 2 (aet)

Promoted: Accrington Stanley and Hereford United

Relegated: Canvey Island and Scarborough

Football Conference North 2005/2006 Season	Alfreton Town	Barrow	Droylsden	Gainsborough Trinity	Harrogate Town	Hednesford Town	Hinckley United	Hucknall Town	Hyde United	Kettering Town	Lancaster City	Leigh RMI	Moor Green	Northwich Victoria	Nuneaton Borough	Redditch United	Stafford Rangers	Stalybridge Celtic	Vauxhall Motors	Worcester City	Workington	Worksop Town
Alfreton Town	■	2-1	1-3	1-2	4-1	3-2	1-1	1-1	2-0	1-1	0-2	1-1	1-1	2-4	1-0	2-1	2-1	0-0	1-2	1-0	1-3	2-1
Barrow	2-2	■	2-0	3-1	3-1	3-1	2-5	2-0	2-2	0-1	1-4	3-1	2-2	1-1	0-3	1-1	1-1	4-2	0-2	0-2	6-1	1-0
Droylsden	1-0	2-2	■	1-2	2-1	1-1	3-1	2-3	1-0	3-1	6-1	4-1	3-0	4-3	2-2	2-1	2-1	1-0	4-0	3-0	2-3	3-1
Gainsborough Trinity	2-2	3-2	2-2	■	0-2	1-1	1-2	3-2	0-3	0-2	1-0	2-1	2-2	1-2	1-2	2-2	1-1	0-1	1-1	0-1	0-0	2-0
Harrogate Town	1-0	2-1	1-1	2-0	■	2-3	2-1	1-0	1-0	1-1	3-1	3-0	3-0	0-2	2-0	1-1	0-2	1-0	2-1	4-1	1-1	2-0
Hednesford Town	1-0	0-3	0-1	1-1	0-4	■	3-4	1-1	0-2	2-2	1-0	1-3	1-2	1-4	0-0	1-1	0-2	1-1	0-1	0-4	0-0	2-1
Hinckley United	2-2	1-0	1-1	1-0	1-3	1-2	■	3-1	2-1	1-1	3-3	5-1	1-2	1-3	0-1	1-1	0-1	1-1	2-1	1-3	0-0	3-0
Hucknall Town	1-0	2-1	2-0	4-1	4-1	2-2	0-2	■	1-3	1-1	0-0	2-2	2-2	3-2	0-1	4-1	0-1	2-1	1-2	1-0	0-0	
Hyde United	2-3	2-2	2-2	2-0	3-1	4-2	0-1	0-0	■	3-0	2-4	3-3	3-2	1-3	1-0	1-3	1-3	1-3	2-3	4-0	1-1	1-1
Kettering Town	1-0	1-3	1-0	1-2	0-2	4-0	2-2	0-0	3-2	■	2-0	4-0	0-3	2-0	3-0	4-0	0-1	4-1	1-0	2-1	2-1	1-0
Lancaster City	2-2	3-0	2-2	2-3	2-1	1-0	2-2	0-1	1-3	0-1	■	2-0	3-3	2-1	1-1	1-0	1-1	2-2	1-0	0-0	0-1	2-1
Leigh RMI	0-0	1-1	0-0	0-3	1-0	0-0	1-0	1-1	0-2	1-2		■	1-3	2-1	1-0	1-3	2-1	1-1	1-4	0-1	0-1	
Moor Green	0-0	1-1	1-1	1-1	2-2	1-2	1-1	2-4	1-2	1-1	3-1	4-1	■	1-2	0-4	2-1	0-1	1-1	2-1	1-1	1-4	1-0
Northwich Victoria	1-1	2-0	2-1	2-0	3-0	8-0	2-0	2-0	1-2	3-1	3-2	1-0	1-1	■	2-2	5-1	3-1	1-0	3-1	0-1	4-1	4-1
Nuneaton Borough	1-0	2-2	2-2	3-1	4-0	3-2	2-2	1-0	2-2	2-3	0-1	2-1	1-2	2-1	■	1-1	0-0	3-2	0-0	3-1	3-1	
Redditch United	1-0	2-1	4-1	1-1	1-3	1-2	1-1	1-1	2-1	0-1	1-2	0-1	1-2	3-0		■	0-1	1-4	3-0	2-2	3-6	0-3
Stafford Rangers	1-0	3-1	0-0	3-0	0-1	1-1	2-3	2-0	1-0	1-3	3-0	0-0	1-3	2-0	2-0	3-0	■	1-0	3-0	1-1	2-2	4-2
Stalybridge Celtic	3-0	2-1	1-1	1-0	3-1	3-0	1-1	2-1	1-2	2-0	6-1	4-1	3-3	2-0	5-1	2-3		■	2-1	2-3	2-1	2-1
Vauxhall Motors	3-1	0-1	2-4	1-2	0-2	0-0	0-2	1-1	0-4	4-4	1-2	0-3	1-2	1-3	4-2		1-0	2-1	■	1-0	2-1	5-2
Worcester City	2-2	1-0	1-2	2-1	2-0	6-2	0-0	0-1	2-2	2-0	2-0	2-0	0-2	0-1	0-1	2-2	1-1	0-1	0-0	■	1-1	1-1
Workington	2-0	0-0	2-1	2-0	2-4	2-0	1-1	1-1	1-0	3-2	1-1	0-0	1-4	5-2	0-2	1-2	0-1	1-2	1-2	2-2	■	1-2
Worksop Town	1-1	2-1	3-2	1-1	1-0	3-3	0-0	2-1	1-1	2-1	0-3	0-2	1-2	0-4	1-1	0-1	2-1	1-1	0-3	1-2		■

Football Conference North
Season 2005/2006

Team	P	W	D	L	F	A	Pts
Northwich Victoria	42	29	5	8	97	49	92
Stafford Rangers	42	25	10	7	68	34	85
Nuneaton Borough	42	22	11	9	68	43	77
Droylsden	42	20	12	10	80	56	72
Harrogate Town	42	22	5	15	66	56	71
Kettering Town	42	19	10	13	63	49	67
Stalybridge Celtic	42	19	9	14	74	54	66
Worcester City	42	16	14	12	58	46	62
Moor Green	42	15	16	11	67	64	61
Hinckley United	42	14	16	12	60	55	58
Hyde United (P)	42	15	11	16	68	61	56
Hucknall Town	42	14	13	15	56	55	55
Workington (P)	42	14	13	15	60	62	55
Barrow	42	12	11	19	62	67	47
Lancaster City	42	12	11	19	52	66	47
Gainsborough Trinity	42	11	13	18	45	65	46
Alfreton Town	42	10	15	17	46	58	45
Vauxhall Motors	42	12	7	23	50	71	43
Worksop Town	42	10	11	21	46	71	41
Redditch United	42	9	12	21	53	78	39
Leigh RMI	42	9	13	20	45	79	39
Hednesford Town	42	7	14	21	42	87	35

Leigh RMI had 1 point deducted but were reprieved from relegation following Canvey Island's voluntary three-level demotion.

Football Conference North Promotion Play-offs

Stafford Rangers 1   Harrogate Town 0
Nuneaton Borough 0   Droylsden 1

Stafford Rangers 1   Droylsden .... 1 (aet)
Stafford Rangers won 5-3 on penalties

Promoted: Northwich Victoria and Stafford Rangers

Relegated: Hednesford Town

Football Conference South 2005/2006 Season	Basingstoke Town	Bishop's Stortford	Bognor Regis Town	Cambridge City	Carshalton Athletic	Dorchester Town	Eastbourne Borough	Eastleigh	Farnborough Town	Havant & Waterlooville	Hayes	Histon	Lewes	Maidenhead United	Newport County	St. Albans City	Sutton United	Thurrock	Welling United	Weston-super-Mare	Weymouth	Yeading
Basingstoke Town	■	1-1	2-3	0-5	2-1	2-0	2-2	0-1	0-1	2-1	1-1	0-1	1-5	0-1	1-0	1-1	2-0	0-3	2-2	2-1	0-3	0-4
Bishop's Stortford	1-1	■	2-1	1-3	3-3	5-2	0-1	4-1	1-1	1-3	1-0	5-0	0-3	1-0	0-1	1-3	2-1	2-2	1-1	2-3	0-2	2-1
Bognor Regis Town	2-1	2-2	■	4-2	1-1	1-1	2-1	2-0	0-1	1-1	3-1	2-2	8-1	1-1	2-1	0-0	0-1	0-0	0-1	0-2	0-2	
Cambridge City	1-0	1-1	2-0	■	0-0	1-2	2-3	2-1	0-2	0-0	3-1	3-1	0-2	3-0	0-2	4-3	3-0	6-0	0-0	3-0	1-3	0-2
Carshalton Athletic	1-2	0-0	1-1	0-2	■	3-1	2-2	1-3	2-2	1-3	1-2	0-0	2-2	0-1	1-0	0-2	0-0	0-0	1-0	1-1	2-1	2-2
Dorchester Town	2-1	1-3	3-5	1-0	2-0	■	3-0	1-3	1-1	1-1	2-2	0-3	2-2	1-3	2-2	1-4	0-5	2-0	0-3	1-2	2-0	4-0
Eastbourne Borough	2-3	1-1	0-0	1-1	1-1	1-1	■	0-1	0-1	2-2	0-0	1-1	3-1	3-3	2-0	1-1	2-0	1-1	0-1	1-3	0-2	1-1
Eastleigh	0-3	0-1	1-0	1-1	3-1	1-2	2-1	■	2-0	2-6	2-1	1-2	2-0	2-1	2-0	0-2	2-0	3-0	1-3	4-1	2-0	0-3
Farnborough Town	1-0	3-0	2-1	0-3	4-0	0-1	2-3	1-0	■	4-1	0-0	0-2	2-2	3-1	2-1	0-0	1-0	1-0	5-0	0-1	1-0	
Havant & Waterlooville	2-0	2-2	1-0	1-1	1-1	1-0	1-0	2-1	1-0	■	1-1	3-1	1-0	2-1	1-2	0-1	1-2	0-0	3-2	2-1	3-0	
Hayes	1-2	2-0	1-2	2-0	1-2	0-1	0-2	1-0	0-1	1-2	■	2-1	2-2	2-1	3-2	0-1	2-1	0-1	1-3	4-1	1-2	0-1
Histon	2-0	3-2	2-2	1-0	0-1	4-1	3-1	1-0	3-6	3-1	2-3	■	1-1	3-0	2-3	0-5	3-0	3-1	1-1	1-1	2-1	1-0
Lewes	3-0	2-1	1-1	2-2	2-1	3-2	1-0	1-2	6-2	0-2	2-1	0-3	■	2-2	1-0	0-2	2-0	0-0	2-1	5-2	2-3	1-0
Maidenhead United	0-0	2-2	1-2	0-5	0-2	2-3	2-6	2-2	1-2	3-1	2-1	1-4	0-1	■	1-1	0-4	2-0	1-3	2-4	2-4	0-0	1-2
Newport County	2-0	1-0	1-0	0-2	4-1	0-2	1-1	0-2	1-2	2-3	1-0	0-1	2-3	3-0	■	1-3	1-0	3-4	2-2	2-2	0-3	1-3
St. Albans City	3-1	3-0	2-0	2-4	3-0	2-0	5-0	2-4	2-2	2-0	1-0	1-0	2-0	4-0	1-0	■	3-1	3-2	3-1	1-2	4-0	5-2
Sutton United	0-1	1-1	1-0	3-2	1-1	1-0	2-0	0-3	1-0	1-1	2-1	1-1	1-5	4-1	1-1	4-0	■	1-1	2-1	1-2	0-3	0-0
Thurrock	4-1	2-1	3-0	0-3	2-1	0-1	1-0	3-1	0-2	0-2	1-1	1-2	2-3	1-2	4-2	2-1	5-3	■	1-1	0-1	1-2	0-1
Welling United	3-2	0-0	2-0	1-1	2-0	4-3	1-2	2-1	1-0	2-2	1-0	1-1	2-1	3-3	1-1	3-1	0-0	1-1	■	1-0	1-0	0-1
Weston-super-Mare	4-3	0-1	2-2	1-3	2-0	0-4	1-0	1-4	1-1	1-3	1-1	1-4	1-2	1-1	2-1	3-1	2-3	0-5	0-1	■	1-3	0-3
Weymouth	1-1	3-1	2-0	1-1	4-0	1-0	2-1	2-0	1-2	1-0	5-1	1-0	2-0	4-0	4-0	3-2	3-1	2-0	2-1	2-1	■	1-1
Yeading	0-4	0-0	0-3	1-2	3-4	0-1	1-1	2-2	0-3	2-0	2-3	1-0	0-3	0-2	1-2	2-2	0-2	1-1	1-0	1-2	0-1	■

Football Conference South

Season 2005/2006

Weymouth	42	30	4	8	80	34	90
St. Albans City	42	27	5	10	94	47	86
Farnborough Town	42	23	9	10	65	41	78
Lewes	42	21	10	11	78	57	73
Histon	42	21	8	13	70	56	71
Havant & Waterlooville	42	21	10	11	64	48	70
Cambridge City	42	20	10	12	78	46	67
Eastleigh	42	21	3	18	65	58	66
Welling United	42	16	17	9	58	44	65
Thurrock	42	16	10	16	60	60	58
Dorchester Town	42	16	7	19	60	72	55
Bognor Regis Town	42	12	13	17	54	55	49
Sutton United	42	13	10	19	48	61	49
Weston-super-Mare	42	14	7	21	57	88	49
Bishop's Stortford	42	11	15	16	55	63	48
Yeading	42	13	8	21	47	62	47
Eastbourne Borough	42	10	16	16	51	61	46
Newport County	42	12	8	22	50	67	44
Basingstoke Town	42	12	8	22	47	72	44
Hayes	42	11	9	22	47	60	42
Carshalton Athletic	42	8	16	18	42	68	40
Maidenhead United	42	8	9	25	49	99	31

Weymouth had 4 points deducted.
Havant & Waterlooville and Cambridge City had 3 points deducted.
Maidenhead United had 2 points deducted.
Lewes were not allowed to participate in the play-offs due to issues with their ground.

Football Conference South Promotion Play-offs

St. Albans City received a walkover as Lewes' ground was not passed fit for promotion to the Conference National

Farnborough Town 0   Histon 2

St. Albans City 2   Histon 0

Promoted: Weymouth and St. Albans City

Relegated: Carshalton Athletic and Maidenhead United

Football Conference National 2006/2007 Season	Aldershot Town	Altrincham	Burton Albion	Cambridge United	Crawley Town	Dagenham & Redbridge	Exeter City	Forest Green Rovers	Gravesend & Northfleet	Grays Athletic	Halifax Town	Kidderminster Harriers	Morecambe	Northwich Victoria	Oxford United	Rushden & Diamonds	Southport	St. Alban's City	Stafford Rangers	Stevenage Borough	Tamworth	Weymouth	Woking	York City
Aldershot Town	■	0-0	3-2	0-1	0-2	1-1	3-2	2-1	3-2	1-0	1-0	4-2	0-1	1-3	1-1	2-2	2-2	2-0	4-2	4-0	3-3	1-0	2-2	0-2
Altrincham	0-0	■	2-3	5-0	1-1	0-5	1-2	2-2	0-2	1-0	1-0	0-1	0-2	3-0	0-3	2-1	2-1	2-0	0-1	2-1	2-0	0-0	2-3	0-4
Burton Albion	1-3	2-1	■	2-1	2-1	0-2	1-0	1-0	0-1	3-0	1-0	1-1	2-1	2-0	1-2	0-1	1-0	0-0	2-1	1-0	1-1	2-1	1-2
Cambridge United	2-0	2-2	1-2	■	1-2	4-2	1-3	1-1	3-0	1-1	1-3	0-1	0-3	0-1	2-2	0-2	0-1	1-0	1-0	7-0	3-0	0-5
Crawley Town	1-2	1-1	1-0	1-1	■	0-0	0-3	3-1	1-1	0-1	2-0	0-0	4-0	0-2	0-1	1-0	2-1	2-1	1-2	3-0	1-0	0-3	0-0	3-0
Dagenham & Redbridge	2-1	4-1	3-0	2-0	2-1	■	4-1	1-1	2-1	0-0	1-0	1-3	2-1	5-0	0-1	1-2	0-0	4-2	1-1	2-0	4-0	4-1	3-2	2-1
Exeter City	0-0	2-1	3-0	2-0	1-1	3-2	■	1-0	1-3	2-1	4-1	1-1	1-0	1-1	2-1	0-0	2-1	4-2	1-1	2-1	1-1	1-0	4-0	1-1
Forest Green Rovers	3-0	2-2	1-1	1-1	1-0	0-1	2-1	■	0-1	2-0	2-1	1-3	2-1	1-5	0-2	1-2	2-2	2-1	4-4	2-0	3-2	2-3	0-1
Gravesend & Northfleet	1-1	3-1	0-0	2-0	1-0	0-0	2-2	1-1	■	2-0	0-1	1-3	2-1	3-0	1-0	1-0	0-4	3-2	1-4	1-1	4-1	1-3	1-0	0-1
Grays Athletic	1-2	1-1	0-1	1-1	0-0	0-1	2-2	1-1	0-2	■	1-0	3-0	0-1	1-1	2-2	3-1	4-0	2-1	1-1	0-2	1-1	2-2	3-0	0-1
Halifax Town	2-0	1-1	1-2	1-0	2-1	3-1	2-1	2-2	1-1	0-2	■	2-0	1-1	0-2	1-1	0-0	1-1	4-1	3-2	1-1	3-1	4-1	3-0	1-1
Kidderminster Harriers	0-0	3-2	0-0	1-0	0-1	1-4	0-2	2-2	1-2	2-1	1-0	■	0-1	0-0	0-0	2-0	1-3	2-0	1-2	0-2	0-1	0-1	2-1
Morecambe	2-1	0-1	0-1	2-2	1-0	1-1	2-2	1-1	1-0	1-0	4-0	0-1	■	2-1	0-3	1-0	3-3	0-0	2-0	2-2	1-3
Northwich Victoria	1-3	1-1	0-3	0-4	2-1	2-0	1-0	2-0	1-0	0-3	3-2	0-1	■	1-0	4-1	3-1	0-3	4-0	0-0	0-1	0-1	0-2	1-2
Oxford United	2-0	1-1	0-0	1-1	1-1	2-2	0-0	1-0	0-2	1-0	1-1	0-1	0-0	5-1	■	0-1	2-2	1-1	2-0	2-0	2-1	4-1	0-0	2-0
Rushden & Diamonds	0-1	3-0	1-2	3-1	1-1	2-3	3-0	2-0	0-0	1-3	0-1	0-1	2-2	1-0	1-0	■	2-3	1-0	2-2	1-1	4-1	2-0	0-1
Southport	1-0	2-1	3-1	1-2	3-1	1-0	0-1	1-2	2-2	3-1	1-1	0-1	1-2	0-1	1-2	■	1-1	5-1	1-1	0-1	1-0	0-0	0-1
St. Alban's City	3-5	1-5	0-0	2-2	1-2	1-0	0-0	2-3	0-6	3-2	1-1	0-2	1-3	0-2	3-2	2-2	■	0-3	2-3	1-0	1-0	0-1	4-2
Stafford Rangers	0-3	1-1	1-1	1-2	1-0	0-1	3-1	4-2	2-3	1-2	1-3	2-0	0-1	1-1	1-0	2-2	■	1-3	0-4	2-0	1-0	0-0
Stevenage Borough	3-2	0-1	2-1	4-1	2-3	1-2	0-0	3-3	3-0	1-0	1-0	3-3	0-2	2-2	1-0	3-1	1-2	6-0	■	3-0	1-3	3-2	1-2
Tamworth	2-0	1-0	0-1	0-1	0-2	1-0	1-1	2-1	1-2	1-0	1-0	0-1	1-3	1-4	1-1	1-1	0-0	2-1	■	1-3	3-1	2-2
Weymouth	1-0	1-2	1-1	2-1	3-2	1-1	2-1	1-0	2-1	1-1	1-1	2-1	1-1	1-1	2-0	1-1	1-2	0-1	3-1	■	2-3	1-2
Woking	2-0	2-0	0-0	0-1	1-2	2-2	0-2	3-3	2-2	1-0	2-2	3-0	1-1	3-2	1-0	3-0	1-1	1-2	1-1	0-1	0-2	4-0	■	1-2
York City	1-0	1-0	3-2	1-2	5-0	2-3	0-0	0-0	0-2	2-2	2-0	1-0	2-3	1-0	3-1	2-2	0-0	0-0	0-2	1-0	0-1	■

Football Conference National
Season 2006/2007

Dagenham & Redbridge	46	28	11	7	93	48	95
Oxford United	46	22	15	9	66	33	81
Morecambe	46	23	12	11	64	46	81
York City	46	23	11	12	65	45	80
Exeter City	46	22	12	12	67	48	78
Burton Albion	46	22	9	15	52	47	75
Gravesend & Northfleet	46	21	11	14	63	56	74
Stevenage Borough	46	20	10	16	76	66	70
Aldershot Town	46	18	11	17	64	62	65
Kidderminster Harriers	46	17	12	17	43	50	63
Weymouth	46	18	9	19	56	73	63
Rushden & Diamonds	46	17	11	18	58	54	62
Northwich Victoria	46	18	4	24	51	69	58
Forest Green Rovers	46	13	18	15	59	64	57
Woking	46	15	12	19	56	61	57
Halifax Town	46	15	10	21	55	62	55
Cambridge United	46	15	10	21	57	66	55
Crawley Town	46	17	12	17	52	52	53
Grays Athletic	46	13	13	20	56	55	52
Stafford Rangers	46	14	10	22	49	71	52
Altrincham	46	13	12	21	53	67	51
Tamworth	46	13	9	24	43	61	48
Southport	46	11	14	21	57	67	47
St. Albans City	46	10	10	26	57	89	40

Crawley Town had 10 points deducted.
Gravesend & Northfleet changed their name to Ebbsfleet United.

Football Conference National Promotion Play-offs

Exeter City 0   Oxford United 1
York City 0   Morecambe 0

Oxford United 1   Exeter City .... 2 (aet)
Aggregate 2-2. Exeter City won 4-3 on penalties.
Morecambe 2   York City 1
Morecambe won 2-1 on aggregate.

Morecambe 2   Exeter City 1

Promoted: Dagenham & Redbridge and Morecambe

Relegated: Tamworth, Southport and St. Albans City

Football Conference North 2006/2007 Season	Alfreton Town	Barrow	Blyth Spartans	Droylsden	Farsley Celtic	Gainsborough Trinity	Harrogate Town	Hinckley United	Hucknall Town	Hyde United	Kettering Town	Lancaster City	Leigh RMI	Moor Green	Nuneaton Borough	Redditch United	Scarborough	Stalybridge Celtic	Vauxhall Motors	Worcester City	Workington	Worksop Town
Alfreton Town	■	1-0	0-1	1-3	0-1	3-1	0-0	0-1	2-1	2-2	1-1	2-1	1-0	3-0	0-3	0-0	1-1	1-2	2-0	0-2	1-1	3-0
Barrow	1-1	■	0-2	2-1	2-2	3-0	2-3	1-0	1-0	1-2	0-1	3-0	2-0	1-1	0-1	0-4	1-1	2-1	0-0	0-1	0-0	1-2
Blyth Spartans	3-0	1-0	■	0-3	4-1	2-0	0-0	3-1	2-2	0-0	2-2	3-0	1-0	0-1	1-2	1-2	2-0	1-0	1-2	2-2	0-2	2-0
Droylsden	1-1	2-1	0-0	■	4-1	2-1	2-0	3-1	5-3	4-2	1-1	6-1	2-2	1-0	4-2	2-1	1-3	6-1	1-0	2-1	2-1	3-2
Farsley Celtic	1-1	2-2	3-0	0-3	■	1-0	1-0	0-2	1-0	1-1	2-1	3-1	1-1	0-1	4-0	0-2	1-1	3-2	1-0	1-2	1-0
Gainsborough Trinity	4-0	1-0	0-2	3-2	0-0	■	1-3	1-0	2-3	2-3	2-3	1-0	0-0	1-0	1-1	2-2	3-1	2-0	1-2	1-3	1-0	1-1
Harrogate Town	0-1	1-1	1-2	1-1	1-0	1-1	■	2-0	1-1	2-3	3-0	2-1	1-1	2-2	1-0	5-3	1-0	4-0	1-0
Hinckley United	2-2	1-1	2-1	2-1	2-1	1-1	0-1	■	1-1	2-0	3-1	5-0	3-1	2-0	2-2	3-1	1-2	1-2	4-3	1-1	3-3	2-1	0-1
Hucknall Town	0-2	1-3	1-2	2-2	0-1	3-3	0-3	1-2	■	4-2	1-2	5-0	1-3	3-2	2-1	2-2	0-1	2-1	2-2	4-2	2-1	4-0
Hyde United	2-1	1-1	5-1	2-1	3-4	3-0	4-0	2-0	1-0	■	3-5	5-0	2-0	4-1	3-2	0-1	1-3	1-1	0-0	1-1	1-2
Kettering Town	0-1	3-2	1-1	1-0	3-2	4-2	3-1	1-2	0-0	1-0	■	3-3	4-0	1-1	3-2	3-1	2-1	0-1	1-1	2-3	2-2
Lancaster City	0-2	0-2	0-2	1-2	1-2	0-1	0-2	1-4	0-1	2-3	0-1	■	0-0	0-3	0-4	1-2	1-5	0-1	0-2	0-2	1-5	0-3
Leigh RMI	2-0	0-3	3-1	2-2	1-3	2-0	1-3	2-3	4-3	1-0	1-2	0-1	■	2-2	1-0	0-0	1-1	1-3	0-3	2-1	2-0	2-1
Moor Green	2-0	0-0	0-2	5-2	1-1	2-1	0-1	0-1	1-2	1-2	3-1	0-0	■	1-1	1-1	2-1	5-2	3-1	1-0	0-1
Nuneaton Borough	1-0	3-0	1-1	1-0	1-1	3-0	0-0	0-1	2-1	0-0	2-1	1-0	0-1	■	1-0	1-1	3-2	1-1	1-1	0-0	0-1
Redditch United	3-2	1-1	0-2	0-0	1-4	1-1	2-1	1-3	1-2	2-1	4-4	2-2	2-1	0-1	2-0	■	1-1	1-2	3-3	1-2	4-1	0-1
Scarborough	0-1	1-1	0-1	1-0	0-0	0-1	1-1	3-0	1-2	1-1	1-2	5-1	3-0	1-3	3-2	■	0-1	0-1	1-0	0-1	2-1
Stalybridge Celtic	3-2	0-4	3-2	1-2	0-2	0-2	0-2	2-2	2-2	3-7	0-0	3-1	2-2	1-3	4-3	3-2	2-2	■	3-3	1-1	2-1	3-0
Vauxhall Motors	1-2	0-1	2-0	2-3	1-2	0-1	1-5	2-2	1-2	1-0	1-1	4-1	2-1	1-1	1-3	1-1	1-1	2-2	■	2-0	1-2	2-0
Worcester City	0-0	3-0	3-2	3-1	0-1	1-2	2-3	3-1	2-0	2-2	2-0	4-1	1-2	0-1	3-3	1-1	3-2	1-1	3-3	■	2-2	2-1
Workington	1-1	1-1	3-0	0-0	3-0	1-2	3-2	1-1	1-0	3-1	2-0	1-1	0-1	3-2	2-0	1-0	0-1	3-2	1-1	2-0	0-1	■	3-2
Worksop Town	2-0	2-0	1-1	0-2	2-2	1-2	0-0	1-1	1-3	3-1	0-2	3-1	2-0	0-1	0-0	2-3	0-0	2-1	1-4	0-2	1-3	■

Football Conference North

Season 2006/2007

Droylsden	42	23	9	10	85	55	78
Kettering Town	42	20	13	9	75	58	73
Workington	42	20	10	12	61	46	70
Hinckley United	42	19	12	11	68	54	69
Farsley Celtic	42	19	11	12	58	51	68
Harrogate Town	42	18	13	11	58	41	67
Blyth Spartans	42	19	9	14	57	49	66
Hyde United	42	18	11	13	79	62	65
Worcester City	42	16	14	12	67	54	62
Nuneaton Borough	42	15	15	12	54	45	60
Moor Green	42	16	11	15	53	51	59
Gainsborough Trinity	42	15	11	16	51	57	56
Hucknall Town	42	15	9	18	69	69	54
Alfreton Town	42	14	12	16	44	50	54
Vauxhall Motors	42	12	15	15	62	64	51
Barrow	42	12	14	16	47	48	50
Leigh RMI	42	13	10	19	47	61	49
Stalybridge Celtic	42	13	10	19	64	81	49
Redditch United	42	11	15	16	61	68	48
Scarborough	42	13	16	13	50	45	45
Worksop Town	42	12	9	21	44	62	45
Lancaster City	42	2	5	35	27	110	1

Scarborough and Lancaster City each had 10 points deducted. Moor Green merged with Solihull Borough of the Southern League to form Solihull Moors who continued to play in the Football Conference North.

Scarborough subsequently disbanded and a new club – Scarborough Athletic – was formed which joined the Northern Counties (East) League.

Football Conference North Promotion Play-offs

Farsley Celtic 1   Kettering Town 1
Hinckley United 0   Workington 0

Kettering Town 0   Farsley Celtic .... 0 (aet)
Aggregate 1-1. Farsley Celtic won 4-2 on penalties
Workington 1   Hinckley United 2
Hinckley United won 2-1 on aggregate

Farsley Celtic 4   Hinckley United 3

Promoted: Droylsden and Farsley Celtic

Relegated: Scarborough, Worksop Town and Lancaster City

Football Conference South
2006/2007 Season

	Basingstoke Town	Bedford Town	Bishop's Stortford	Bognor Regis Town	Braintree Town	Cambridge City	Dorchester Town	Eastbourne Borough	Eastleigh	Farnborough Town	Fisher Athletic	Havant & Waterlooville	Hayes	Histon	Lewes	Newport County	Salisbury City	Sutton United	Thurrock	Welling United	Weston-super-Mare	Yeading
Basingstoke Town		0-1	1-0	4-0	1-2	0-0	2-2	0-1	0-1	0-2	2-1	2-1	1-1	1-2	0-0	0-1	1-1	0-2	1-1	1-3	0-1	1-3
Bedford Town	0-0		3-1	2-3	1-2	0-1	1-1	1-1	1-1	0-2	1-4	2-1	1-2	0-2	0-2	0-2	1-2	2-0	3-1	2-2	2-1	2-5
Bishop's Stortford	3-1	2-2		0-1	0-2	2-1	4-3	1-0	1-1	2-2	1-0	3-1	0-0	3-0	2-2	1-1	3-2	2-1	1-3	2-2	1-3	2-0
Bognor Regis Town	1-2	1-0	2-4		1-2	0-1	3-0	1-1	0-0	1-1	0-0	5-1	0-0	1-1	1-1	1-1	0-4	3-0	1-1	3-1	3-1	3-1
Braintree Town	1-0	2-0	3-1	1-2		2-1	3-1	1-1	1-1	2-1	2-2	0-0	1-1	1-1	2-1	0-0	0-1	0-1	2-1	0-1	3-1
Cambridge City	0-1	0-0	0-1	2-0	1-0		0-1	1-0	2-0	1-1	0-0	3-0	2-2	0-1	1-0	2-1	1-3	2-3	2-3	0-1	2-3	3-0
Dorchester Town	1-2	1-3	0-1	0-1	0-0	3-1		0-0	1-0	4-1	1-3	1-3	0-2	1-2	1-5	0-4	0-3	5-4	3-1	0-1	1-5	3-2
Eastbourne Borough	1-1	0-3	2-1	2-0	1-2	2-1	1-1		0-0	0-0	3-1	1-1	0-0	1-1	2-1	2-1	1-0	2-0	3-1	0-0	3-0	2-0
Eastleigh	3-1	2-0	1-1	0-4	0-3	0-1	1-1	1-1		3-1	4-0	0-1	2-1	1-0	0-0	3-1	0-1	1-1	1-3	1-1	1-4
Farnborough Town	1-1	3-2	3-1	3-1	2-1	2-1	1-1	1-0	1-0		2-0	2-1	1-3	2-3	1-1	1-0	4-0	2-1	2-1	0-0	2-1
Fisher Athletic	3-3	3-0	1-1	3-0	3-0	3-0	1-1	0-3	3-1	3-0		3-3	3-0	1-4	5-1	3-3	1-4	2-1	3-5	2-1	1-1	3-1
Havant & Waterlooville	1-0	4-0	5-4	2-2	1-1	2-3	2-0	2-1	1-1	2-0	1-3		6-0	2-1	1-1	3-1	3-1	1-0	3-0	4-0	2-1	4-0
Hayes	1-1	3-1	1-2	2-3	2-3	0-1	4-0	1-1	2-1	1-1	4-3	0-1		1-3	1-4	0-1	0-4	1-1	0-1	1-1	1-0	0-1
Histon	4-2	1-0	0-2	2-1	2-0	2-1	3-0	1-2	1-0	2-1	2-1	4-0	5-0		3-2	1-0	4-2	2-1	3-1	1-0	3-2	1-2
Lewes	2-2	5-1	2-3	1-1	0-1	1-1	2-2	1-1	0-3	1-0	2-0	1-1	2-0	3-1		2-0	1-0	3-1	1-1	4-2	4-2	3-2
Newport County	3-0	2-0	4-1	3-1	0-1	1-2	0-1	4-0	3-1	3-4	4-2	1-0	2-1	5-1	1-1		4-3	3-1	1-3	3-1	1-0	4-1
Salisbury City	0-0	3-1	3-1	2-1	0-1	2-0	1-1	1-2	1-0	0-1	3-0	1-0	0-3	1-1	2-1		1-0	0-0	1-0	1-0	0-0	4-0
Sutton United	3-3	3-1	1-1	3-2	0-0	2-2	0-0	3-1	2-2	1-0	2-2	0-1	1-0	1-0	0-2	1-1	0-1		2-1	1-2	3-1	1-3
Thurrock	2-2	2-1	0-3	1-1	0-1	1-0	2-3	2-4	1-1	1-4	5-1	1-1	0-1	0-4	3-2	2-2	1-5	3-0		1-2	2-2	1-0
Welling United	0-2	5-0	2-3	3-0	4-1	1-0	1-2	2-1	1-0	2-0	1-1	2-4	0-0	2-3	1-2	1-0	1-2		1-0	5-1
Weston-super-Mare	1-3	2-1	1-2	1-3	0-0	0-1	1-2	2-4	3-3	2-1	0-1	1-5	0-5	1-2	1-1	3-4	1-1	0-2	2-1	1-2		2-1
Yeading	1-1	2-1	1-1	2-0	0-1	5-0	0-0	2-5	1-4	2-1	1-1	1-1	1-3	1-0	1-1	1-3	2-2	2-1	0-1	0-0	

Football Conference South
Season 2006/2007

Histon	42	30	4	8	85	44	94
Salisbury City	42	21	12	9	65	37	75
Braintree Town	42	21	11	10	51	38	74
Havant & Waterlooville	42	20	13	9	75	46	73
Bishop's Stortford	42	21	10	11	72	61	73
Newport County	42	21	7	14	83	57	70
Eastbourne Borough	42	18	15	9	58	42	69
Welling United	42	21	6	15	65	51	69
Lewes	42	15	17	10	67	52	62
Fisher Athletic	42	15	11	16	77	77	56
Farnborough Town	42	19	8	15	59	52	55
Bognor Regis Town	42	13	13	16	56	62	52
Cambridge City	42	15	7	20	44	52	52
Sutton United	42	14	9	19	58	63	51
Eastleigh	42	11	15	16	48	53	48
Yeading	42	12	9	21	56	78	45
Dorchester Town	42	11	12	19	49	77	45
Thurrock	42	11	11	20	58	79	44
Basingstoke Town	42	9	16	17	46	58	43
Hayes	42	11	10	21	47	73	43
Weston-super-Mare	42	8	11	23	49	77	35
Bedford Town	42	8	7	27	43	82	31

Farnborough Town had 10 points deducted.
Hayes and Yeading merged and continued to play in the Football Conference – South as Hayes & Yeading United.

Farnborough Town subsequently disbanded and a new club – Farnborough – was formed which joined the Southern League.

Football Conference South Promotion Play-offs

Bishop's Stortford 1   Salisbury City 1
Havant & Waterlooville 1   Braintree Town 1

Salisbury City 3   Bishop's Stortford .... 1 (aet)
Salisbury City won 4-2 on aggregate
Braintree Town 1   Havant & Waterlooville .. 1 (aet)
Aggregate 2-2. Braintree Town won 4-2 on penalties.

Braintree Town 0   Salisbury City 1

Promoted: Histon and Salisbury City

Relegated: Bedford Town and Farnborough

Football Conference National 2007/2008 Season

	Aldershot Town	Altrincham	Burton Albion	Cambridge United	Crawley Town	Droylsden	Ebbsfleet United	Exeter City	Farsley Celtic	Forest Green Rovers	Grays Athletic	Halifax Town	Histon	Kidderminster Harriers	Northwich Victoria	Oxford United	Rushden & Diamonds	Salisbury City	Stafford Rangers	Stevenage Borough	Torquay United	Weymouth	Woking	York City
Aldershot Town		2-1	1-0	0-0	0-1	3-1	2-0	2-0	4-3	0-1	3-2	1-0	3-1	2-1	5-0	1-0	2-1	2-1	4-3	3-1	0-3	0-0	2-1	2-0
Altrincham	1-2		0-0	0-3	2-3	3-2	1-3	1-4	0-0	1-0	0-1	3-3	1-2	2-1	1-2	1-3	1-2	3-1	2-0	1-5	1-1	3-2	2-2	2-2
Burton Albion	2-0	2-1		1-2	1-0	3-0	1-1	4-4	1-0	1-1	2-3	2-1	1-3	0-2	4-1	1-2	2-1	4-3	2-1	3-0	3-1	2-1	2-0	4-3
Cambridge United	1-1	2-1	0-0		2-1	5-0	1-1	0-1	5-1	2-0	1-0	2-2	1-0	0-3	2-1	2-1	1-0	1-1	1-2	2-1	2-0	0-0	1-0	2-0
Crawley Town	0-1	0-1	1-1	2-1		5-0	1-2	2-2	4-1	3-0	2-1	0-4	1-0	0-4	2-1	2-0	4-1	1-1	1-1	2-3	1-1	5-3	6-1	
Droylsden	2-2	0-2	0-2	0-2	1-2		1-1	2-3	0-3	5-3	1-2	2-0	0-1	1-0	1-3	3-1	1-4	0-0	1-1	0-3	1-2	1-3	1-1	3-4
Ebbsfleet United	2-2	2-0	2-1	2-1	1-0	2-0		1-1	3-1	0-2	4-1	1-0	0-1	5-4	2-1	1-3	0-3	2-1	2-1	0-1	2-1	4-1	1-1	1-2
Exeter City	1-1	2-1	1-4	1-1	2-0	1-1	1-1		2-1	3-3	1-0	1-0	2-1	1-0	2-0	2-2	4-2	4-1	1-0	4-3	0-0	2-2	1-1	
Farsley Celtic	1-3	1-1	0-1	2-1	1-5	1-2	1-1	0-2		0-2	1-3	3-0	1-3	1-1	2-1	0-1	0-1	2-2	1-0	0-1	3-2	1-4	4-2	3-0	1-4
Forest Green Rovers	2-3	3-1	3-1	3-1	1-0	3-2	2-2	1-1	2-2		1-2	2-0	3-1	2-2	4-1	0-0	0-3	1-2	4-2	2-2	3-2	2-1	1-2	
Grays Athletic	2-1	1-0	0-0	2-1	2-1	3-1	1-1	0-2	1-0	0-1		3-3	0-1	5-1	3-1	0-0	3-0	1-1	5-1	0-2	2-0	0-2	1-1	0-2
Halifax Town	0-0	2-2	2-2	1-2	3-0	3-0	1-1	0-3	2-0	1-1	0-0		0-0	1-6	3-1	0-3	1-1	1-0	1-1	1-2	2-1	1-0	2-2	
Histon	1-2	1-0	2-2	1-0	3-0	2-0	3-2	2-2	1-2	2-2	2-2	1-3		2-1	1-1	1-0	2-1	2-0	3-3	1-4	4-5	2-2	0-1	3-1
Kidderminster Harriers	1-2	1-1	4-1	1-0	1-1	3-1	2-1	4-0	2-1	1-0	1-0	1-1			0-0	0-2	2-0	1-2	6-0	1-1	2-5	0-2	1-1	3-0
Northwich Victoria	1-2	1-2	0-2	0-2	2-0	3-3	3-3	4-0	1-1	1-0	2-2	1-3	1-1			1-0	1-0	0-1	4-3	0-1	1-3	2-2	1-3	0-1
Oxford United	2-3	4-0	0-3	1-2	1-0	1-0	0-0	2-2	5-1	1-0	0-0	1-1	3-0	0-0	0-1		1-0	2-1	2-1	2-1	3-3	0-1	0-0	1-1
Rushden & Diamonds	1-1	1-0	0-0	1-2	1-1	0-0	0-1	0-2	1-0	1-2	1-1	2-2	2-3	0-1	1-0	5-0		0-0	1-1	0-0	2-1	3-2	2-1	1-1
Salisbury City	0-4	3-3	2-0	0-2	4-1	3-1	2-1	2-0	1-1	0-0	1-0	3-3	2-0	1-1		3-1	1-1		1-0	1-1	0-0	1-1	2-1	3-0
Stafford Rangers	1-2	1-1	0-3	1-1	1-3	2-1	1-1	1-5	2-2	1-3	0-2	2-3	1-1	1-3	0-1	1-1	0-1	1-5		1-5			0-1	0-4
Stevenage Borough	3-1	2-1	3-3	1-2	3-1	5-0	3-1	0-1	4-0	0-0	2-3	2-1	2-1	1-2	0-0	2-1	3-1	3-0			1-3	3-0	1-1	3-2
Torquay United	1-2	1-1	1-2	1-2	1-2	2-1	3-1	1-0	0-1		3-1	1-0	1-0	1-2	3-2	3-2	4-0	2-0	4-2			3-2	2-0	0-0
Weymouth	0-2	2-2	1-2	2-2	1-2	2-1	2-0	3-1	0-0	0-6	1-1	2-1	0-1	2-1	2-0	0-1	1-2	0-3	1-3	1-0	0-0		0-1	1-2
Woking	0-1	2-0	2-1	0-0	1-1	1-1	1-0	1-1	2-0	1-1	0-1	1-0	3-3	3-0	2-3	1-2	1-1	3-2	2-2	0-2	0-1	1-1		0-3
York City	2-0	2-2	0-0	1-2	1-1	2-1	0-1	3-2	4-1	0-2	2-0	3-2	1-4	2-2	1-1	0-1	2-3	1-3	2-0	0-2	0-1	2-0	2-3	

Football Conference National
Season 2007/2008

Aldershot Town	46	31	8	7	82	48	101
Cambridge United	46	25	11	10	68	41	86
Torquay United	46	26	8	12	83	57	86
Exeter City	46	22	17	7	83	58	83
Burton Albion	46	23	12	11	79	56	81
Stevenage Borough	46	24	7	15	82	55	79
Histon	46	20	12	14	76	67	72
Forest Green Rovers	46	19	14	13	76	59	71
Oxford United	46	20	11	15	56	48	71
Grays Athletic	46	19	13	14	58	47	70
Ebbsfleet United	46	19	12	15	65	61	69
Salisbury City	46	18	14	14	70	60	68
Kidderminster Harriers	46	19	10	17	74	57	67
York City	46	17	11	18	71	74	62
Crawley Town	46	19	9	18	73	67	60
Rushden & Diamonds	46	15	14	17	55	55	59
Woking	46	12	17	17	53	61	53
Weymouth	46	11	13	22	53	73	46
Northwich Victoria	46	11	11	24	52	78	44
Halifax Town	46	12	16	18	61	70	42
Altrincham	46	9	14	23	56	82	41
Farsley Celtic	46	10	9	27	48	86	39
Stafford Rangers	46	5	10	31	42	99	25
Droylsden	46	5	9	32	46	103	24

Halifax Town had 10 points deducted.
Crawley Town had 6 points deducted.

Halifax Town disbanded and a new club – F.C. Halifax Town – was formed which joined the Northern Premier League.

Football Conference National Promotion Play-offs

Exeter City 1   Torquay United 2
Burton Albion 2   Cambridge United 2

Torquay United 1   Exeter City 4
Exeter City won 5-3 on aggregate
Cambridge United ... 2   Burton Albion 1
Cambridge United won 4-3 on aggregate

Exeter City 1   Cambridge United 0

Promoted: Aldershot Town and Exeter City

Relegated: Halifax Town, Farsley Celtic, Stafford Rangers and Droylsden

Football Conference North 2007/2008 Season	AFC Telford United	Alfreton Town	Barrow	Blyth Spartans	Boston United	Burscough	Gainsborough Trinity	Harrogate Town	Hinckley United	Hucknall Town	Hyde United	Kettering Town	Leigh RMI	Nuneaton Borough	Redditch United	Solihull Moors	Southport	Stalybridge Celtic	Tamworth	Vauxhall Motors	Worcester City	Workington
AFC Telford United		3-0	0-2	3-1	1-1	1-0	2-1	3-1	3-0	1-0	2-1	0-1	6-1	0-0	1-0	4-0	1-5	3-0	4-1	3-2	1-1	3-3
Alfreton Town	0-1		0-0	1-1	2-1	1-2	3-1	1-2	0-0	2-1	0-3	1-2	1-0	1-3	0-0	0-0	1-2	3-4	1-2	4-0	3-1	2-0
Barrow	4-0	2-1		1-1	1-0	4-1	4-1	2-2	0-1	2-1	1-0	1-1	1-2	0-1	2-0	5-1	1-0	1-3	2-0	4-1	1-0	1-1
Blyth Spartans	1-2	2-0	2-3		2-1	1-4	1-1	0-1	1-3	1-2	0-2	2-0	2-0	1-0	2-4	1-2	1-0	0-1	1-1	0-2	6-0	0-2
Boston United	2-1	2-1	2-1	3-2		0-1	0-1	1-1	2-3	2-1	0-1	5-1	1-1	3-0	2-0	1-2	3-1	1-0	5-1	2-2	2-0	
Burscough	1-3	1-1	2-1	2-2	2-1		2-2	2-1	1-1	2-1	3-2	1-1	5-2	2-0	0-2	2-2	1-1	0-2	2-3	0-0	2-1	0-1
Gainsborough Trinity	1-1	2-2	1-1	4-0	1-3	0-1		0-1	2-2	4-1	3-3	3-1	2-1	1-1	3-0	0-2	0-3	2-1	1-0	3-0	1-1	1-1
Harrogate Town	1-0	0-1	2-2	0-1	3-2	0-1	3-1		1-1	0-0	2-1	0-0	0-0	1-2	2-0	1-0	1-0	2-0	3-2	2-0	0-1	1-1
Hinckley United	1-1	1-0	1-2	1-1	0-1	1-0	1-2	2-3		2-1	2-1	0-0	3-1	0-0	1-2	0-1	2-3	0-3	2-0	0-1	2-4	2-1
Hucknall Town	0-2	2-2	0-1	0-3	1-2	0-2	0-1	0-1	1-1		1-4	0-2	3-0	2-2	1-2	2-2	1-2	0-3	3-1	2-0	5-0	1-3
Hyde United	1-0	0-2	2-1	2-4	2-1	1-0	3-0	2-2	5-2	4-2		0-3	1-1	2-0	4-0	3-0	1-3	1-3	1-2	6-3	3-1	1-2
Kettering Town	3-0	1-1	3-1	1-2	3-0	0-1	2-1	3-1	5-2	3-2	0-2		3-0	3-2	2-0	6-1	5-2	0-1	2-1	6-0	3-0	3-1
Leigh RMI	0-3	1-0	1-2	0-2	2-2	2-1	1-3	0-2	2-2	2-0	1-5	1-4		1-3	0-1	1-1	0-1	1-3	0-0	3-1	0-1	2-1
Nuneaton Borough	2-0	1-0	0-0	1-1	2-2	2-3	2-2	1-2	4-0	2-1	1-0	1-1	1-0		1-0	2-1	0-2	2-1	1-0	2-0	1-1	3-0
Redditch United	0-1	1-1	0-5	1-0	3-1	3-1	1-0	1-3	3-2	0-1	3-1	0-2	1-1	0-0		0-1	1-1	0-2	3-1	2-0	3-0	2-0
Solihull Moors	2-0	0-3	1-1	0-1	1-3	1-3	3-1	3-1	0-2	1-4	1-3	1-0	3-1	0-0			4-1	0-4	1-0	1-1	2-3	2-2
Southport	1-1	1-0	1-1	2-1	2-2	1-0	3-0	0-0	4-0	5-0	2-1	0-1	2-0	2-2	1-1	3-2		2-3	2-2	3-2	0-1	1-1
Stalybridge Celtic	1-2	3-1	2-2	0-0	3-0	2-4	5-1	3-2	2-1	0-3	3-1	0-1	3-1	2-0	6-0	4-0	2-2		0-0	4-1	1-0	3-0
Tamworth	0-0	0-0	3-0	1-1	4-2	2-1	1-3	0-4	1-2	2-0	1-2	0-0	1-3	2-0				1-1		0-2		2-0
Vauxhall Motors	1-3	3-2	0-2	2-2	1-0	2-0	0-3	0-1	0-1	0-3	3-4	0-6	2-2	0-0	2-0	3-2	1-2	2-5	1-3		1-1	2-5
Worcester City	0-3	1-1	1-1	2-2	2-1	2-1	0-1	1-1	2-1	0-1	0-2	2-3	3-1	0-4	1-0	0-0	2-1	2-1	3-3	1-0		2-2
Workington	0-1	1-2	0-1	2-0	0-1	0-1	1-2	0-1	1-1	1-3	2-0	1-1	2-1	2-0	1-1	1-2	2-3	1-0	5-0	1-0	1-0	

Football Conference North
Season 2007/2008

Kettering Town	42	30	7	5	93	34	97
AFC Telford United	42	24	8	10	70	43	80
Stalybridge Celtic	42	25	4	13	88	51	79
Southport	42	22	11	9	77	50	77
Barrow	42	21	13	8	70	39	76
Harrogate Town	42	21	11	10	55	41	74
Nuneaton Borough	42	19	14	9	58	40	71
Burscough	42	19	8	15	62	58	65
Hyde United	42	20	3	19	84	66	63
Boston United	42	17	8	17	65	57	59
Gainsborough Trinity	42	15	12	15	62	65	57
Worcester City	42	14	12	16	48	69	54
Redditch United	42	15	8	19	41	58	53
Workington	42	13	11	18	52	56	50
Tamworth (R)	42	13	11	18	53	59	50
Alfreton Town	42	12	11	19	49	54	47
Solihull Moors	42	12	11	19	50	76	47
Blyth Spartans	42	12	10	20	52	62	46
Hinckley United	42	11	12	19	48	69	45
Hucknall Town	42	11	6	25	53	75	39
Vauxhall Motors	42	7	7	28	42	100	28
Leigh RMI	42	6	8	28	36	87	26

Boston United were relegated for being in administration.
Nuneaton Borough disbanded and new club – Nuneaton Town – was formed which joined the Southern League.

Football Conference North Promotion Play-offs

Barrow 2   AFC Telford United 0
Southport 1   Stalybridge Celtic 0

AFC Telford United 0   Barrow 2
Barrow won 4-0 on aggregate
Stalybridge Celtic 2   Southport 1
Stalybridge Celtic won 3-1 on aggregate

Stalybridge Celtic 0   Barrow 1

Promoted: Kettering Town and Barrow

Relegated: Leigh RMI, Nuneaton Borough and Boston United

Football Conference South 2007/2008 Season	Basingstoke Town	Bath City	Bishop's Stortford	Bognor Regis Town	Braintree Town	Bromley	Cambridge City	Dorchester Town	Eastbourne Borough	Eastleigh	Fisher Athletic	Hampton & Richmond Boro	Havant & Waterlooville	Hayes & Yeading United	Lewes	Maidenhead United	Newport County	St. Albans City	Sutton United	Thurrock	Welling United	Weston-super-Mare
Basingstoke Town	■	0-4	1-2	3-2	2-2	1-1	2-1	1-0	2-3	3-4	1-5	1-2	2-3	1-1	1-1	0-0	3-1	3-1	1-0	3-0	2-1	0-0
Bath City	0-1	■	4-0	0-0	0-0	1-1	2-0	1-0	0-0	2-0	0-1	2-0	1-1	2-2	1-1	2-0	1-1	3-0	2-3	3-1	2-0	1-0
Bishop's Stortford	0-0	1-1	■	5-3	3-4	2-0	4-0	0-0	2-1	2-2	1-2	6-2	4-1	0-1	1-5	2-1	0-0	3-4	3-1	1-0	1-2	2-2
Bognor Regis Town	1-1	1-3	0-2	■	2-1	1-2	2-0	0-0	0-2	0-3	0-1	2-4	1-1	3-0	0-5	1-2	0-2	1-0	1-1	3-1	0-0	2-0
Braintree Town	2-1	2-0	2-1	3-2	■	2-1	0-1	1-0	1-0	0-2	2-3	3-0	1-0	0-1	3-0	1-1	0-0	1-0	0-0	2-1	4-0	
Bromley	3-2	1-1	3-1	2-1	4-0	■	3-1	0-1	1-3	1-2	1-2	0-2	2-1	2-1	1-2	1-1	2-2	3-4	1-0	8-1	2-0	3-1
Cambridge City	3-0	2-2	2-4	2-2	0-0	1-2	■	2-2	1-1	3-2	1-2	2-0	1-4	1-3	3-0	0-0	4-1	2-2	3-1	5-1		
Dorchester Town	1-0	1-1	0-4	1-1	0-1	2-3	3-2	■	0-4	0-1	2-1	0-1	0-1	1-0	1-3	2-1	2-3	0-3	0-0	0-1	0-0	1-2
Eastbourne Borough	6-0	0-0	1-1	3-0	2-0	1-2	0-1	4-1	■	3-2	4-0	0-0	2-2	3-1	0-2	2-1	0-0	4-0	3-0	1-0	1-0	2-2
Eastleigh	1-1	4-4	0-0	1-0	2-1	1-4	1-0	3-1	1-2	■	3-0	1-1	1-1	1-4	3-2	1-0	1-1	1-2	0-0	3-1	3-2	
Fisher Athletic	4-1	2-1	0-1	3-1	2-0	0-3	1-1	1-1	0-4	1-4	■	0-3	4-2	4-2	0-3	0-1	1-3	0-0	4-2	2-0	3-2	3-1
Hampton & Richmond	2-2	0-0	1-1	1-1	3-0	3-2	2-2	4-0	0-2	3-1	0-2	■	1-1	4-1	6-0	1-1	1-0	4-1	2-2	2-3	4-0	5-1
Havant & Waterlooville	1-1	1-0	1-2	2-0	0-0	1-0	2-1	4-0	2-1	1-0	1-0	0-3	■	4-1	1-2	0-3	2-0	3-1	2-0	3-0	1-0	1-1
Hayes & Yeading United	1-1	3-0	2-2	0-2	3-3	6-1	3-1	2-2	1-1	2-4	2-1	0-0	3-1	■	2-1	1-4	1-3	2-1	3-3	1-1	0-1	2-2
Lewes	4-0	1-0	1-0	0-1	0-0	2-2	3-1	2-0	2-2	3-2	1-0	1-2	4-0	2-1	■	0-0	1-0	0-2	4-0	1-0	2-0	3-0
Maidenhead United	1-2	0-1	5-0	1-2	0-1	2-3	1-1	3-1	1-2	0-5	2-3	1-2	3-3	0-1	0-0	■	2-3	0-0	1-1	1-2	0-1	0-0
Newport County	2-0	2-3	1-0	2-2	2-0	3-1	4-1	3-2	1-1	2-1	1-2	2-2	0-1	1-1	1-3	1-1	■	2-0	2-0	1-4	0-1	5-0
St. Albans City	4-1	1-2	1-2	1-1	1-1	1-0	0-2	0-3	2-3	3-2	0-1	1-1	1-0	2-0	1-1	0-3	0-0	■	1-2	0-5	1-2	0-3
Sutton United	1-2	0-4	0-1	0-2	0-3	2-2	0-3	1-3	1-5	0-0	0-2	2-1	1-3	1-2	0-3	2-3	0-1	0-0	■	1-0	1-0	0-3
Thurrock	1-1	1-0	1-0	1-0	1-1	2-1	5-2	3-1	3-2	4-1	0-0	0-5	0-2	2-0	2-3	2-3	3-0	1-1	2-1	■	2-0	3-2
Welling United	0-1	1-0	2-1	2-3	0-2	3-1	2-6	1-1	1-0	3-1	0-1	1-3	1-1	1-2	0-4	0-2	1-2	0-0	0-0	2-2	■	2-1
Weston-super-Mare	3-3	0-2	0-4	3-2	1-2	0-1	0-1	1-0	0-2	1-1	2-2	3-1	3-1	1-2	1-2	2-2	0-3	3-0	3-1	0-3		■

Football Conference South

Season 2007/2008

Lewes	42	27	8	7	81	39	89
Eastbourne Borough	42	23	11	8	83	38	80
Hampton & Richmond	42	21	14	7	87	49	77
Fisher Athletic	42	22	5	15	65	61	71
Braintree Town	42	19	12	11	52	42	69
Eastleigh	42	19	10	13	76	62	67
Havant & Waterlooville	42	19	10	13	59	53	67
Bath City	42	17	15	10	59	36	66
Newport County	42	18	12	12	64	49	66
Bishop's Stortford	42	18	10	14	72	60	64
Bromley	42	19	7	16	77	66	64
Thurrock	42	18	9	15	63	64	63
Hayes & Yeading United	42	14	12	16	67	73	54
Cambridge City	42	14	10	18	71	72	52
Basingstoke Town	42	12	14	16	54	75	50
Welling United	42	13	7	22	41	64	46
Maidenhead United	42	11	12	19	56	59	45
Bognor Regis Town	42	11	11	20	49	67	44
St. Alban's City	42	10	12	20	43	69	42
Weston Super Mare	42	9	10	23	52	85	37
Dorchester Town	42	8	10	24	36	70	34
Sutton United	42	5	9	28	32	86	24

Cambridge City were relegated as they were unable to meet ground requirements.

Football Conference South Promotion Play-offs

Braintree Town 0   Eastbourne Borough 2
Fisher Athletic 1   Hampton & Richmond Bor. 1

Eastbourne Borough 3   Braintree Town 0
Eastbourne Borough won 5-0 on aggregate
Hampton & Richmond Bor. 0   Fisher Athletic .... 0 (aet)
Hampton & Richmond Borough won 4-2 on penalties

Eastbourne Borough 2   Hampton & Richmond Bor. 0

Promoted: Lewes and Eastbourne Borough

Relegated: Cambridge City and Sutton United

Football Conference National
2008/2009 Season

	Altrincham	Barrow	Burton Albion	Cambridge United	Crawley Town	Eastbourne Borough	Ebbsfleet United	Forest Green Rovers	Grays Athletic	Histon	Kettering Town	Kidderminster Harriers	Lewes	Mansfield Town	Northwich Victoria	Oxford United	Rushden & Diamonds	Salisbury City	Stevenage Borough	Torquay United	Weymouth	Woking	Wrexham	York City
Altrincham		3-4	1-3	1-0	2-2	2-2	2-0	2-5	2-0	0-1	1-1	2-2	1-0	1-0	1-0	1-0	0-4	0-0	1-2	0-1	4-0	1-0	1-1	1-1
Barrow	2-2		0-0	0-2	3-3	3-1	0-3	3-1	1-1	1-0	2-4	1-0	2-0	2-1	0-0	3-0	1-1	0-0	1-3	1-1	0-1	0-1	1-1	0-0
Burton Albion	1-1	2-1		3-1	2-1	2-0	3-1	4-2	4-0	3-1	1-1	2-2	5-2	1-0	1-1	0-1	3-0	1-2	2-0	0-1	1-1	3-2	2-1	2-1
Cambridge United	0-0	2-1	2-0		1-1	2-1	1-0	0-1	1-0	2-2	0-2	2-1	1-0	2-1	4-1	1-1	0-0	4-0	1-1	0-1	1-0	4-1	2-0	1-0
Crawley Town	4-0	4-0	4-0	2-2		1-0	1-2	2-2	2-1	3-3	1-0	2-0	5-1	1-0	5-2	0-1	0-0	0-3	0-2	3-1	4-2	2-2	1-0	0-1
Eastbourne Borough	1-0	0-2	1-2	0-3	2-1		0-1	1-0	2-1	1-1	1-2	2-3	1-0	1-2	4-1	0-3	0-1	0-0	2-1	4-2	3-0	0-0	1-0	2-1
Ebbsfleet United	1-0	1-0	2-1	1-1	4-4	1-1		0-1	0-1	0-1	1-1	2-1	2-2	1-0	1-1	1-0	2-2	4-0	0-2	1-0	2-0	1-0	0-0
Forest Green Rovers	1-3	2-1	2-3	2-2	1-0	1-2	1-4		1-1	2-2	0-2	2-2	4-1	1-0	3-0	3-3	4-0	0-3	1-2	4-1	0-3	2-3	1-1
Grays Athletic	2-1	2-1	0-1	0-1	1-0	0-1	3-1	2-1		1-4	1-1	3-2	0-0	2-1	2-1	2-0	0-0	3-1	1-2	1-2	1-1	1-1	2-1	1-0
Histon	1-0	2-0	4-3	1-1	1-0	3-3	5-2	0-1	4-1		1-0	1-1	1-1	3-0	2-1	5-2	0-0	2-0	0-0	1-1	1-0	1-0	1-0	1-1
Kettering Town	3-1	0-0	0-1	1-2	1-1	0-1	2-1	1-1	0-0	1-0		1-0	1-3	2-1	1-2	1-1	1-0	2-1	0-1	1-0	1-0	4-2
Kidderminster Harriers	4-0	0-1	2-1	1-3	2-0	2-0	3-1	1-2	2-0	2-0	0-1		1-1	2-0	1-2	0-2	2-1	3-2	4-2	1-0	0-2	3-0	1-0	2-0
Lewes	2-0	0-3	0-1	0-2	0-3	0-2	0-0	3-2	2-0	0-3	1-2	0-1		0-1	2-3	2-1	0-4	1-4	0-2	0-2	1-0	0-2	0-2	1-1
Mansfield Town	2-0	2-2	0-2	1-1	1-0	3-1	1-2	3-0	1-0	1-0	0-0	4-2	1-0		3-2	1-3	0-0	3-0	2-1	1-1	0-0	0-1	1-2	1-0
Northwich Victoria	0-1	2-1	1-0	0-1	0-1	1-2	2-0	2-0	0-1	1-2	0-0	1-1	3-0	2-0		1-2	4-2	1-1	0-1	2-3	2-3	2-0	1-2	2-2
Oxford United	1-0	3-0	2-1	3-1	1-2	6-3	5-1	2-1	4-1	2-1	1-1	1-1	1-0	2-1	1-0		2-1	2-0	1-1	0-2	0-1	0-0	1-0	1-0
Rushden & Diamonds	1-1	1-1	2-1	1-2	0-1	2-0	2-0	2-2	1-0	1-2	0-1	2-1	0-1	2-1	1-3		2-1	1-1	1-3	1-0	3-1	1-1	2-0
Salisbury City	1-3	3-0	1-0	1-2	2-0	2-0	1-0	2-2	1-0	0-4	1-2	0-0	1-2	2-3	1-1	2-1	1-1		2-4	2-2	1-0	1-4	1-1
Stevenage Borough	3-0	3-0	4-1	2-1	1-1	1-3	1-0	0-0	1-3	2-1	3-1	3-0	3-2	1-1	1-1	3-1	2-0		0-0	1-1	1-0	1-2	3-3
Torquay United	3-1	4-1	2-1	0-0	0-2	2-0	0-2	3-3	1-1	4-1	2-0	0-1	4-1	2-0	2-1	1-1	1-1	0-1	3-0		0-2	2-1	1-1	1-1
Weymouth	2-0	0-3	0-5	2-2	2-2	3-2	0-2	1-1	3-1	2-5	0-2	1-2	2-0	1-1	3-0	2-2	0-9	0-4	0-3	0-1		1-1	1-3	1-2
Woking	1-2	1-0	0-0	0-1	0-0	0-4	1-0	3-1	1-0	1-5	1-1	2-2	4-1	0-1	1-1	1-0	2-2	1-1		1-1	0-2
Wrexham	0-1	1-1	0-1	2-0	0-2	5-0	3-2	1-1	3-2	0-0	2-1	0-1	2-0	2-0	3-3	2-0	0-3	1-1	5-0	1-1	2-0	1-1		3-1
York City	1-2	1-1	1-3	0-0	2-2	1-0	3-1	2-1	0-1	1-1	0-0	3-0	1-1	1-2	0-0	2-0	1-1	0-2	1-2	2-0	2-0	1-0	

Football Conference National
Season 2008/2009

Burton Albion	46	27	7	12	81	52	88
Cambridge United	46	24	14	8	65	39	86
Histon	46	23	14	9	78	48	83
Torquay United	46	23	14	9	72	47	83
Stevenage Borough	46	23	12	11	73	54	81
Kidderminster Harriers	46	23	10	13	69	48	79
Oxford United	46	24	10	12	72	51	77
Kettering Town	46	21	13	12	50	37	76
Crawley Town	46	19	14	13	77	55	70
Wrexham	46	18	12	16	64	48	66
Rushden & Diamonds	46	16	15	15	61	50	63
Mansfield Town	46	19	9	18	57	55	62
Eastbourne Borough	46	18	6	22	58	70	60
Ebbsfleet United	46	16	10	20	52	60	58
Altrincham	46	15	11	20	49	66	56
Salisbury City	46	14	13	19	54	64	55
York City	46	11	19	16	47	51	52
Forest Green Rovers	46	12	16	18	70	76	52
Grays Athletic	46	14	10	22	44	64	52
Barrow	46	12	15	19	51	65	51
Woking	46	10	14	22	37	60	44
Northwich Victoria	46	11	10	25	56	75	43
Weymouth	46	11	10	25	45	86	43
Lewes	46	6	6	34	28	89	24

Oxford United had 5 points deducted.
Crawley Town had 1 point deducted.
Mansfield Town had 4 points deducted.

Football Conference National Promotion Play-offs

Stevenage Borough 3   Cambridge United 1
Torquay United 2   Histon 0

Cambridge United 3   Stevenage Borough 0
Cambridge United won 4-3 on aggregate
Histon 1   Torquay United 0
Torquay United won 2-1 on aggregate

Cambridge United 0   Torquay United 2

Promoted: Burton Albion and Torquay United

Relegated: Woking, Northwich Victoria, Weymouth and Lewes

Football Conference North 2008/2009 Season	AFC Telford United	Alfreton Town	Blyth Spartans	Burscough	Droylsden	Farsley Celtic	Fleetwood Town	Gainsborough Trinity	Gateshead	Harrogate Town	Hinckley United	Hucknall Town	Hyde United	King's Lynn	Redditch United	Solihull Moors	Southport	Stafford Rangers	Stalybridge Celtic	Tamworth	Vauxhall Motors	Workington
AFC Telford United		0-0	2-1	3-0	2-0	2-0	0-0	2-1	1-0	3-1	4-2	3-1	2-3	1-1	1-1	3-0	1-0	0-1	1-0	0-0	5-1	0-0
Alfreton Town	3-1		1-1	2-0	2-3	3-1	3-3	1-4	1-3	4-1	1-1	5-0	3-2	1-1	2-0	4-1	2-0	2-0	2-1	1-1	3-1	0-0
Blyth Spartans	2-0	2-2		0-2	0-2	5-0	3-0	1-1	0-1	3-4	1-0	3-0	3-0	2-4	1-0	3-0	1-0	2-1	0-0	0-4	0-1	3-1
Burscough	0-2	1-3	2-3		0-1	0-0	1-1	0-2	2-4	0-2	1-1	2-3	2-2	1-1	1-0	1-2	2-3	2-0	0-2	0-1	0-1	2-1
Droylsden	1-0	2-0	2-0	3-1		2-0	1-3	3-2	0-0	2-1	3-0	5-1	2-1	1-0	2-2	2-1	0-0	0-1	1-1	1-1	1-2	1-1
Farsley Celtic	1-0	3-3	3-0	5-1	1-1		4-1	2-1	0-1	1-0	2-3	4-0	2-1	1-1	1-2	0-1	5-1	4-0	2-3	1-3	0-1	0-5
Fleetwood Town	1-0	1-1	1-0	3-1	2-1	2-1		2-2	0-2	1-0	1-0	1-3	1-3	3-0	3-1	2-1	1-1	2-2	1-2	1-2	2-0	1-0
Gainsborough Trinity	1-2	0-2	0-0	0-4	1-0	0-0	3-4		0-0	3-2	3-1	2-2	0-1	2-0	4-1	1-0	0-3	3-3	0-1	1-1	1-2
Gateshead	1-1	3-0	3-0	4-1	1-1	3-0	2-2	1-0		1-3	5-0	1-0	6-3	3-2	2-0	3-0	1-1	0-1	1-0	5-1	2-2	2-1
Harrogate Town	2-0	2-2	3-1	2-0	1-1	1-0	5-2	0-3	1-0		2-2	2-0	2-1	4-0	1-1	4-0	0-3	3-3	0-1	2-2	2-0	0-1
Hinckley United	0-2	1-1	2-1	0-1	1-0	1-2	2-1	0-2	2-0		4-0	0-1	1-0	4-2	0-1	1-0	1-1	4-0	0-1	1-3	2-3	1-0
Hucknall Town	0-5	1-1	1-1	0-2	1-1	1-2	3-2	1-2	2-2	1-1	1-2		0-1	1-2	0-2	0-0	3-1	2-3	2-3	0-1	0-0
Hyde United	0-4	1-1	1-0	0-1	1-3	3-1	5-3	0-0	2-5	2-3	0-0	2-0		0-1	1-2	3-1	1-1	1-1	0-2	1-2	3-1	4-4
King's Lynn	1-1	0-4	2-3	0-0	2-2	1-4	1-0	2-2	2-0	2-3	1-1	0-0	4-1		1-1	3-0	0-0	2-2	1-0	1-2	1-1	1-3
Redditch United	0-1	2-2	2-0	1-2	0-4	3-1	1-1	1-1	0-2	2-2	1-0	1-2		0-0	0-2	2-2	0-1	1-1	2-2	1-0
Solihull Moors	1-3	2-2	2-0	3-2	2-1	2-1	2-2	2-3	2-0	1-1	1-3	3-1	2-2	1-1	2-1		0-2	0-1	0-2	1-1	3-2	2-0
Southport	1-1	0-1	2-1	3-0	3-1	1-0	1-1	5-3	2-3	1-0	0-0	3-0	2-0	2-1	2-3	3-0		3-2	2-0	0-1	5-2	0-0
Stafford Rangers	1-3	0-2	1-0	0-2	0-0	1-0	1-2	2-0	4-1	0-0	3-1	0-0	2-0	0-0	0-1	1-0	0-3		0-1	0-1	0-1
Stalybridge Celtic	2-2	0-2	2-0	4-0	2-2	1-0	0-5	1-2	1-2	1-3	7-1	2-2	4-1	1-1	3-3	5-0	0-1	2-0		2-2	1-0	1-4
Tamworth	0-1	1-2	1-1	6-2	2-0	2-1	2-1	0-0	2-1	3-1	1-0	1-1	2-0	2-1	1-0	1-1	1-2	0-3		2-0	1-0
Vauxhall Motors	2-0	1-1	2-1	2-0	1-4	2-0	0-2	1-1	1-2	1-0	0-4	2-3	2-1	1-3	1-1	2-2	0-0	1-1	1-1	2-2		3-0
Workington	1-0	0-3	0-1	4-1	1-1	0-2	3-2	5-0	4-2	0-1	1-0	2-2	1-1	0-1	2-1	0-1	2-2	0-2	1-4	3-1	

Football Conference North

Season 2008/2009

Tamworth	42	24	13	5	70	41	85
Gateshead	42	24	8	10	81	48	80
Alfreton Town	42	20	17	5	81	48	77
AFC Telford United	42	22	10	10	65	34	76
Southport	42	21	13	8	63	36	76
Stalybridge Celtic	42	20	10	12	71	50	70
Droylsden	42	18	14	10	64	44	68
Fleetwood Town	42	17	11	14	70	66	62
Harrogate Town	42	17	10	15	66	57	61
Hinckley United	42	16	9	17	56	59	57
Vauxhall Motors	42	14	11	17	51	67	53
Workington	42	13	12	17	54	55	51
Gainsborough Trinity	42	12	14	16	57	63	50
Redditch United	42	12	14	16	49	61	50
Blyth Spartans	42	14	7	21	50	58	49
Solihull Moors	42	13	10	19	49	73	49
Kings Lynn	42	10	18	14	50	60	48
Stafford Rangers	42	12	12	18	41	56	48
Farsley Celtic	42	14	5	23	58	65	47
Hyde United	42	11	9	22	57	80	42
Burscough	42	10	6	26	43	80	36
Hucknall Town	42	5	13	24	39	84	28

King's Lynn were relegated as they were unable to meet ground requirements.

Football Conference North Promotion Play-offs

Southport .... 0 Gateshead 1
AFC Telford United .... 2 Alfreton Town 0

Gateshead .... 1 Southport 1
Gateshead won 2-1 on aggregate
Alfreton Town .... 4 AFC Telford United 3
AFC Telford United won 5-4 on aggregate

Gateshead .... 1 AFC Telford United 0

Promoted: Tamworth and Gateshead

Relegated: King's Lynn, Burscough and Hucknall Town

Football Conference South 2008/2009 Season	AFC Wimbledon	Basingstoke Town	Bath City	Bishop's Stortford	Bognor Regis Town	Braintree Town	Bromley	Chelmsford City	Dorchester Town	Eastleigh	Fisher Athletic	Hampton & Richmond Boro	Havant & Waterlooville	Hayes & Yeading United	Maidenhead United	Newport County	St. Albans City	Team Bath	Thurrock	Welling United	Weston-super-Mare	Worcester City
AFC Wimbledon		1-0	3-2	4-1	3-1	5-1	3-1	3-1	2-0	0-2	3-0	1-1	3-0	2-0	3-1	3-0	3-0	2-0	2-1	0-1	1-1	2-0
Basingstoke Town	0-1		1-0	1-1	0-0	2-2	2-0	1-2	0-0	2-2	1-1	2-2	1-1	0-1	0-0	1-2	1-3	1-0	0-0	0-1	0-0
Bath City	2-2	1-0		2-3	0-1	3-2	1-3	2-1	2-0	1-1	1-0	0-1	2-1	0-1	1-0	2-1	1-0	1-1	2-2	0-4	3-0	1-0
Bishop's Stortford	0-1	3-2	0-2		2-0	0-3	1-1	2-1	0-2	3-4	0-1	1-3	1-0	0-0	2-0	1-1	1-1	4-3	2-1	0-1	2-1	3-0
Bognor Regis Town	1-5	2-3	0-2	0-2		0-2	1-1	2-1	0-0	1-0	2-1	0-1	1-5	1-1	2-4	0-1	0-5	3-0	1-1	0-0	1-1	1-2
Braintree Town	0-1	0-1	0-4	2-0	1-1		2-0	1-2	0-1	2-1	0-1	1-2	1-0	0-1	0-2	3-2	1-0	4-1	1-2	1-1	1-1	1-1
Bromley	2-2	0-2	1-1	1-0	1-0	1-4		2-2	1-0	5-1	3-0	0-2	2-2	1-0	1-2	2-1	2-3	4-0	3-3	1-3	3-0	0-2
Chelmsford City	3-2	2-2	2-3	3-3	2-0	1-1	0-1		2-1	3-0	3-0	3-2	1-2	2-1	2-1	0-0	1-1	1-1	3-2	2-0	4-1	2-0
Dorchester Town	1-1	0-0	0-2	0-2	1-0	2-2	2-1	0-1		0-4	3-0	0-1	1-0	1-2	0-3	0-1	1-1	2-2	4-3	1-1	2-2	3-1
Eastleigh	2-1	1-0	2-0	1-1	2-1	2-1	1-0	2-1	0-1		3-0	2-1	2-0	3-3	0-0	3-2	3-0	1-3	1-1	4-2	1-0	1-0
Fisher Athletic	0-3	1-0	1-0	0-3	0-1	0-2	0-2	0-1	4-0	1-2		0-2	1-1	0-5	0-1	1-3	0-4	0-6	0-3	0-5	0-2	0-1
Hampton & Richmond	1-1	0-0	3-1	2-1	0-0	2-1	1-1	4-1	2-0	2-1	3-0		2-1	2-3	1-0	0-1	3-0	3-1	2-0	4-1	1-2
Havant & Waterlooville	0-0	5-1	0-0	3-0	2-2	1-1	0-1	1-1	1-2	2-2	3-0	1-4		2-2	3-3	1-1	2-0	2-2	1-0	2-3	0-2
Hayes & Yeading United	2-1	5-0	2-2	1-0	3-1	0-1	2-1	0-1	2-1	0-1	3-4	0-0	2-1		2-0	2-0	2-1	1-1	2-1	2-1	3-0	3-1
Maidenhead United	0-4	1-2	0-0	3-2	2-0	2-1	4-0	0-2	2-1	1-4	1-0	0-3	1-0	2-0		0-1	0-2	1-1	2-0	0-0	5-0
Newport County	1-4	3-0	0-4	0-1	2-1	2-1	3-0	3-1	4-4	0-1	4-0	1-0	0-2	1-5	0-1		0-1	4-2	1-1	0-0	1-0	1-0
St. Albans City	0-0	3-0	2-1	2-0	1-0	0-3	4-5	1-2	2-0	5-0	4-1	2-2	1-1	1-1	1-2	1-1		0-0	0-2	2-3	3-0	0-2
Team Bath	1-2	1-2	0-1	2-2	1-0	0-3	0-3	2-0	4-1	3-1	4-1	0-2	1-0	4-1	0-2	2-0	2-0		4-1	0-1	1-2	0-2
Thurrock	0-1	6-0	2-0	1-3	1-1	1-0	1-1	0-1	1-0	0-1	2-1	3-3	2-3	0-1	1-2	0-0	0-0	1-2		1-2	0-1	2-0
Welling United	2-2	1-1	2-1	1-3	4-1	1-0	3-1	1-3	0-0	3-2	3-0	4-0	2-1	0-2	0-1	1-1	0-0		2-0	1-3
Weston-super-Mare	1-1	0-3	0-1	2-1	1-2	3-1	2-1	1-4	2-2	1-1	3-1	0-3	0-1	1-2	2-2	1-1	1-1	0-1	2-1	0-3		1-1
Worcester City	3-2	0-0	0-1	1-3	1-2	2-2	1-0	0-1	0-1	1-1	2-2	0-3	1-1	0-0	2-0	0-2	2-0	0-1	1-2	

Football Conference South

Season 2008/2009

AFC Wimbledon	42	26	10	6	86	36	88
Hampton & Richmond Borough	42	25	10	7	74	37	85
Eastleigh	42	25	8	9	69	49	83
Hayes & Yeading United	42	24	9	9	74	43	81
Chelmsford City	42	23	8	11	72	52	77
Maidenhead United	42	21	8	13	57	46	71
Welling United	42	19	11	12	61	44	68
Bath City	42	20	8	14	56	45	68
Bishop's Stortford	42	17	8	17	60	60	59
Newport County	42	16	11	15	50	51	59
Team Bath	42	16	7	19	62	64	55
St. Alban's City	42	14	12	16	56	50	54
Bromley	42	15	9	18	60	64	54
Braintree Town	42	14	10	18	57	54	52
Havant & Waterlooville	42	11	15	16	59	58	48
Worcester City	42	12	11	19	38	53	47
Weston Super Mare	42	12	11	19	43	68	47
Basingstoke Town	42	10	16	16	36	55	46
Dorchester Town	42	10	12	20	39	61	42
Thurrock	42	9	13	20	54	60	40
Bognor Regis Town	42	7	12	23	33	68	26
Fisher Athletic	42	5	3	34	22	100	18

Bognor Regis Town had 7 points deducted.
Team Bath disbanded at the end of the season.

Football Conference South Promotion Play-offs

Chelmsford City 1   Hampton & Richmond Bor. 3
Hayes & Yeading United 2   Eastleigh 4

Hampton & Richmond Bor. 0   Chelmsford City 0
Hampton & Richmond Borough 3-1 on aggregate
Eastleigh 0   Hayes & Yeading United 4
Hayes & Yeading United won 6-4 on aggregate

Hampton & Richmond Bor. 2   Hayes & Yeading United 3

Promoted: AFC Wimbledon and Hayes & Yeading United

Relegated: Bognor Regis Town and Fisher Athletic

	AFC Wimbledon	Altrincham	Barrow	Cambridge United	Crawley Town	Eastbourne Borough	Ebbsfleet United	Forest Green Rovers	Gateshead	Grays Athletic	Hayes & Yeading United	Histon	Kettering Town	Kidderminster Harriers	Luton Town	Mansfield Town	Oxford United	Rushden & Diamonds	Salisbury City	Stevenage Borough	Tamworth	Wrexham	York City
AFC Wimbledon		1-1	0-2	0-0	1-1	2-0	3-0	2-0	2-0	0-2	5-0	4-0	1-2	0-1	1-1	2-0	0-1	0-1	4-0	0-3	0-1	2-2	0-1
Altrincham	0-1		0-1	0-2	0-0	3-0	1-1	2-2	3-2	1-1	3-2	2-1	2-0	3-2	0-1	1-2	0-1	2-2	5-0	0-1	0-0	1-3	0-0
Barrow	2-2	0-3		0-1	4-1	3-2	2-0	1-1	3-3	2-2	1-1	0-0	0-2	1-0	0-1	3-1	1-1	1-6	0-1	0-0	1-0	2-1	0-0
Cambridge United	2-2	0-0	0-2		0-1	0-1	4-0	7-0	3-0	3-0	4-1	2-1	0-2	2-0	3-4	3-2	1-1	2-2	3-1	1-3	2-0	2-0	0-1
Crawley Town	2-1	1-0	0-1	1-0		2-2	2-1	3-1	1-4	1-1	1-0	2-0	1-1	2-2	2-1	0-2	1-2	2-1	2-0	0-3	2-0	1-0	3-1
Eastbourne Borough	1-0	2-2	2-1	2-2	0-2		1-2	1-0	2-1	2-2	3-1	1-1	0-1	0-0	0-1	1-0	1-1	0-1	0-6	1-1	2-1	3-1	
Ebbsfleet United	2-2	1-2	1-4	1-3	0-0	3-2		4-3	2-0	2-1	1-2	0-1	1-2	0-1	1-6	2-1	0-2	0-0	1-2	2-1	0-1	0-1	1-0
Forest Green Rovers	2-5	4-3	1-0	1-1	1-0	1-1	0-0		1-0	2-1	0-0	2-1	1-2	1-1	0-1	1-4	0-1	1-0	3-1	0-1	3-4	0-2	2-1
Gateshead	1-0	1-0	2-1	2-0	3-0	1-3	3-1	3-0		0-0	0-2	0-0	0-2	1-3	0-1	1-0	2-1	0-1	1-1	1-0	1-2		
Grays Athletic	2-4	0-3	3-3	2-0	2-3	1-0	0-3	2-1	0-0		0-0	0-1	0-0	1-3	0-2	1-0	0-4	0-3	0-2	1-2	1-0	0-2	0-4
Hayes & Yeading United	1-0	1-2	1-1	3-0	2-1	1-1	4-2	2-3	3-2	4-0		0-2	1-2	2-2	2-3	1-1	2-1	1-6	3-4	1-1	2-2	0-1	1-1
Histon	1-3	0-0	2-2	1-1	0-1	2-0	1-0	5-2	0-0	0-0	3-3		1-0	1-1	0-2	0-5	3-4	0-1	2-0	0-2	1-0	0-0	1-3
Kettering Town	1-2	2-0	2-1	0-1	1-1	4-0	3-0	0-2	4-0	2-0	0-1	1-1		0-2	0-0	2-2	1-1	0-3	1-2	1-1	0-0	2-2	0-1
Kidderminster Harriers	0-1	3-0	1-2	1-0	1-0	0-2	2-2	2-1	3-2	4-1	1-0	3-0	0-1		1-2	3-1	3-1	1-1	0-1	0-2	2-0	2-0	1-1
Luton Town	1-2	0-0	1-0	2-2	3-0	4-1	2-3	2-1	2-1	6-0	8-0	6-3	0-1	3-1		4-1	2-1	0-2	4-0	0-1	2-1	1-0	1-1
Mansfield Town	0-1	1-1	4-1	2-1	1-1	3-0	1-0	0-2	0-0	3-1	1-0	0-0	3-3	0-0		2-1	3-2	4-2	2-3	0-1	1-0		
Oxford United	2-0	1-0	1-0	0-0	3-1	4-0	4-2	0-0	2-1	5-0	1-2	2-0	1-1	0-0	2-0	2-0		1-0	1-0	2-1	0-1	1-0	2-1
Rushden & Diamonds	0-1	0-1	4-1	1-1	1-1	2-0	2-0	4-2	8-0	5-4	2-1	2-0	0-1	1-1	1-0	1-1		0-2	1-0	3-2	0-0	0-1	
Salisbury City	0-2	4-1	3-0	2-1	2-2	1-1	3-1	1-3	0-1	2-0	3-1	3-0	2-0	0-1	1-1	0-1	1-3		0-1	1-0	1-1	1-0	
Stevenage Borough	0-0	1-1	4-0	4-1	2-0	2-0	3-0	2-0	5-3	1-1	4-0	1-1	2-2	2-0	0-1	3-1	1-0	2-1	3-1		1-1	0-0	1-0
Tamworth	2-2	0-2	3-0	0-0	0-1	1-1	3-4	0-0	1-0	2-1	0-2	1-3	1-3	2-1	1-1	2-4	0-0	0-1	2-0	1-0		2-1	2-3
Wrexham	1-0	1-1	0-0	2-2	2-0	3-0	1-1	1-1	0-0	0-2	2-0	1-2	2-2	3-0	2-1	0-1	1-2	0-1	1-2	0-1	0-0		1-0
York City	5-0	2-1	3-0	2-2	2-0	0-1	1-0	2-0	1-0	4-1	3-1	2-0	3-2	0-0	3-0	1-0	0-0	1-2	1-1	1-2	2-1		

Football Conference National

Season 2009/2010

Stevenage Borough	44	30	9	5	79	24	99
Luton Town	44	26	10	8	84	40	88
Oxford United	44	25	11	8	64	31	86
Rushden & Diamonds	44	22	13	9	77	39	79
York City	44	22	12	10	62	35	78
Kettering Town	44	18	12	14	51	41	66
Crawley Town	44	19	9	16	50	57	66
AFC Wimbledon	44	18	10	16	61	47	64
Mansfield Town	44	17	11	16	69	60	62
Cambridge United	44	15	14	15	65	53	59
Wrexham	44	15	13	16	45	39	58
Salisbury City	44	21	5	18	58	63	58
Kidderminster Harriers	44	15	12	17	57	52	57
Altrincham	44	13	15	16	53	51	54
Barrow	44	13	13	18	50	67	52
Tamworth	44	11	16	17	42	52	49
Hayes & Yeading United	44	12	12	20	59	85	48
Histon	44	11	13	20	44	67	46
Eastbourne Borough	44	11	13	20	42	72	46
Gateshead	44	13	7	24	46	69	45
Forest Green Rovers	44	12	9	23	50	76	45
Ebbsfleet United	44	12	8	24	50	82	44
Grays Athletic	44	5	13	26	35	91	26

Chester City were initially deducted 25 points after entering administration but later expelled from the Conference. Their record at the time was expunged: 28 5 7 16 23 42 -3
Salisbury City had 10 points deducted and were subsequently demoted from the Conference at the end of the season.
Grays Athletic had 2 points deducted and withdrew from the Conference at the end of the season.
Gateshead had 1 point deducted.

Football Conference National Promotion Play-offs

Rushden & Diamonds 1   Oxford United 1
York City 1   Luton Town 0

Oxford United 2   Rushden & Diamonds 0
Oxford United won 3-1 on aggregate
Luton Town 0   York City 1
York City won 2-0 on aggregate

Oxford United 3   York City 2

Promoted: Stevenage Borough and Oxford United

Relegated: Ebbsfleet United, Grays Athletic and Salisbury City

Football Conference North 2009/2010 Season

	AFC Telford	Alfreton Town	Blyth Spartans	Corby Town	Droylsden	Eastwood Town	Fleetwood Town	Gainsborough Trinity	Gloucester City	Harrogate Town	Hinckley	Hyde United	Ilkeston Town	Northwich Victoria	Redditch United	Solihull Moors	Southport	Stafford Rangers	Stalybridge Celtic	Vauxhall Motors	Workington
AFC Telford United		2-0	1-1	2-4	1-2	1-1	0-0	2-2	0-1	2-1	2-2	4-0	0-0	1-2	3-0	0-0	0-2	2-1	0-1	5-1	1-0
Alfreton Town	4-0		1-0	1-0	5-0	1-1	1-4	1-0	3-1	3-1	3-2	4-0	2-0	3-2	3-0	3-0	1-1	3-1	3-5	2-2	2-0
Blyth Spartans	4-0	2-0		1-2	2-2	1-3	2-3	2-1	0-3	1-0	6-1	4-3	1-4	0-1	1-0	2-0	0-2	2-2	4-1	3-2	0-0
Corby Town	1-2	1-2	4-2		1-0	1-1	0-2	2-2	3-6	3-0	1-1	2-0	2-2	1-0	2-2	1-2	1-1	3-2	5-1	4-1	0-2
Droylsden	1-5	0-0	2-1	1-2		0-1	2-0	4-1	2-2	5-0	0-0	1-0	2-0	5-1	6-1	5-3	0-3	7-1	3-2	1-1	0-1
Eastwood Town	1-1	2-1	4-2	0-1	2-1		0-1	1-0	0-3	1-0	1-0	0-3	1-1	3-1	2-1	0-3	0-0	1-3	0-0	1-1	1-2
Fleetwood Town	3-1	2-2	4-2	4-2	3-0	3-1		2-2	3-1	2-2	3-1	1-1	1-0	0-3	8-0	3-0	4-0	2-1	2-0	4-2	4-0
Gainsborough Trinity	0-1	3-2	2-0	2-0	4-2	1-4	2-0		1-0	1-1	1-1	2-1	0-0	1-4	3-0	0-0	2-4	1-3	1-3	2-0	0-1
Gloucester City	0-1	1-2	3-1	1-2	1-4	1-3	1-2	1-0		0-1	3-5	2-0	0-1	2-0	1-0	2-2	2-0	1-2	1-0	0-2	
Harrogate Town	0-3	0-4	2-5	0-4	2-2	0-1	0-1	2-0	1-1		3-1	2-0	0-1	2-1	3-2	0-1	2-3	1-4	0-4	3-0	1-2
Hinckley Town	2-0	2-1	1-1	1-1	1-1	0-0	0-2	2-0	1-0	3-2		1-2	1-1	5-1	0-3	4-1	3-1	0-0	1-1	1-2	
Hyde United	1-1	1-5	0-3	1-3	2-1	1-0	2-1	3-2	1-1	1-0	3-2		1-1	1-1	3-2	1-1	1-1	1-0	2-1	2-2	0-2
Ilkeston Town	2-1	0-0	2-1	3-2	1-0	1-0	0-1	0-0	3-3	0-1	1-1	1-1		1-1	3-2	1-1	0-3	2-3	3-2	4-0	1-3
Northwich Victoria	2-0	1-1	5-1	2-2	2-5	4-3	0-3	1-1	1-0	3-2	0-1	3-1	4-1		0-2	2-0	1-1	2-2	2-1	0-0	2-3
Redditch United	3-1	3-0	2-2	1-0	1-3	1-2	0-0	0-3	4-1	2-0	0-2	0-0	2-2	1-1		1-4	2-2	1-2	1-4	1-1	2-1
Solihull Moors	0-1	1-1	1-1	3-0	1-2	2-1	1-2	0-1	0-1	1-0	2-4	3-0	0-3	1-1	1-2		1-1	1-1	2-2	4-0	1-2
Southport	3-0	1-3	3-2	4-0	3-3	5-1	5-0	0-0	3-2	3-1	1-1	4-1	1-1	2-1	2-0	3-0		4-2	2-1	3-0	2-0
Stafford Rangers	2-0	1-1	1-1	0-2	2-2	3-3	2-2	2-1	1-0	1-0	2-3	1-1	0-1	2-2	0-1	2-3	1-2		0-2	3-1	2-0
Stalybridge Celtic	0-3	0-1	0-1	1-3	2-2	1-0	2-3	3-2	4-1	3-0	0-0	1-1	3-0	4-1	0-1	2-2		3-1		2-2	
Vauxhall Motors	3-1	1-1	1-1	2-4	1-2	3-2	2-1	2-2	0-0	1-2	1-1	4-2	1-0	0-5	0-2	1-3	2-2	3-2			1-1
Workington	2-1	1-1	3-1	1-1	0-1	1-0	1-0	1-1	2-0	1-1	0-1	2-2	0-0	0-1	1-0	1-0	0-2	1-1	1-0	1-0	

Football Conference North
Season 2009/2010

Southport	40	25	11	4	91	45	86
Fleetwood Town	40	26	7	7	86	44	85
Alfreton Town	40	21	11	8	77	45	74
Workington	40	20	10	10	46	37	70
Droylsden	40	18	10	12	82	62	64
Corby Town	40	18	9	13	73	62	63
Hinckley United	40	16	14	10	60	52	62
Ilkeston Town	40	16	13	11	53	45	61
Stalybridge Celtic	40	16	7	17	71	64	55
Eastwood Town	40	15	9	16	50	55	54
AFC Telford United	40	14	9	17	52	55	51
Northwich Victoria	40	15	13	12	62	55	48
Blyth Spartans	40	13	9	18	67	72	48
Gainsborough Trinity	40	12	11	17	50	57	47
Hyde United	40	11	12	17	45	72	45
Stafford Rangers	40	10	14	16	59	70	44
Solihull Moors	40	11	9	20	47	58	42
Gloucester City	40	12	6	22	47	59	42
Redditch United	40	10	8	22	49	83	38
Vauxhall Motors	40	7	14	19	45	81	35
Harrogate Town	40	8	6	26	41	80	30

Farsley started the season with a 10 point deduction after entering administration. They later resigned from the Conference and their record was expunged: 30 14 2 14 48 55 34

Northwich Victoria were initially thrown out of the Conference for entering administration but, after a successful appeal, started the season with a 10 point deduction. However, they were subsequently demoted at the end of the season.

Football Conference North Promotion Play-offs

Droylsden 2   Fleetwood Town 0
Workington 0   Alfreton Town 1

Fleetwood Town 3   Droylsden .... 1 (aet)
Aggregate 3-3. Fleetwood Town won 4-3 on penalties
Alfreton Town 3   Workington 1
Alfreton Town won 4-1 on aggregate

Fleetwood Town 3   Alfreton Town 1

Promoted: Southport and Fleetwood Town

Relegated: Northwich Victoria

Football Conference South 2009/2010 Season	Basingstoke Town	Bath City	Bishop's Stortford	Braintree Town	Bromley	Chelmsford City	Dorchester Town	Dover Athletic	Eastleigh	Hampton & Richmond Boro	Havant & Waterlooville	Lewes	Maidenhead United	Newport County	St. Albans City	Staines Town	Thurrock	Welling United	Weston-super-Mare	Weymouth	Woking	Worcester City
Basingstoke Town	■	1-0	0-2	0-1	2-3	2-1	2-1	1-3	0-1	1-2	1-1	1-1	0-0	1-5	1-1	0-1	0-4	1-1	2-1	2-1	1-2	0-1
Bath City	4-3	■	2-2	2-4	0-0	1-0	2-0	0-0	0-2	1-3	1-1	1-1	1-0	1-1	0-2	2-0	1-0	2-1	1-0	2-0	5-0	1-1
Bishop's Stortford	0-2	1-5	■	0-0	3-0	0-1	2-0	0-2	0-1	0-1	1-0	0-0	1-2	0-2	0-0	2-2	0-0	0-4	3-0	0-1	0-3	2-1
Braintree Town	1-2	2-0	2-0	■	1-1	2-1	2-0	1-2	1-1	1-0	0-2	3-0	2-0	1-2	2-2	2-0	3-1	1-0	1-0	3-2	1-0	0-0
Bromley	2-0	1-2	1-1	1-1	■	3-3	3-1	2-2	3-0	1-2	0-2	3-0	1-2	2-3	2-0	0-2	2-3	0-1	1-1	4-0	3-1	2-0
Chelmsford City	1-2	4-3	3-0	1-1	1-2	■	1-0	1-1	2-2	1-0	1-1	2-1	1-1	2-0	0-1	1-0	3-1	2-2	2-1	0-2	1-0	
Dorchester Town	6-1	2-2	2-0	5-0	0-0	0-3	■	1-3	1-2	0-0	4-3	1-1	4-2	0-0	3-0	2-2	1-0	1-2	4-2	0-0	1-1	1-1
Dover Athletic	2-3	2-1	2-0	0-0	1-0	0-1	4-1	■	2-1	4-2	4-0	2-0	1-1	1-2	1-1	0-0	1-0	5-3	2-0	1-0	0-2	
Eastleigh	6-0	1-1	1-1	1-2	6-1	3-1	2-0	1-2	■	0-0	0-1	1-0	0-3	1-4	0-1	0-0	2-8	1-3	3-1	4-0	0-2	4-1
Hampton & Richmond	0-1	3-1	1-3	2-2	0-2	2-1	1-2	1-4	4-1	■	1-1	1-2	4-0	0-4	3-0	1-4	1-1	2-2	2-1	3-0	0-2	2-2
Havant & Waterlooville	0-2	2-2	2-1	1-1	2-1	5-2	0-1	2-1	2-2	1-1	■	1-1	1-0	4-0	0-1	1-0	1-1	2-2	6-0	3-1	1-1	3-2
Lewes	0-0	1-2	2-1	2-2	1-0	0-2	5-0	6-2	1-2	1-0	0-3	■	1-2	0-3	0-0	1-1	3-1	2-0	1-1	3-1	0-2	3-3
Maidenhead United	3-2	1-2	4-0	0-0	4-0	0-2	1-2	0-0	0-3	2-1	0-2	1-1	■	1-3	0-3	2-1	0-2	2-0	0-0	1-1	1-2	1-1
Newport County	1-0	1-0	1-0	1-0	2-0	4-0	3-0	3-0	5-1	3-1	2-0	2-2	4-1	■	5-0	1-0	5-0	2-2	2-0	1-1	1-0	1-0
St. Albans City	2-0	0-2	2-4	1-1	2-0	0-1	2-1	1-2	2-1	1-1	1-1	1-1	1-0	0-1	■	1-3	1-0	1-2	2-1	2-1	0-1	2-0
Staines Town	0-1	1-1	2-2	2-1	2-2	1-2	3-0	0-0	1-2	4-0	1-2	2-1	1-1	1-0	4-3	■	3-0	1-1	3-0	3-1	3-0	1-1
Thurrock	0-0	3-1	2-2	1-2	3-6	1-1	5-2	0-2	3-2	0-2	0-0	3-1	2-2	2-1	0-0	1-2	■	3-2	2-1	2-1	2-2	2-1
Welling United	1-1	0-2	0-2	0-0	0-2	1-1	1-1	0-1	1-2	2-0	1-0	1-0	3-1	0-2	3-2	3-0	2-2	■	3-1	7-1	1-2	1-0
Weston-super-Mare	1-1	0-2	1-3	1-2	3-3	1-2	0-2	3-1	2-2	1-1	1-2	3-2	1-4	1-4	2-3	0-1	1-3	1-2	■	3-0	1-1	3-1
Weymouth	0-6	0-2	2-6	1-1	1-5	1-4	2-0	1-2	0-5	1-0	0-1	3-1	0-5	1-3	0-2	1-2	0-0	0-3	1-2	■	0-0	2-1
Woking	4-2	1-3	1-0	0-0	2-1	1-2	3-1	2-0	0-0	3-1	2-0	2-0	1-1	0-1	0-1	0-0	0-1	0-5	2-1	4-0	■	1-0
Worcester City	1-1	0-2	1-1	2-3	1-2	1-2	4-0	1-0	4-1	0-2	1-2	1-0	1-4	0-0	0-0	1-2	0-1	4-1	3-1	3-2		■

Football Conference South
Season 2009/2010

Newport County	42	32	7	3	93	26	103
Dover Athletic	42	22	9	11	66	47	75
Chelmsford City	42	22	9	11	62	48	75
Bath City	42	20	12	10	66	46	72
Woking	42	21	9	12	57	44	72
Havant & Waterlooville	42	19	14	9	65	44	71
Braintree Town	42	18	17	7	56	41	71
Staines Town	42	18	13	11	59	40	67
Welling United	42	18	9	15	66	51	63
Thurrock	42	16	13	13	66	60	61
Eastleigh	42	17	9	16	71	66	60
Bromley	42	15	10	17	68	64	55
St. Albans City	42	15	10	17	45	55	55
Hampton & Richmond Borough	42	14	9	19	56	66	51
Basingstoke Town	42	13	10	19	49	68	49
Maidenhead United	42	12	12	18	52	59	48
Dorchester Town	42	13	9	20	56	74	48
Bishop's Stortford	42	12	11	19	48	59	47
Lewes	42	9	15	18	49	63	42
Worcester City	42	10	10	22	48	60	40
Weston-super-Mare	42	5	8	29	48	93	23
Weymouth	42	5	7	30	31	103	22

Football Conference South Promotion Play-offs

Woking 2   Dover Athletic 1
Bath City 2   Chelmsford City 0

Dover Athletic 0   Woking 0
Woking won 2-1 on aggregate
Chelmsford City 0   Bath City 1
Bath City won 3-0 on aggregate

Bath City 1   Woking 0

Promoted: Newport County and Bath City

Relegated: Weymouth

Football Conference National 2010/2011 Season

	AFC Wimbledon	Altrincham	Barrow	Bath City	Cambridge United	Crawley Town	Darlington	Eastbourne Borough	Fleetwood Town	Forest Green Rovers	Gateshead	Grimsby Town	Hayes & Yeading	Histon	Kettering Town	Kidderminster Harriers	Luton Town	Mansfield Town	Newport County	Rushden & Diamonds	Southport	Tamworth	Wrexham	York City
AFC Wimbledon		4-1	2-0	4-0	3-0	2-1	0-2	3-0	1-0	1-1	1-0	2-1	3-1	2-0	3-2	1-2	0-0	2-1	2-2	1-0	5-0	3-0	0-1	1-0
Altrincham	0-2		2-0	0-3	2-2	0-1	2-2	3-4	1-0	2-1	1-1	2-2	4-2	0-3	3-2	1-2	0-1	0-4	1-3	2-2	1-1	2-0	0-0	0-0
Barrow	2-0	1-0		0-1	1-2	1-1	1-1	4-0	0-2	3-0	1-3	0-2	2-0	1-1	5-0	2-1	0-1	2-2	2-1	2-0	1-1	0-2	0-1	0-0
Bath City	2-2	2-2	1-1		4-0	0-2	2-2	1-1	1-1	2-4	1-0	2-1	3-1	2-1	1-1	2-0	0-0	2-2	2-1	2-1	2-0	0-2	2-2
Cambridge United	1-2	4-0	3-1	1-2		2-2	0-1	2-0	0-1	1-1	5-0	1-1	1-0	0-0	3-0	1-2	0-0	1-5	0-1	0-2	0-0	3-3	1-3	2-1
Crawley Town	3-1	7-0	3-2	2-1	3-0		1-0	3-1	1-1	1-0	2-1	0-1	5-2	5-0	2-1	2-0	1-1	2-0	2-3	4-0	1-0	3-1	3-2	1-1
Darlington	0-0	0-1	3-1	3-1	1-0	1-1		6-1	4-0	3-0	2-0	0-1	3-1	1-1	1-1	2-2	1-0	2-0	1-0	1-0	1-0	0-1
Eastbourne Borough	2-3	5-0	0-2	2-0	0-2	1-2	1-1		0-6	0-0	0-3	2-3	5-0	2-1	1-3	1-2	1-2	1-2	1-3	0-0	0-2	4-1	1-4	4-3	2-1
Fleetwood Town	1-1	3-1	1-0	2-1	2-2	1-2	1-0	0-1		2-0	0-0	3-0	1-1	1-1	4-1	1-1	0-3	3-0	1-1	1-1	2-0	2-1	1-0	2-1
Forest Green Rovers	0-0	1-0	2-3	0-0	1-1	0-3	1-1	3-4	1-0		1-1	3-3	1-0	0-2	1-0	2-1	0-0	2-2	0-0	4-0	3-0	2-1
Gateshead	0-2	2-0	3-0	1-1	2-3	0-0	2-2	3-0	0-2	1-1		0-0	1-0	2-0	0-0	2-2	1-0	1-7	2-1	1-0	3-1	0-1	0-3
Grimsby Town	2-1	0-1	1-1	2-2	1-1	0-0	0-1	2-2	1-2	1-1	2-2		1-2	2-1	2-1	3-3	2-0	7-2	2-0	1-1	1-1	2-2	2-1	0-0
Hayes & Yeading United	0-0	0-1	2-0	2-1	2-0	0-3	3-2	2-1	1-2	3-4	3-1	0-3		1-2	3-2	0-4	0-1	4-0	1-2	3-3	1-0	2-1	0-3	1-2
Histon	0-4	3-0	3-1	1-2	0-2	0-2	0-1	1-1	1-0	0-3	1-3	1-6	0-1		0-3	0-1	1-0	2-3	0-0	0-2	2-1	1-2	1-1	1-2
Kettering Town	1-2	3-3	1-1	2-1	2-2	0-0	0-0	3-0	2-1	2-1	1-4	1-2	2-1	4-3		1-1	1-3	0-2	2-0	0-1	3-1	0-1	1-1	1-1
Kidderminster Harriers	2-0	2-1	2-0	1-0	0-0	0-1	1-2	2-1	2-1	1-0	2-1	3-2	3-1	2-2	4-1		3-3	1-3	2-3	1-0	3-4	2-2	1-0	0-0
Luton Town	3-0	2-1	0-0	3-1	2-0	1-2	4-0	1-3	6-1	2-2	1-0	2-2	5-1	5-2	1-1		2-0	1-1	3-0	6-0	2-0	1-1	5-0
Mansfield Town	2-5	0-1	1-1	2-0	1-0	1-4	1-1	4-0	2-5	3-1	2-0	3-2	1-0	1-1	1-2	0-0		3-3	2-1	2-2	0-1	2-3	5-0
Newport County	3-3	2-1	5-0	1-2	1-1	0-1	2-1	5-5	3-3	1-3	3-1	3-1	2-1	2-1	2-2	1-2	3-0	1-1		1-0	1-3	2-0	1-1	4-0
Rushden & Diamonds	1-0	1-2	5-0	5-1	2-1	0-1	2-1	2-0	1-1	2-2	4-1	1-1	2-0	1-2	0-1	1-0	0-1		2-2	1-1	2-2	0-4
Southport	0-1	1-0	2-4	2-3	1-1	0-4	1-3	0-1	4-0	5-1	2-2	0-0	3-1	1-2	2-2	2-1	1-2	2-2		2-1	0-1	4-0
Tamworth	2-5	1-0	2-2	2-2	1-1	0-3	1-1	4-2	0-2	2-1	1-1	2-1	2-3	0-1	3-1	2-2	3-1	0-2	3-2	1-2	0-1		1-1	1-3
Wrexham	1-2	2-1	1-1	2-0	1-0	0-0	2-1	2-1	0-0	2-1	2-7	2-0	0-2	4-0	2-0	2-2	1-0	1-1	1-0	1-1	2-1	4-2		1-1
York City	4-1	3-0	0-0	1-1	0-0	1-1	0-0	1-0	1-0	2-1	2-1	1-0	2-0	1-0	0-1	1-2	1-0	2-1	2-1	2-0	2-0	1-2	1-1	

Football Conference National
Season 2010/2011

Team	P	W	D	L	F	A	Pts
Crawley Town	46	31	12	3	93	30	105
AFC Wimbledon	46	27	9	10	83	47	90
Luton Town	46	23	15	8	85	37	84
Wrexham	46	22	15	9	66	49	81
Fleetwood Town	46	22	12	12	68	42	78
Kidderminster Harriers	46	20	17	9	74	60	72
Darlington	46	18	17	11	61	42	71
York City	46	19	14	13	55	50	71
Newport County	46	18	15	13	78	60	69
Bath City	46	16	15	15	64	68	63
Grimsby Town	46	15	15	14	72	62	62
Mansfield Town	46	17	10	19	73	75	61
Rushden & Diamonds	46	16	14	16	65	62	57
Gateshead	46	14	15	17	65	68	57
Kettering Town	46	15	13	18	64	75	56
Hayes & Yeading United	46	15	6	25	57	81	51
Cambridge United	46	11	17	18	53	61	50
Barrow	46	12	14	20	52	67	50
Tamworth	46	12	13	21	62	83	49
Forest Green Rovers	46	10	16	20	53	72	46
Southport	46	11	13	22	56	77	46
Altrincham	46	11	11	24	47	87	44
Eastbourne Borough	46	10	9	27	62	104	39
Histon	46	8	9	29	41	90	28

Kidderminster Harriers, Histon and Rushden & Diamonds each had 5 points deducted.

Kettering Town had two points deducted.

Rushden & Diamonds were expelled from the Football Conference on 11th June 2011.

Football Conference National Promotion Play-offs

Fleetwood Town 0   AFC Wimbledon 3
Wrexham 0   Luton Town 3

AFC Wimbledon 6   Fleetwood Town 1
AFC Wimbledon won 8-1 on aggregate
Luton Town 2   Wrexham 1
Luton Town won 5-1 on aggregate

AFC Wimbledon 0   Luton Town .... 0 (aet)
AFC Wimbledon won 4-3 on penalties

Promoted: Crawley Town and AFC Wimbledon

Relegated: Altrincham, Eastbourne Borough and Histon

Football Conference North — 2010/2011 Season

	AFC Telford United	Alfreton Town	Blyth Spartans	Boston United	Corby Town	Droylsden	Eastwood Town	Gainsborough Trinity	Gloucester City	Guiseley	Harrogate Town	Hinckley United	Hyde	Ilkeston Town	Nuneaton Town	Redditch United	Solihull Moors	Stafford Rangers	Stalybridge Celtic	Vauxhall Motors	Worcester City	Workington
AFC Telford United	■	2-1	1-1	0-1	5-0	1-1	2-2	2-1	2-0	1-0	3-0	2-2	5-0		4-1	3-1	2-4	0-0	1-0	4-1	1-1	1-0
Alfreton Town	0-0	■	2-1	0-1	6-0	4-0	2-2	2-1	4-0	6-0	6-0	1-0	0-0		3-2	4-0	2-0	2-0	5-3	2-0	2-1	2-0
Blyth Spartans	3-0	1-4	■	0-0	1-1	2-4	0-0	1-3	0-2	0-0	1-0	4-0	3-0		1-0	2-0	0-1	3-2	1-2	2-2	3-0	2-1
Boston United	0-1	3-2	5-0	■	1-0	2-0	1-0	1-3	1-0	1-1	2-2	3-0	2-2		1-2	1-0	1-1	1-0	1-1	2-0	1-0	4-0
Corby Town	0-0	0-1	3-4	0-0	■	1-0	1-6	3-1	0-2	2-2	2-1	2-0	1-2		2-3	3-2	0-2	1-3	2-2	3-1	1-1	1-0
Droylsden	2-4	2-1	0-3	4-0	1-1	■	4-2	1-1	2-4	0-3	5-1	3-2	3-1		1-0	3-0	0-5	2-2	1-3	2-1		3-0
Eastwood Town	3-0	4-2	0-2	2-2	2-1	2-0	■	2-0	1-2	2-0	1-0	6-2	1-0		2-1	2-1	3-0	1-1	3-1	2-4		0-2
Gainsborough Trinity	0-5	0-3	0-2	0-3	3-1	0-3	1-3	■	2-0	1-3	1-3	0-1	2-1		1-2	3-0	1-0	1-0	2-2	1-3	1-1	0-2	1-1
Gloucester City	2-2	2-1	1-2	0-1	0-2	1-1	1-3	0-2	■	1-2	3-2	2-1	1-0		0-3	5-0	2-4	1-2	0-2	1-0	1-1	2-0
Guiseley	0-3	1-2	0-0	0-0	4-0	2-1	2-2	2-0	1-1	■	1-0	3-2	1-0		1-2	1-0	1-1	3-1	1-2	0-1	2-2	
Harrogate Town	0-0	1-1	2-2	3-6	0-1	3-3	2-1	3-1	3-0	0-0	■	2-2	1-3		1-2	3-0	2-0	3-2	2-0	0-0	1-0	2-0
Hinckley United	1-1	1-3	5-1	0-1	3-3	1-1	2-3	3-1	3-0	1-2	4-0	■	2-0		0-3	4-0	2-2	4-0	5-2	3-1	1-2	
Hyde	0-3	1-5	0-2	0-3	2-1	1-1	1-2	1-1	1-3	0-1	1-0	3-0	■		1-1	1-4	1-2	1-0	2-1	1-2	0-2	2-3
Ilkeston Town														■								
Nuneaton Town	0-0	1-3	3-2	1-1	2-3	1-1	2-1	1-2	0-0	1-3	3-0	2-0	1-2		■	1-1	2-1	1-0	2-1	3-0	2-1	2-1
Redditch United	1-1	1-5	2-1	0-9	2-2	1-3	0-6	1-4	0-1	2-3	0-1	2-3	0-1		0-5	■	0-0	0-1	1-3	2-2	0-0	1-1
Solihull Moors	0-1	0-1	2-0	1-0	7-2	2-2	2-0	0-2	2-1	0-0	1-2	2-7	3-2		1-1	3-0	■	1-1	3-1	1-0	2-0	1-0
Stafford Rangers	0-2	0-1	2-1	0-4	3-5	1-5	0-2	3-1	0-2	2-2	1-1	1-3	0-5		1-2	2-0	1-0	■	1-3	1-0	1-1	
Stalybridge Celtic	0-1	1-2	0-0	3-1	1-1	4-0	2-1	2-0	4-3	0-0	1-1	1-2			0-2	2-0	1-1	3-2	■	1-3	0-0	2-1
Vauxhall Motors	0-1	0-2	2-6	0-0	3-2	0-1	1-2	1-0	2-1	2-2	1-1	2-0	3-2		1-1	2-1	3-3	2-1	0-3	■	2-3	1-2
Worcester City	0-3	1-2	1-0	2-0	0-2	0-1	1-1	1-2	2-0	1-2	2-3	3-2	4-2		2-2	1-1	0-1	2-2	1-0	4-1	■	1-2
Workington	0-1	0-0	1-1	3-5	1-2	2-0	0-3	4-2	2-1	0-1	2-1	3-1	1-1		0-1	5-1	2-1	2-0	0-5	2-1	2-0	■

Football Conference North
Season 2010/2011

Team	P	W	D	L	F	A	Pts
Alfreton Town	40	29	5	6	97	33	92
AFC Telford United	40	23	13	4	71	29	82
Boston United	40	23	10	7	72	33	79
Eastwood Town	40	22	7	11	82	50	73
Guiseley	40	20	13	7	56	41	73
Nuneaton Town	40	21	9	10	66	44	72
Solihull Moors	40	18	10	12	66	49	64
Droylsden	40	17	9	14	69	67	60
Blyth Spartans	40	16	10	14	61	54	58
Stalybridge Celtic	40	16	9	15	64	55	57
Workington	40	16	6	18	52	60	54
Harrogate Town	40	13	11	16	53	66	50
Corby Town	40	13	10	17	58	80	49
Gloucester City	40	14	5	21	49	63	47
Hinckley United	40	13	7	20	76	76	46
Worcester City	40	12	10	18	49	55	46
Vauxhall Motors	40	12	9	19	52	71	45
Gainsborough Trinity	40	12	5	23	50	74	41
Hyde	40	10	6	24	44	73	36
Stafford Rangers	40	8	8	24	39	78	32
Redditch United	40	2	8	30	30	105	9

Redditch United had 5 points deducted.
Ilkeston Town were wound-up on 8th September 2010 and the club was expelled from the league on 15th September 2010.
Their record was expunged: 7 1 3 3 7 13 7

Eastwood Town were not allowed to participate in the promotion play-offs as their ground did not meet the standards required for membership of the Conference National.

Football Conference North Promotion Play-offs

Nuneaton Town	1	AFC Telford United	1
Guiseley	1	Boston United	0

AFC Telford United 2   Nuneaton Town 1
AFC Telford won 3-2 on aggregate

Boston United 3   Guiseley .... 2 (aet)
Aggregate 3-3. Guiseley won 3-2 on penalties

AFC Telford United 3   Guiseley 2

Promoted: Alfreton Town and AFC Telford United

Relegated: Stafford Rangers and Redditch United

Football Conference South 2010/2011 Season	Basingstoke Town	Bishop's Stortford	Boreham Wood	Braintree Town	Bromley	Chelmsford City	Dartford	Dorchester Town	Dover Athletic	Eastleigh	Ebbsfleet United	Farnborough	Hampton & Richmond Boro	Havant & Waterlooville	Lewes	Maidenhead United	St. Albans City	Staines Town	Thurrock	Welling United	Weston-super-Mare	Woking
Basingstoke Town		0-1	1-0	0-2	4-1	2-3	2-2	1-0	3-2	1-2	1-2	1-0	4-0	0-2	1-1	3-4	0-2	4-1	2-2	1-3	2-2	1-0
Bishop's Stortford	0-2		2-0	1-2	0-1	2-2	0-1	2-1	1-4	0-1	0-3	1-4	0-2	1-5	1-0	0-0	4-0	2-1	1-0	0-4	1-1	0-4
Boreham Wood	1-0	1-2		0-2	2-4	2-0	3-1	0-0	2-3	2-1	0-1	2-4	2-2	1-0	3-0	4-2	0-3	2-2	2-2	0-1	6-3	0-0
Braintree Town	5-2	3-1	3-2		0-2	3-0	1-1	1-1	1-2	1-0	4-1	3-0	3-1	2-0	1-0	3-1	1-1	0-0	1-0	3-1	4-0	2-0
Bromley	0-1	4-3	1-1	0-3		0-3	4-1	2-1	0-2	0-2	1-1	0-0	1-2	1-0	1-0	0-2	1-1	0-1	1-0	2-1	3-2	2-2
Chelmsford City	4-0	4-1	3-1	0-0	2-0		2-0	2-0	2-2	3-0	2-3	0-1	3-1	1-2	4-0	2-0	1-1	3-1	6-1	0-2	1-0	3-0
Dartford	1-0	3-0	1-4	1-0	2-2	1-2		0-4	4-0	0-0	1-1	4-1	0-4	2-2	3-0	3-0	2-2	1-1	0-1	1-1	4-1	3-2
Dorchester Town	0-1	0-0	3-1	1-0	0-0	1-1	0-2		0-0	0-4	1-2	2-1	2-2	0-0	0-0	1-2	1-3	3-3	3-1	3-3	1-0	1-2
Dover Athletic	3-0	2-0	1-0	1-2	1-1	2-3	0-2	2-1		0-1	1-3	6-3	1-0	0-0	4-0	2-2	4-1	1-1	1-0	2-2	0-1	2-2
Eastleigh	0-1	1-2	3-0	0-2	1-0	2-1	3-0	3-0	0-2		0-3	0-3	3-0	4-2	2-1	3-0	4-2	1-4	3-1	1-4	1-1	4-1
Ebbsfleet United	3-1	0-0	2-2	0-0	1-2	1-3	2-1	3-2	0-2	2-2		0-3	1-0	2-1	1-0	1-2	4-0	1-1	2-2	4-0	3-1	1-1
Farnborough	1-1	3-2	0-1	2-1	2-2	3-1	2-1	0-0	4-1	1-2	1-2		2-0	1-0	2-2	1-0	0-0	3-2	2-2	2-0	1-2
Hampton & Richmond	2-2	0-3	0-0	0-1	1-2	3-0	1-0	2-2	3-2	2-2	2-4	0-4		0-1	1-2	1-1	0-0	0-0	0-0	1-2	2-2	2-0
Havant & Waterlooville	2-0	4-1	2-1	1-2	2-0	1-2	1-0	3-1	0-0	2-2	2-3	0-3	1-2		1-2	2-1	0-1	1-1	4-1	1-3	0-0	1-1
Lewes	0-0	1-2	2-2	2-1	0-0	0-1	1-1	0-2	0-3	1-4	0-3	1-5	1-2	2-1		1-0	3-1	0-1	2-1	1-3	1-1	0-4
Maidenhead United	1-1	2-2	1-1	0-3	0-2	1-2	2-3	1-1	0-1	1-0	1-1	0-3	0-0	0-1	0-2		2-1	2-3	1-3	0-3	1-0	0-1
St. Albans City	0-0	1-4	0-1	0-0	1-1	0-2	1-2	1-4	1-5	0-1	1-2	0-2	1-1	1-1	0-0	1-0		2-0	0-2	1-0	3-4	0-1
Staines Town	1-1	3-0	0-0	4-4	0-2	2-1	2-0	1-2	1-0	0-5	0-2	1-2	1-2	0-1	1-0	1-2	2-2		1-1	1-2	2-1	1-0
Thurrock	0-3	1-3	1-3	0-3	1-2	1-1	1-1	2-7	2-1	0-0	2-4	2-2	1-1	3-1	1-2	2-2	2-1		2-1	3-0	0-1
Welling United	4-0	3-1	3-1	1-3	3-1	3-2	2-1	1-2	4-2	1-1	1-0	0-0	0-2	2-1	2-1	6-0	4-0	1-1		1-0	2-0
Weston-super-Mare	1-0	3-1	2-0	2-1	7-0	2-2	0-1	1-0	1-4	0-2	3-2	0-2	0-0	1-1	0-3	3-1	2-1	2-1	2-1	2-0		0-1
Woking	2-0	2-0	3-0	0-1	1-0	2-2	2-2	2-1	0-1	1-1	3-0	1-1	2-1	3-1	2-1	0-2	2-0	1-0	0-0	4-3		

Football Conference South

Season 2010/2011

Braintree Town	42	27	8	7	78	33	89
Farnborough	42	25	7	10	83	47	82
Ebbsfleet United	42	22	12	8	75	51	78
Chelmsford City	42	23	8	11	82	50	77
Woking	42	22	10	10	62	42	76
Welling United	42	24	8	10	81	47	75
Dover Athletic	42	22	8	12	80	51	74
Eastleigh	42	22	6	14	74	53	72
Havant & Waterlooville	42	16	10	16	56	51	58
Dartford	42	15	12	15	60	60	57
Bromley	42	15	12	15	49	61	57
Weston-super-Mare	42	15	8	19	56	67	53
Basingstoke Town	42	13	10	19	50	63	49
Boreham Wood	42	12	11	19	56	67	47
Staines Town	42	11	14	17	48	63	47
Bishop's Stortford	42	13	6	23	48	79	45
Dorchester Town	42	10	14	18	49	59	44
Hampton & Richmond Borough	42	9	15	18	43	60	42
Maidenhead United	42	10	10	22	43	70	40
Thurrock	42	8	13	21	50	77	37
Lewes	42	9	9	24	34	70	36
St. Albans City	42	7	13	22	39	75	24

St. Albans City had 10 points deducted.
Welling United had 5 points deducted.

Football Conference South Promotion Play-offs

Woking 0   Farnborough 1
Chelmsford City 1   Ebbsfleet United 4

Farnborough 1   Woking .... 1 (aet)
Farnborough won 2-1 on aggregate
Ebbsfleet United 2   Chelmsford City 1
Ebbsfleet United won 6-2 on aggregate

Farnborough 2   Ebbsfleet United 4

Promoted: Braintree Town and Ebbsfleet United

Relegated: Lewes and St. Albans City

Football Conference National 2011/2012 Season

	AFC Telford United	Alfreton Town	Barrow	Bath City	Braintree Town	Cambridge United	Darlington	Ebbsfleet United	Fleetwood Town	Forest Green Rovers	Gateshead	Grimsby Town	Hayes & Yeading	Kettering Town	Kidderminster Harriers	Lincoln City	Luton Town	Mansfield Town	Newport County	Southport	Stockport County	Tamworth	Wrexham	York City
AFC Telford United		1-0	1-0	2-1	1-0	1-2	3-3	0-2	1-4	2-0	1-2	0-0	1-1	3-1	2-1	1-2	0-2	0-0	2-1	0-1	1-1	1-0	0-2	0-0
Alfreton Town	0-0		2-1	2-1	0-1	2-1	3-1	2-2	1-4	1-6	1-1	2-5	3-2	1-1	0-2	1-3	0-0	3-6	3-2	0-0	6-1	5-2	1-4	0-2
Barrow	2-1	1-0		0-1	0-4	1-3	3-0	1-1	4-0	1-1	1-2	2-2	3-1	3-0	3-1	1-0	1-0	2-3	3-1	2-2	1-0	1-1	3-1	0-0
Bath City	3-1	0-3	0-1		1-1	3-4	2-0	2-3	1-4	0-2	4-2	2-2	0-1	0-1	1-2	2-1	1-1	1-1	3-2	1-2	0-2	0-2	0-2	0-1
Braintree Town	2-1	1-2	1-0	3-3		3-2	3-1	2-3	1-2	1-5	3-1	5-0	0-3	2-1	1-4	1-0	3-1	1-1	1-0	0-0	2-2	3-1	0-0	0-1
Cambridge United	1-0	3-0	1-0	1-1	2-0		2-0	2-0	2-0	1-1	0-1	0-1	2-1	2-0	1-2	2-0	1-1	1-2	1-1	3-0	2-2	0-1	1-1	0-1
Darlington	1-0	1-1	0-1	2-2	1-0	2-0		0-2	0-1	0-0	0-0	1-1	3-1	1-0	3-1	1-1	0-2	2-0	0-3	0-1	2-0	2-4	2-2	
Ebbsfleet United	3-2	1-2	1-2	3-0	1-1	0-0	1-3		1-3	1-1	0-1	3-1	1-0	3-3	2-3	2-3	1-1	1-2	2-1	3-0	0-5	1-2		
Fleetwood Town	2-2	4-0	4-1	4-1	3-1	1-0	0-0	6-2		0-0	3-1	2-1	1-0	3-0	5-2	2-2	0-2	2-0	1-4	2-2	2-1	2-2	1-1	0-0
Forest Green Rovers	2-1	4-1	3-0	3-0	0-2	2-1	2-0	3-1	1-2		2-1	0-1	1-3	0-1	1-1	0-2	3-0	1-1	1-2	3-0	1-1	3-1	1-0	1-1
Gateshead	3-0	2-0	2-0	1-0	2-2	1-1	1-1	2-3	1-1	1-0		1-0	2-0	1-1	3-3	0-0	3-0	2-3	2-3	2-0	1-1	1-4	3-2	
Grimsby Town	2-0	5-2	5-2	6-0	1-1	2-1	1-2	4-3	0-2	2-1	2-0		3-0	2-1	3-1	2-0	1-1	0-1	7-0	0-0	1-3	2-3		
Hayes & Yeading United	0-0	3-1	1-1	1-1	1-2	0-0	3-2	1-2	1-3	2-0	2-3	1-2		1-0	1-3	1-2	2-2	1-3	0-4	0-2	1-2	1-0	0-2	2-4
Kettering Town	2-1	0-2	1-1	1-1	2-1	0-0	2-2	2-3	1-3	2-1	1-2	3-5	0-1		1-0	0-5	3-2	2-3	1-3	0-2	0-1	1-5		
Kidderminster Harriers	2-2	3-1	1-2	4-1	5-4	0-0	3-1	2-2	0-2	1-0	2-3	1-1	3-1	6-1		1-1	1-2	3-2	2-0	1-1	2-0	0-1	1-1	
Lincoln City	1-1	0-1	2-1	2-0	3-3	0-1	5-0	3-0	1-3	1-1	1-0	1-2	0-1	0-2	0-1		1-1	1-1	2-0	2-0	1-1	4-0	1-2	0-2
Luton Town	1-1	1-0	5-1	2-0	3-1	1-2	3-0	1-2	1-1	5-1	1-1	4-2	5-0	1-0	1-0		0-0	2-1	5-1	1-0	3-0	0-1	1-2	
Mansfield Town	1-1	3-2	7-0	1-1	4-1	1-2	5-2	1-0	1-1	2-1	3-2	3-0	0-3	2-1	1-1		5-0	1-3	2-1	2-0	1-1			
Newport County	0-0	1-0	2-2	1-0	3-4	0-1	0-0	0-1	0-0	1-1	0-0	4-0	3-1	1-3	0-1	1-0		0-3	1-1	1-2	0-1	2-1		
Southport	3-2	2-1	2-1	2-1	0-4	1-0	2-0	3-3	0-6	1-3	1-2	1-2	0-0	1-2	2-2	3-3	3-1	1-1		5-0	1-1	0-0	1-1	
Stockport County	2-2	0-0	3-2	4-0	1-1	0-1	3-4	1-1	2-4	0-1	2-0	3-3	1-0	2-1	4-0	1-1	0-1	2-2	0-1		2-0	1-2		
Tamworth	2-2	2-2	2-3	0-1	1-0	2-2	1-0	1-0	0-3	0-1	1-1	2-1	2-2	0-0	4-0	1-3	0-2	2-1	2-2	1-1		1-2	2-1	
Wrexham	4-0	0-1	2-0	2-0	5-1	1-1	2-1	1-0	2-0	1-2	2-1	2-2	4-1	4-1	2-0	2-0	2-0	1-3	0-0	2-0	4-0	3-0		0-3
York City	0-1	0-1	3-1	1-0	6-2	2-2	2-2	3-2	0-1	1-0	1-2	2-1	2-0	7-0	2-3	2-0	3-0	2-2	1-1	1-2	2-1	0-0	0-0	

Football Conference National

Season 2011/2012

Fleetwood Town	46	31	10	5	102	48	103
Wrexham	46	30	8	8	85	33	98
Mansfield Town	46	25	14	7	87	48	89
York City	46	23	14	9	81	45	83
Luton Town	46	22	15	9	78	42	81
Kidderminster Harriers	46	22	10	14	82	63	76
Southport	46	21	13	12	72	69	76
Gateshead	46	21	11	14	69	62	74
Cambridge United	46	19	14	13	57	41	71
Forest Green Rovers	46	19	13	14	66	45	70
Grimsby Town	46	19	13	14	79	60	70
Braintree Town	46	17	11	18	76	80	62
Barrow	46	17	9	20	62	76	60
Ebbsfleet United	46	14	12	20	69	84	54
Alfreton Town	46	15	9	22	62	86	54
Stockport County	46	12	15	19	58	74	51
Lincoln City	46	13	10	23	56	66	49
Tamworth	46	11	15	20	47	70	48
Newport County	46	11	14	21	53	65	47
AFC Telford United	46	10	16	20	45	65	46
Hayes & Yeading United	46	11	8	27	58	90	41
Darlington	46	11	13	22	47	73	36
Bath City	46	7	10	29	43	89	31
Kettering Town	46	8	9	29	40	100	30

Darlington had 10 points deducted for entering administration. At the end of the season they were relegated four divisions for exiting administration without a CVA.

Kettering Town had 3 points deducted for failing to pay football creditors. At the end of the season they resigned from the Football Conference, dropping down two divisions.

Football Conference National Promotion Play-offs

Luton Town 2   Wrexham 0
York City 1   Mansfield Town 1

Wrexham 2   Luton Town 1
Luton Town won 3-2 on aggregate
Mansfield Town 0   York City .... 1 (aet)
York City won 2-1 on aggregate

Luton Town 1   York City 2

Promoted: Fleetwood Town and York City

Relegated: Hayes & Yeading United, Darlington, Bath City and Kettering Town

	Altrincham	Bishop's Stortford	Blyth Spartans	Boston United	Colwyn Bay	Corby Town	Droylsden	Eastwood Town	FC Halifax Town	Gainsborough Trinity	Gloucester City	Guiseley	Harrogate Town	Hinckley United	Histon	Hyde	Nuneaton Town	Solihull Moors	Stalybridge Celtic	Vauxhall Motors	Worcester City	Workington
Altrincham		0-2	2-1	6-1	3-4	1-1	5-1	2-0	1-1	2-3	1-2	2-2	5-2	2-2	3-0	1-3	2-0	1-1	2-1	3-2	4-1	1-1
Bishop's Stortford	1-0		3-3	0-1	0-2	0-2	5-0	4-0	1-3	1-1	3-2	4-1	3-4	5-0	0-2	0-1	0-3	1-0	0-3	2-0	1-1	1-1
Blyth Spartans	1-1	3-1		1-0	2-2	1-2	1-3	1-0	2-3	2-3	0-1	1-2	3-3	3-3	2-1	0-1	2-3	2-1	1-1	1-2	1-2	0-3
Boston United	1-1	0-2	1-1		2-2	1-1	2-1	4-2	0-0	1-2	2-0	3-3	0-2	2-0	1-1	2-0	0-0	0-1	3-2	1-2	2-3	2-1
Colwyn Bay	1-6	4-1	0-2	3-2		0-2	6-3	2-0	0-1	2-1	4-2	1-2	2-2	0-5	2-1	0-1	1-6	0-0	2-0	0-0	0-2	1-0
Corby Town	1-3	6-1	4-0	1-2	1-0		5-2	5-0	2-4	1-3	0-1	0-1	0-5	0-2	0-2	0-4	0-2	0-3	1-2	1-0	2-3	3-3
Droylsden	3-1	2-2	3-3	2-1	2-1	2-1		3-3	2-1	1-2	1-2	2-0	1-1	2-3	2-3	2-3	2-1	1-0	3-3	5-2	4-1	1-1
Eastwood Town	1-6	3-4	0-0	2-2	0-1	1-4	2-2		2-2	1-6	2-1	2-2	0-1	0-3	1-2	2-2	0-5	1-1	0-1	2-4	0-1	0-3
FC Halifax Town	2-4	0-1	3-0	3-2	1-1	1-3	2-1	2-1		2-2	0-0	1-2	3-1	6-1	4-0	3-2	0-3	0-0	2-2	1-5	2-1	3-1
Gainsborough Trinity	2-0	4-2	2-0	1-3	2-0	1-0	1-2	2-0	0-1		1-4	1-0	0-1	2-1	3-2	2-0	3-1	3-1	3-1	1-1	2-2	2-0
Gloucester City	1-1	0-2	4-0	1-3	0-1	0-0	1-3	2-0	1-3	0-2		2-1	1-0	2-2	0-1	0-2	1-0	1-2	2-3	3-1	2-0	
Guiseley	3-2	0-1	5-0	2-1	2-0	3-0	4-3	1-2	3-4	2-0	3-2		2-1	3-0	2-2	2-0	1-1	3-1	1-1	4-1	4-1	2-1
Harrogate Town	3-2	1-1	0-0	0-2	4-0	6-2	0-0	2-1	0-0	2-1	2-0	0-4		2-1	0-0	0-3	0-2	1-1	1-1	1-2	0-2	0-0
Hinckley United	1-4	1-3	1-3	1-2	3-1	0-3	1-1	4-0	3-2	3-0	2-3	0-1	1-2		0-3	0-0	1-1	1-2	5-5	2-2	2-3	4-2
Histon	2-3	2-3	2-2	1-3	0-0	1-1	5-5	3-0	1-4	1-1	4-3	2-3	2-4	0	2-3		1-1	1-1	3-0	1-1	3-3	1-5	2-0
Hyde	2-1	5-0	1-0	4-1	3-2	2-2	4-0	4-1	1-1	3-1	0-0	3-2	4-0	4-0		1-1	3-0	1-1	4-2	2-1	4-0
Nuneaton Town	2-1	2-0	2-2	2-0	1-1	2-0	2-1	4-0	1-0	0-1	0-0	1-1	2-0	2-5	3-2	2-0		0-1	1-2	2-1	3-0	2-1
Solihull Moors	2-0	3-1	2-2	1-0	1-0	1-2	0-2	0-2	5-3	1-0	0-1	5-1	1-2	0-2	1-0	0-0		1-1	2-3	0-0	2-1	
Stalybridge Celtic	5-1	2-3	2-0	3-0	0-4	2-2	1-3	2-1	2-1	4-0	2-2	0-3	3-2	4-2	2-0	1-3	4-1	2-0		4-2	2-0	1-3
Vauxhall Motors	2-2	4-3	2-1	0-4	1-0	2-1	1-1	1-2	1-3	3-1	0-2	1-1	0-1	1-2	1-1	0-2	1-2	2-1	1-0		3-2	0-1
Worcester City	3-0	2-1	2-1	3-0	0-1	0-2	0-2	1-0	1-1	2-1	2-2	3-2	1-1	1-1	2-2	1-1	3-0	0-0	2-0		0-1
Workington	1-2	1-1	2-0	1-2	3-1	1-1	3-1	3-0	1-2	0-2	3-0	1-3	2-1	3-1	0-1	1-2	1-1	1-1	2-5	2-1	0-0	

Football Conference North

Season 2011/2012

Team	P	W	D	L	F	A	Pts
Hyde	42	27	9	6	90	36	90
Guiseley	42	25	10	7	87	50	85
FC Halifax Town	42	21	11	10	80	59	74
Gainsborough Trinity	42	23	5	14	74	61	74
Nuneaton Town	42	22	12	8	74	41	72
Stalybridge Celtic	42	20	11	11	83	64	71
Worcester City	42	18	11	13	63	58	65
Altrincham	42	17	10	15	90	71	61
Droylsden	42	16	11	15	83	86	59
Bishop's Stortford	42	17	7	18	70	75	58
Boston United	42	15	9	18	60	67	54
Colwyn Bay	42	15	8	19	55	71	53
Workington	42	14	10	18	56	61	52
Gloucester City	42	15	7	20	53	60	52
Harrogate Town	42	14	10	18	59	69	52
Histon	42	12	15	15	67	72	51
Corby Town	42	14	8	20	69	71	50
Vauxhall Motors	42	14	8	20	63	78	50
Solihull Moors	42	13	10	19	44	54	49
Hinckley United	42	13	9	20	75	90	48
Blyth Spartans	42	7	13	22	50	80	34
Eastwood Town	42	4	8	30	37	105	20

Nuneaton Town had 6 points deducted for fielding an ineligible player.

Football Conference North Promotion Play-offs

Gainsborough Trinity .... 2 FC Halifax Town 2
Nuneaton Town .... 1 Guiseley 1

FC Halifax Town .... 0 Gainsborough Trinity 1
Gainsborough Trinity won 3-2 on aggregate
Guiseley .... 0 Nuneaton Town .... 1 (aet)
Aggregate 3-3. Nuneaton Town won 3-2 on penalties

Gainsborough Trinity .... 0 Nuneaton Town 1

Promoted: Hyde and Nuneaton Town

Relegated: Blyth Spartans and Eastwood Town

Football Conference South 2011/2012 Season	Basingstoke Town	Boreham Wood	Bromley	Chelmsford City	Dartford	Dorchester Town	Dover Athletic	Eastbourne Borough	Eastleigh	Farnborough	Hampton & Richmond Boro	Havant & Waterlooville	Maidenhead United	Salisbury City	Staines Town	Sutton United	Thurrock	Tonbridge Angels	Truro City	Welling United	Weston-super-Mare	Woking
Basingstoke Town	■	1-1	1-0	1-1	3-2	1-0	1-1	3-0	1-0	4-3	2-2	3-2	1-3	2-2	1-1	1-2	3-1	0-2	2-1	0-1	4-1	0-3
Boreham Wood	1-1	■	2-1	1-3	3-1	2-2	4-2	1-1	6-1	4-0	2-1	0-1	1-0	1-1	1-2	1-1	2-1	4-2	1-2	2-1	3-0	1-2
Bromley	1-3	4-0	■	1-0	1-2	0-0	0-1	1-3	0-0	1-1	1-2	0-0	0-1	2-2	1-1	3-0	0-0	2-2	1-1	1-1	1-0	2-4
Chelmsford City	0-1	0-0	6-1	■	0-0	0-0	2-3	1-0	3-0	2-2	1-0	3-1	2-0	2-3	0-1	2-3	1-0	0-1	2-2	0-1	3-2	1-3
Dartford	4-1	2-2	3-1	0-0	■	1-1	3-1	2-1	3-0	3-0	2-1	3-1	2-1	2-0	2-1	6-1	6-0	3-1	1-2	1-0	1-1	2-3
Dorchester Town	2-1	0-1	1-1	1-2	1-0	■	1-1	0-3	1-3	3-3	1-0	3-6	4-0	0-3	0-3	0-0	3-0	3-1	2-3	3-2	1-3	0-0
Dover Athletic	0-0	0-2	4-1	2-1	2-2	4-0	■	1-1	2-0	0-0	1-1	2-2	1-1	0-4	0-2	3-1	0-0	3-1	0-1	0-1	1-0	0-3
Eastbourne Borough	0-2	3-2	5-0	1-3	0-1	1-4	2-2	■	3-0	1-1	2-0	2-1	0-2	1-3	0-1	1-0	0-0	2-1	1-2	2-2	0-3	1-2	2-1
Eastleigh	0-2	2-0	0-2	1-1	2-2	0-1	2-3	2-1	■	0-1	1-1	3-2	4-1	1-1	2-1	4-0	3-2	1-2	3-1	3-0	2-1	0-0
Farnborough	1-0	4-0	2-1	1-3	1-2	1-2	0-2	1-0	1-3	■	0-2	1-0	0-3	1-0	1-0	0-3	2-2	3-2	2-1	1-4	0-1	0-1
Hampton & Richmond	0-2	0-1	1-2	0-4	1-3	0-2	2-2	3-1	0-4	1-0	■	3-3	0-0	1-2	1-2	0-0	0-2	1-1	4-3	0-2	3-1	1-1
Havant & Waterlooville	0-1	2-4	1-2	2-3	0-4	4-2	0-1	0-0	0-0	5-0	2-2	■	2-1	2-1	3-2	2-2	3-0	1-1	1-1	1-2	1-1	3-4
Maidenhead United	1-1	0-3	3-3	1-1	1-1	0-1	1-4	1-0	4-3	3-4	0-2	2-0	■	0-1	1-1	1-1	4-0	0-4	1-3	0-4	1-3	0-1
Salisbury City	1-1	0-2	0-2	0-1	1-2	0-1	0-1	3-0	1-1	1-3	4-2	4-1	0-2	■	1-0	3-1	1-1	2-0	2-1	0-0	0-0	2-0
Staines Town	0-2	2-1	4-1	1-1	1-4	0-2	0-3	1-2	2-2	1-2	1-4	1-1	0-0	0-1	■	1-4	2-3	1-1	1-1	4-2	2-1	0-1
Sutton United	1-0	2-1	1-1	3-2	0-1	3-1	0-0	1-1	2-0	2-0	2-2	2-0	4-1	5-0	1-0	■	1-1	0-1	2-2	4-3	3-2	0-5
Thurrock	1-2	1-0	1-1	0-2	0-3	2-0	0-4	1-4	1-3	0-1	0-2	1-1	1-1	1-2	0-1	■	0-0	1-1	1-4	0-3	1-1
Tonbridge Angels	2-3	1-1	1-1	0-0	0-1	2-1	2-3	5-1	4-0	1-5	1-0	1-2	1-0	3-1	3-2	1-4	3-2	■	3-0	1-1	3-0	3-6
Truro City	2-5	2-1	1-2	0-2	1-1	0-1	1-0	0-2	2-1	8-2	3-3	0-1	1-2	2-2	2-1	0-3	3-0	2-0	■	2-3	0-1	1-4
Welling United	1-1	2-0	2-1	1-1	1-1	3-2	0-0	3-0	0-1	1-0	2-1	3-1	4-0	4-3	1-1	0-0	1-0	3-2	5-1	■	2-0	3-2
Weston-super-Mare	2-1	4-1	0-3	1-2	0-4	0-1	1-1	3-3	0-0	5-2	1-2	3-1	4-2	2-0	2-1	2-2	2-2	0-1	2-0	1-1	■	0-3
Woking	1-0	0-0	3-2	1-1	1-0	4-1	3-1	3-1	1-0	2-1	3-0	0-2	0-0	0-1	4-1	5-1	2-1	3-3	2-1	4-1	■

Football Conference South
Season 2011/2012

Woking	42	30	7	5	92	41	97
Dartford	42	26	10	6	89	40	88
Welling United	42	24	9	9	79	47	81
Sutton United	42	20	14	8	68	53	74
Basingstoke Town	42	20	11	11	65	50	71
Chelmsford City	42	18	13	11	67	44	67
Dover Athletic	42	17	15	10	62	49	66
Boreham Wood	42	17	10	15	66	58	61
Tonbridge Angels	42	15	12	15	70	67	57
Salisbury City	42	15	12	15	55	54	57
Dorchester Town	42	16	8	18	58	65	56
Eastleigh	42	15	9	18	57	63	54
Weston-super-Mare	42	14	9	19	58	71	51
Truro City	42	13	9	20	65	80	48
Staines Town	42	12	10	20	53	63	46
Farnborough	42	15	6	21	52	79	46
Bromley	42	10	15	17	52	66	45
Eastbourne Borough	42	12	9	21	54	69	45
Havant & Waterlooville	42	11	11	20	64	75	44
Maidenhead United	42	11	10	21	49	74	43
Hampton & Richmond	42	10	12	20	53	69	42
Thurrock	42	5	11	26	33	84	26

Farnborough had 5 points deducted for a breach of the League's financial rules.

Football Conference South Promotion Play-offs

Basingstoke Town	0	Dartford	1
Sutton United	1	Welling United	2
Dartford	2	Basingstoke Town	1

Dartford won 3-1 on aggregate

Welling United 0 Sutton United 0

Welling United won 2-1 on aggregate

Dartford 1 Welling United 0

Promoted: Woking and Dartford

Relegated: Hampton & Richmond Borough and Thurrock

Football Conference National 2012/2013 Season	AFC Telford United	Alfreton Town	Barrow	Braintree Town	Cambridge United	Dartford	Ebbsfleet United	Forest Green Rovers	Gateshead	Grimsby Town	Hereford United	Hyde	Kidderminster Harriers	Lincoln City	Luton Town	Macclesfield Town	Mansfield Town	Newport County	Nuneaton Town	Southport	Stockport County	Tamworth	Woking	Wrexham
AFC Telford United		0-0	1-1	3-0	1-2	0-2	2-2	1-2	0-0	1-2	0-4	1-3	0-2	1-1	0-0	0-2	2-2	2-4	0-3	1-3	2-2	3-3	1-0	0-2
Alfreton Town	1-1		4-0	1-1	1-1	3-2	3-0	2-1	3-2	0-2	0-3	5-1	1-1	0-2	3-0	1-2	0-3	4-3	0-3	3-3	2-3	3-0	0-3	1-2
Barrow	0-0	1-3		0-1	1-4	0-0	1-1	2-2	0-2	2-2	0-2	1-1	1-2	1-0	1-0	0-4	0-3	1-2	3-2	0-2	2-0	2-0	0-1	
Braintree Town	3-2	2-1	2-3		0-3	0-2	3-1	3-1	2-1	2-0	0-2	2-2	1-1	0-3	2-0	0-3	2-1	1-2	2-2	1-3	0-0	2-1	1-1	1-5
Cambridge United	3-3	0-3	2-1	1-0		1-2	1-1	0-0	3-0	0-0	1-3	0-1	1-3	2-1	2-2	2-0	4-1	0-0	1-3	2-0	4-1	1-1	1-0	1-4
Dartford	1-4	5-1	0-1	0-0	1-1		3-1	0-1	3-0	1-2	4-0	2-1	1-0	2-4	1-0	2-0	2-0	2-1	0-1	2-2	1-1	2-3	4-1	2-1
Ebbsfleet United	1-3	0-0	2-4	0-1	2-4	2-2		0-2	3-1	1-1	1-0	3-2	1-1	1-3	0-4	3-1	1-1	1-1	4-1	0-0	1-1	2-2	1-1	
Forest Green Rovers	0-0	1-1	1-1	4-1	1-1	2-3	4-1		1-0	0-1	0-1	3-1	3-0	1-1	1-2	1-2	1-0	0-1	4-1	1-2	3-1	0-0		
Gateshead	1-1	2-0	0-1	1-2	0-0	2-0	2-0	1-1		1-1	3-2	3-0	2-0	1-1	5-1	2-2	4-1	0-0	0-2	2-2	1-1	0-2	2-1	0-1
Grimsby Town	1-0	4-2	0-0	3-0	0-1	0-2	3-1	1-0	3-0		1-1	2-0	1-3	1-1	4-1	0-1	4-1	3-0	0-0	2-2	1-2	2-0	5-1	1-0
Hereford United	1-1	3-3	2-1	0-0	4-2	1-0	4-2	1-2	1-1	0-2		1-2	0-1	3-2	1-0	2-1	1-2	2-3	0-0	1-2	5-2	2-1		0-1
Hyde	2-1	1-1	0-0	1-2	2-1	3-0	1-0	0-1	1-1	3-2	5-2		0-4	1-5	1-2	1-1	0-1	0-1	2-2	0-2	0-1	2-1	7-0	2-0
Kidderminster Harriers	1-0	3-1	2-0	2-1	3-2	5-1	3-2	0-1	1-1	0-0	0-1	3-0		3-0	0-2	3-0	2-3	3-2	1-0	2-2	4-0	4-1	2-2	2-0
Lincoln City	3-2	1-2	0-0	3-0	0-0	2-1	1-1	1-2	1-1	1-4	3-2	3-2	1-0		1-2	2-3	0-1	2-4	2-1	1-0	3-3	2-1	0-2	1-2
Luton Town	0-1	3-0	6-1	2-3	3-2	0-2	2-0	1-1	2-2	1-1	1-2	1-2	3-0			4-1	2-3	2-2	3-1	1-1	0-0	3-1	0-0	
Macclesfield Town	2-1	1-2	2-0	2-1	2-1	2-0	1-2	1-2	0-4	1-3	0-1	3-2	1-0	2-1	1-1		0-3	1-1	0-0	2-2	1-1	2-0	0-0	2-0
Mansfield Town	1-0	1-2	8-1	2-0	3-1	5-0	4-1	1-0	4-0	2-1	1-1	1-0	0-2	0-0	2-2	3-1		3-4	1-0	1-0	4-1	2-0	3-1	1-0
Newport County	2-1	2-0	0-2	1-0	6-2	0-0	1-0	0-5	3-1	0-0	2-0	1-3	1-2	3-1	5-2	4-1	2-0		4-0	2-1	0-0	2-2	2-3	1-1
Nuneaton Town	3-1	1-0	1-1	2-4	2-2	1-0	4-5	1-1	0-1	1-0	0-0	3-1	0-1	1-0	0-0	3-3	1-1	1-2		0-1	2-0	2-1	0-0	0-0
Southport	0-3	0-2	5-2	0-2	2-1	2-2	1-0	1-2	2-1	1-1	2-2	0-1	1-3	4-2	1-3	3-2	1-2	0-2	3-1		1-1	0-3	1-2	1-4
Stockport County	2-2	1-0	3-1	1-3	1-1	0-1	3-1	2-1	1-2	2-3	0-2	1-0	2-0	0-1	3-4	1-3	1-0	3-2	3-4		0-1	1-2	2-3	
Tamworth	0-0	1-1	1-3	1-4	1-2	3-2	0-1	2-1	2-0	0-1	2-2	2-0	0-1	1-0	1-2	0-0	0-1	1-2	2-1	2-1	1-0		2-1	0-1
Woking	5-2	1-2	3-1	1-4	2-1	1-0	1-0	2-0	2-1	1-1	2-1	2-2	1-1	3-1	5-4	1-2	1-3	6-1	2-3	1-0	2-3			2-0
Wrexham	4-1	1-1	3-0	1-1	1-0	2-2	4-1	2-1	1-1	0-0	1-2	2-0	1-2	2-4	0-0	0-0	2-1	2-0	6-1	2-2	3-1	2-2	3-1	

Football Conference National
Season 2012/2013

Mansfield Town	46	30	5	11	92	52	95
Kidderminster Harriers	46	28	9	9	82	40	93
Newport County	46	25	10	11	85	60	85
Grimsby Town	46	23	14	9	70	38	83
Wrexham	46	22	14	10	74	45	80
Hereford United	46	19	13	14	73	63	70
Luton Town	46	18	13	15	70	62	67
Dartford	46	19	9	18	67	63	66
Braintree Town	46	19	9	18	63	72	66
Forest Green Rovers	46	18	11	17	63	49	65
Macclesfield Town	46	17	12	17	65	70	63
Woking	46	18	8	20	73	81	62
Alfreton Town	46	16	12	18	69	74	60
Cambridge United	46	15	14	17	68	69	59
Nuneaton Town	46	14	15	17	55	63	57
Lincoln City	46	15	11	20	66	73	56
Gateshead	46	13	16	17	58	61	55
Hyde	46	16	7	23	63	75	55
Tamworth	46	15	10	21	55	69	55
Southport	46	14	12	20	72	86	54
Stockport County	46	13	11	22	57	80	50
Barrow	46	11	13	22	45	83	46
Ebbsfleet United	46	8	15	23	55	89	39
AFC Telford United	46	6	17	23	52	79	35

Football Conference National Promotion Play-offs

Wrexham 1   Kidderminster Harriers 0
Grimsby Town 0   Newport County 1

Kidderminster Harriers 1   Wrexham 3
Wrexham won 4-1 on aggregate
Newport County 1   Grimsby Town 0
Newport County won 2-0 on aggregate

Wrexham 0   Newport County 2

Promoted: Mansfield Town and Newport County

Relegated: Stockport County, Barrow, Ebbsfleet United and AFC Telford United

Football Conference North 2012/2013 Season	Altrincham	Bishop's Stortford	Boston United	Brackley Town	Bradford Park Avenue	Chester	Colwyn Bay	Corby Town	Droylsden	FC Halifax Town	Gainsborough Trinity	Gloucester City	Guiseley	Harrogate Town	Hinckley United	Histon	Oxford City	Solihull Moors	Stalybridge Celtic	Vauxhall Motors	Worcester City	Workington
Altrincham	■	2-1	7-1	1-4	3-1	2-4	1-1	2-1	6-0	2-0	0-1	2-0	1-3	3-0	8-0	5-0	3-1	2-1	2-1	1-0	2-0	1-2
Bishop's Stortford	1-1	■	1-0	1-3	2-1	1-2	2-2	2-1	2-1	1-2	1-5	1-2	2-5	0-2	1-1	3-1	0-0	4-1	0-0	2-2	0-1	0-3
Boston United	2-3	1-1	■	3-4	0-4	3-2	1-0	1-1	5-1	1-2	2-1	4-0	1-3	1-2	1-2	6-0	3-1	2-2	2-2	0-1	1-2	1-3
Brackley Town	0-1	1-0	0-2	■	3-1	2-3	1-3	2-4	3-2	0-0	2-2	0-1	1-0	2-1	5-0	2-1	0-0	2-1	4-1	1-0	2-0	3-1
Bradford Park Avenue	2-2	2-1	2-1	0-1	■	0-0	1-2	2-0	5-0	1-1	0-2	2-1	1-3	1-0	4-0	0-0	1-2	1-0	1-3	2-0	2-2	1-0
Chester	2-0	4-1	1-0	0-0	1-1	■	2-1	2-1	5-0	2-1	3-1	2-0	4-0	2-0	3-0	2-1	2-0	0-1	4-1	2-0	4-2	1-0
Colwyn Bay	1-3	1-2	0-2	1-1	1-2	1-5	■	1-0	1-3	0-3	1-0	1-0	0-2	1-2	3-2	3-1	3-1	2-3	2-4	0-3	1-4	
Corby Town	2-5	2-2	2-1	0-4	4-5	1-2	3-1	■	5-0	1-5	0-0	3-2	2-3	0-2	5-3	0-0	1-1	2-3	1-0	0-1	1-0	1-3
Droylsden	0-5	1-2	0-1	0-3	0-7	3-4	2-0	2-2	■	0-6	1-3	1-0	0-3	1-3	3-2	2-2	1-3	2-4	1-1	5-2	0-2	0-1
FC Halifax Town	3-4	1-1	1-2	0-0	0-1	1-1	0-1	2-0	4-1	■	3-1	5-0	1-1	1-2	7-0	3-3	3-1	0-0	0-0	4-0	5-0	5-1
Gainsborough Trinity	2-4	2-2	2-2	0-1	1-1	0-2	3-1	2-2	3-0	3-0	■	0-1	1-2	1-1	5-0	1-0	1-2	1-1	1-2	2-1	1-0	1-1
Gloucester City	0-0	5-1	1-0	1-4	1-0	0-1	2-2	0-1	4-0	1-2	1-2	■	2-2	0-2	4-1	1-1	0-1	1-1	4-3	1-1	4-2	0-1
Guiseley	1-1	1-2	2-1	0-2	1-0	2-1	2-2	2-1	7-1	1-1	2-0	3-1	■	2-0	2-4	2-1	1-0	1-0	2-1	3-3	2-0	
Harrogate Town	1-2	2-2	4-2	6-1	1-1	1-3	1-2	6-1	1-1	1-1	0-0	1-0	1-2	■	5-0	2-0	1-3	2-4	0-3	3-1	3-1	3-1
Hinckley United	0-6	1-5	2-4	1-3	1-4	0-6	1-3	6-3	2-2	0-2	0-2	0-3	0-3	0-2	■	0-1	0-2	1-1	0-3	0-6	0-5	1-1
Histon	2-0	2-0	1-1	3-0	1-4	1-4	2-1	3-4	3-1	0-1	0-3	2-1	1-4	1-3	2-1	■	1-1	0-0	0-2	2-0	0-0	3-0
Oxford City	2-2	1-1	4-2	2-1	1-1	0-1	1-2	2-0	2-2	0-3	0-0	6-2	0-0		1-2	0-0	■	1-1	2-2	5-0		
Solihull Moors	2-1	0-1	1-0	0-1	3-1	0-3	2-0	3-0	2-1	0-3	0-2	2-3	2-0	2-0	1-0	1-1	1-2	■	1-0	2-3	0-1	2-2
Stalybridge Celtic	2-2	3-1	0-1	0-3	2-0	2-6	3-3	1-2	0-0	1-0	1-1	4-0	1-1	1-0	4-0	2-1	2-2	0-3	■	0-1	0-2	1-4
Vauxhall Motors	2-1	2-2	4-0	0-2	1-3	0-3	1-1	1-1	4-0	1-3	1-2	1-2	2-0	0-1	2-0	2-1	2-1	0-0		1-0	1-3	
Worcester City	0-0	2-0	0-3	1-2	2-0	0-1	2-0	5-1	2-1	0-1	0-3	0-1	0-1	2-2	3-1	2-3	3-2	1-3	1-2	2-2	■	1-1
Workington	2-1	2-3	1-1	0-0	1-6	1-1	1-2	2-3	2-1	0-1	0-3	0-1	0-2	1-2	2-1	3-1	1-2	1-1	4-1	3-1	1-0	■

Football Conference North

Season 2012/2013

Chester	42	34	5	3	103	32	107
Guiseley	42	28	7	7	83	45	91
Brackley Town	42	26	7	9	76	44	85
Altrincham	42	24	8	10	100	51	80
FC Halifax Town	42	21	12	9	86	38	75
Harrogate Town	42	20	9	13	72	50	69
Bradford Park Avenue	42	19	9	14	75	52	66
Gainsborough Trinity	42	18	12	12	68	45	66
Solihull Moors	42	17	9	16	57	53	60
Oxford City	42	13	16	13	62	57	55
Gloucester City	42	16	6	20	54	63	54
Vauxhall Motors	42	15	8	19	58	64	53
Stalybridge Celtic	42	13	13	16	55	62	52
Workington	42	16	8	18	60	68	52
Worcester City	42	14	8	20	57	62	50
Boston United	42	14	7	21	68	73	49
Bishop's Stortford	42	12	13	17	58	74	49
Colwyn Bay	42	14	7	21	57	78	49
Histon	42	11	11	20	48	73	44
Corby Town	42	12	8	22	66	92	44
Droylsden	42	5	7	30	43	124	22
Hinckley United	42	3	4	35	37	143	7

Workington had 4 points deducted for fielding an ineligible player.
Hinckley United had 3 points deducted for failing to pay football creditors then a further 3 points deducted for failing to fulfil their fixture against Bishop's Stortford on 18th December 2012.

Football Conference North Promotion Play-offs

Altrincham 2   Brackley Town 1
FC Halifax Town 1   Guiseley 1

Brackley Town 3   Altrincham 0
Brackley Town won 4-2 on aggregate
Guiseley 0   FC Halifax Town 2
FC Halifax Town won 3-1 on aggregate

Brackley Town 0   FC Halifax Town 1

Promoted: Chester and FC Halifax Town

Relegated: Corby Town, Droylsden and Hinckley United

	AFC Hornchurch	Basingstoke Town	Bath City	Billericay Town	Boreham Wood	Bromley	Chelmsford City	Dorchester Town	Dover Athletic	Eastbourne Borough	Eastleigh	Farnborough	Havant & Waterlooville	Hayes & Yeading United	Maidenhead United	Salisbury City	Staines Town	Sutton United	Tonbridge Angels	Truro City	Welling United	Weston-super-Mare
AFC Hornchurch		3-0	2-1	1-0	1-1	1-0	0-2	1-0	0-1	1-0	1-1	2-2	2-0	0-2	2-2	1-1	1-1	1-1	1-2	0-3	0-0	
Basingstoke Town	0-2		2-1	3-3	2-3	1-1	1-2	2-1	0-1	2-2	0-3	6-2	1-2	2-2	2-0	0-4	3-1	2-1	1-0	3-2	0-1	1-3
Bath City	3-1	1-1		2-1	0-0	0-2	2-2	2-3	1-2	2-2	1-1	3-2	2-0	2-3	3-1	0-0	0-1	0-4	3-0	1-1	1-0	1-2
Billericay Town	1-1	1-3	2-0		1-1	2-3	0-1	3-1	1-2	1-2	4-0	2-1	3-1	4-1	1-0	1-2	2-3	2-4	3-3	2-1	1-2	0-0
Boreham Wood	2-1	1-1	0-0	3-0		1-2	0-0	1-2	1-1	2-1	3-0	3-1	1-2	3-0	2-1	1-0	1-1	3-0	4-2	0-0	1-1	0-1
Bromley	4-0	1-2	1-0	1-1	1-1		2-0	0-4	2-3	1-3	1-1	0-4	3-2	1-2	0-0	0-2	1-1	4-0	0-2	0-1		
Chelmsford City	1-4	2-0	0-1	1-1	2-1	3-2		4-0	0-3	1-0	1-1	6-0	1-1	6-2	3-1	2-1	3-2	1-0	2-1	3-2	2-3	2-1
Dorchester Town	3-1	2-2	2-1	6-1	0-0	0-4	1-0		1-0	2-1	1-0	2-0	0-0	2-2	4-0	2-1	0-4	0-1	1-2	2-2	2-1	2-1
Dover Athletic	1-0	0-5	2-0	4-1	0-1	1-0	0-1	0-0		0-2	2-2	2-2	2-1	2-0	1-3	0-1	1-1	0-1	1-2	3-2	3-1	
Eastbourne Borough	1-1	1-0	0-3	2-1	1-1	3-0	1-2	0-0	0-3		1-0	0-1	0-1	2-1	0-2	1-2	2-0	0-1	1-2	1-0	0-3	0-2
Eastleigh	1-0	1-1	3-1	5-0	1-1	3-0	1-0	3-1	1-3	1-0		3-1	2-2	3-1	4-2	1-0	4-3	1-0	4-1	3-1	1-3	3-0
Farnborough	1-1	2-1	0-1	4-3	0-3	2-0	3-1	1-1	5-2	0-1	6-2		1-1	4-2	2-1	2-1	3-1	4-1	4-1	0-3	2-1	
Havant & Waterlooville	5-2	4-1	2-1	5-0	1-1	1-2	1-1	4-0	1-1	2-3	0-3	0-1		2-1	2-1	2-2	3-1	3-0	2-2	1-0	0-1	0-3
Hayes & Yeading United	1-3	2-1	2-2	4-2	0-1	1-1	3-0	1-3	2-4	1-1	2-1	3-2	1-4		1-1	2-3	4-0	0-0	3-2	1-2	2-1	2-1
Maidenhead United	2-4	2-2	0-1	3-2	2-1	4-2	2-1	1-2	1-2	0-2	3-2	2-0	0-2		0-1	1-1	0-1	3-1	8-0	2-1	0-1	
Salisbury City	2-1	0-2	3-2	2-0	2-2	3-1	3-2	4-0	1-1	5-3	1-0	5-1	2-0	1-1		3-1	1-0	2-0	4-3	2-1	1-1	
Staines Town	3-1	2-0	1-3	1-2	1-1	3-1	1-3	2-1	0-2	0-2	1-3	1-2	1-1	7-1	0-6	3-2		1-4	1-4	1-0	2-2	1-1
Sutton United	3-1	3-2	0-2	3-0	2-1	4-3	1-0	1-2	2-2	2-0	2-1	0-1	1-1	5-1	1-1	1-0	1-2		2-2	0-1	2-1	1-3
Tonbridge Angels	1-0	0-0	3-4	1-1	4-2	0-3	0-4	0-2	2-1	1-3	2-3	1-1	2-1	1-2	1-0	1-1			3-2	1-1	1-1	
Truro City	3-2	2-2	2-1	2-4	2-0	0-1	1-2	1-2	0-3	2-2	1-3	3-3	3-3	3-1	0-1	1-1	0-3	1-2	2-0		0-3	1-2
Welling United	4-0	1-1	1-1	5-2	4-0	3-1	3-0	3-2	1-1	2-0	1-1	2-0	1-0	3-0	3-2	1-0	3-2	2-2	4-1	4-3		4-1
Weston-super-Mare	1-0	5-2	1-4	1-0	2-4	3-0	3-0	2-0	0-3	3-2	2-4	1-1	2-2	1-1	1-1	0-3	1-0	1-1	2-0	0-2	2-0	

Football Conference South

Season 2012/2013

Team	P	W	D	L	F	A	Pts
Welling United	42	26	8	8	90	44	86
Salisbury City	42	25	8	9	80	47	82
Dover Athletic	42	22	10	10	69	44	76
Eastleigh	42	22	6	14	79	61	72
Chelmsford City	42	22	6	14	70	56	72
Sutton United	42	20	10	12	66	49	70
Weston-super-Mare	42	19	10	13	61	55	67
Dorchester Town	42	19	8	15	59	62	65
Boreham Wood	42	15	17	10	59	46	62
Havant & Waterlooville	42	14	16	12	68	60	58
Bath City	42	15	10	17	60	58	55
Eastbourne Borough	42	14	9	19	42	52	51
Farnborough	42	19	7	16	76	75	50
Basingstoke Town	42	12	12	18	63	73	48
Bromley	42	14	6	22	54	69	48
Tonbridge Angels	42	12	12	18	56	77	48
Hayes & Yeading United	42	13	9	20	64	89	48
Staines Town	42	13	8	21	61	78	47
Maidenhead United	42	13	6	23	64	68	45
AFC Hornchurch	42	11	11	20	47	64	44
Billericay Town	42	11	7	24	62	90	40
Truro City	42	9	8	25	57	90	25

Truro had 10 points deducted for entering administration.
Farnborough had 4 points deducted for fielding an ineligible player then a further 10 points deducted for entering administration.
Salisbury City had 1 point deducted for fielding an ineligible player.

Football Conference South Promotion Play-offs

Chelmsford City 1   Salisbury City 0
Eastleigh 1   Dover Athletic 3

Salisbury City 2   Chelmsford City 0
Salisbury City won 2-1 on aggregate
Dover Athletic 0   Eastleigh .... 2 (aet)
Aggregate 3-3. Dover Athletic won 4-2 on penalties

Salisbury City 3   Dover Athletic .... 2 (aet)

Promoted: Welling United and Salisbury City

Relegated: AFC Hornchurch, Billericay Town and Truro City

Football Conference National
2013/2014 Season

	Aldershot Town	Alfreton Town	Barnet	Braintree Town	Cambridge United	Chester	Dartford	FC Halifax Town	Forest Green Rovers	Gateshead	Grimsby Town	Hereford United	Hyde	Kidderminster Harriers	Lincoln City	Luton Town	Macclesfield Town	Nuneaton Town	Salisbury City	Southport	Tamworth	Welling United	Woking	Wrexham
Aldershot Town	■	2-3	3-3	2-1	0-1	2-0	3-0	2-2	2-2	1-2	0-3	1-2	1-0	0-0	2-3	3-3	1-0	2-2	3-2	5-1	6-0	3-1	2-1	2-0
Alfreton Town	1-4	■	3-1	3-1	1-1	0-1	2-1	3-0	3-2	1-1	3-3	2-1	3-0	3-1	1-1	0-5	0-1	1-1	3-2	2-1	4-2	2-2	3-1	1-0
Barnet	1-3	1-0	■	1-1	2-2	3-0	1-0	0-4	2-1	0-1	2-1	2-0	3-2	1-0	1-1	1-2	1-2	1-1	3-1	1-0	1-0	0-0	1-3	1-1
Braintree Town	1-0	3-1	0-3	■	1-0	3-0	1-0	1-0	1-1	0-0	1-1	2-1	0-1	0-2	1-2	0-1	2-1	0-1	1-0	2-0	2-3	2-0	3-0	
Cambridge United	4-0	0-1	1-1	1-0	■	0-1	1-1	5-1	2-1	1-0	1-2	1-0	7-2	5-1	1-0	1-1	3-0	3-0	2-0	3-1	3-0	2-1	2-0	0-0
Chester	1-1	0-1	2-1	0-2	0-0	■	0-0	2-1	1-2	1-1	0-0	0-2	3-2	0-0	3-3	1-1	2-1	3-3	2-2	2-2	2-0	1-3	0-2	0-0
Dartford	1-1	1-0	0-2	0-2	3-3	0-1	■	1-2	0-1	1-0	2-0	4-3	3-0	1-2	1-2	1-2	1-1	1-0	2-3	1-2	5-1	1-5		
FC Halifax Town	4-0	2-0	2-1	0-0	1-1	2-1	2-0	■	1-0	3-3	4-0	1-1	4-1	1-1	5-1	2-0	2-1	2-2	5-1	1-0	2-0	3-0	3-4	3-2
Forest Green Rovers	3-1	3-1	1-2	0-2	3-2	3-0	1-0	2-1	■	1-0	2-1	1-1	8-0	1-1	4-1	0-0	2-3	1-0	4-0	3-1	1-2	0-0	2-2	1-1
Gateshead	0-0	3-0	1-2	1-0	2-0	3-2	2-0	1-1	1-1	■	1-2	2-1	4-0	3-1	3-1	0-0	2-2	2-1	3-2	2-2	5-0	1-1	0-2	0-3
Grimsby Town	1-1	3-1	2-1	1-0	0-1	2-1	5-2	0-1	3-1	2-2	■	1-1	1-0	3-1	1-1	1-2	1-2	2-0	0-0	3-1	1-1	2-2	3-1	
Hereford United	0-2	3-2	0-1	1-1	1-0	2-2	2-2	3-2	1-0	0-1	2-1	■	0-0	1-1	1-0	0-1	2-0	1-1	0-0	4-1	1-2	1-2	0-2	
Hyde	2-2	1-2	0-1	0-3	0-1	1-2	0-2	1-5	2-6	0-2	0-1	2-2	■	1-3	3-4	0-1	0-3	2-2	0-1	2-1	0-3	0-1	0-2	2-5
Kidderminster Harriers	0-0	1-3	1-0	2-2	2-0	3-1	1-2	2-0	4-1	0-1	2-1	2-1	4-1	■	0-2	1-0	0-0	3-0	1-1	5-3	2-0	2-0	3-1	
Lincoln City	0-1	4-1	3-3	2-0	1-0	1-1	0-0	3-1	2-1	0-1	0-2	1-1	3-0	1-2	■	0-0	1-2	0-1	1-0	1-0	0-0	1-2	2-2	2-0
Luton Town	1-0	3-0	2-1	2-3	0-0	3-0	3-0	4-3	4-1	4-2	0-1	7-0	4-1	6-0	3-2	■	1-1	3-0	2-0	3-0	2-1	0-1	5-0	
Macclesfield Town	1-1	0-1	2-0	0-1	0-1	3-2	3-1	2-2	1-2	0-2	1-1	1-0	3-0	1-1	3-1	1-2	■	0-1	1-0	2-2	2-1	2-1	3-2	3-2
Nuneaton Town	2-1	3-0	0-1	1-1	0-0	1-0	3-1	0-1	1-1	1-4	0-1	2-1	0-2	1-1	2-2	0-5	1-0	■	1-2	3-1	1-0	2-0	0-2	2-0
Salisbury City	1-0	0-0	1-1	0-3	1-1	1-1	3-1	1-4	0-1	1-1	4-1	2-0	1-1	1-2	1-0	0-3	2-2	2-1	■	1-1	0-1	3-0	1-0	2-1
Southport	1-0	2-1	1-1	0-4	1-0	0-0	2-1	2-0	2-1	0-3	1-1	1-2	0-1	1-0	4-1	0-1	3-1		■	2-0	2-2	1-1	1-2	
Tamworth	1-0	1-0	0-0	0-0	0-1	3-4	0-2	2-0	1-2	1-0	1-1	0-3	0-0	3-4	1-0	1-1	1-2	4-1		■	1-1	2-4	2-2	
Welling United	1-0	1-2	1-1	0-2	2-2	2-0	0-1	5-2	2-0	1-0	0-2	1-2	1-0	1-2	1-0	1-0	0-0	4-3	2-0			■	3-0	1-1
Woking	1-2	2-1	0-0	1-0	0-3	0-1	3-0	0-0	2-1	1-2	2-3	0-3	3-2	1-0	0-0	0-4	3-2	2-0	1-3	2-0	2-2	2-4	■	2-1
Wrexham	2-1	2-3	0-1	2-3	1-1	0-2	1-2	0-0	2-0	3-2	0-0	0-1	2-0	1-0	3-0	1-1	1-0	2-0	2-1	2-0				■

Football Conference National
Season 2013/2014

Team	P	W	D	L	F	A	Pts
Luton Town	46	30	11	5	102	35	101
Cambridge United	46	23	13	10	72	35	82
Gateshead	46	22	13	11	72	50	79
Grimsby Town	46	22	12	12	65	46	78
FC Halifax Town	46	22	11	13	85	58	77
Braintree Town	46	21	11	14	57	39	74
Kidderminster Harriers	46	20	12	14	66	59	72
Barnet	46	19	13	14	58	53	70
Woking	46	20	8	18	66	69	68
Forest Green Rovers	46	19	10	17	80	66	67
Alfreton Town	46	21	7	18	69	74	67
Salisbury City	46	19	10	17	58	63	67
Nuneaton Town	46	18	12	16	54	60	66
Lincoln City	46	17	14	15	60	59	65
Macclesfield Town	46	18	7	21	62	63	61
Welling United	46	16	12	18	59	61	60
Wrexham	46	16	11	19	61	61	59
Southport	46	14	11	21	53	71	53
Aldershot Town	46	16	13	17	69	62	51
Hereford United	46	13	12	21	44	63	51
Chester	46	12	15	19	49	70	51
Dartford	46	12	8	26	49	74	44
Tamworth	46	10	9	27	43	81	39
Hyde	46	1	7	38	38	119	10

Aldershot Town had 10 points deducted after entering administration.
Alfreton Town had 3 points deducted for fielding an ineligible player.
Salisbury City were demoted to the Conference South at the end of the season and were subsequently ejected from the Conference South before the start of the next season.
Hereford United were demoted to the Southern League Premier Division at the end of the season.

Football Conference National Promotion Play-offs

FC Halifax Town 1   Cambridge United 0
Grimsby Town 1   Gateshead 1

Cambridge United 2   FC Halifax Town 1
Cambridge United won 2-1 on aggregate
Gateshead 3   Grimsby Town 1
Gateshead won 4-2 on aggregate

Cambridge United 2   Gateshead 1

Promoted: Luton Town and Cambridge United

Relegated: Tamworth, Hyde, Salisbury City and Hereford United

Football Conference North 2013/2014 Season	AFC Telford United	Altrincham	Barrow	Boston United	Brackley Town	Bradford Park Avenue	Colwyn Bay	Gainsborough Trinity	Gloucester City	Guiseley	Harrogate Town	Hednesford Town	Histon	Leamington	North Ferriby United	Oxford City	Solihull Moors	Stalybridge Celtic	Stockport County	Vauxhall Motors	Worcester City	Workington
AFC Telford United	■	3-1	0-1	2-1	2-1	2-1	4-1	3-0	2-1	4-2	0-1	5-3	3-2	1-2	2-0	4-0	1-1	3-1	2-0	1-0	0-0	2-1
Altrincham	1-1	■	2-1	0-0	1-0	4-1	3-1	3-0	2-0	4-1	1-3	1-3	2-2	3-2	1-1	2-2	1-0	5-0	3-0	5-1	1-2	2-0
Barrow	0-3	1-1	■	4-4	0-1	0-1	1-1	0-6	0-0	1-0	1-0	1-0	2-1	0-0	2-0	1-1	0-2	1-1	2-4	1-1	0-1	2-0
Boston United	1-1	3-2	1-0	■	1-2	2-3	2-1	6-0	2-0	3-0	3-3	4-0	0-0	2-0	2-0	2-1	4-1	4-1	0-0	5-2	2-1	5-3
Brackley Town	1-1	1-2	1-2	3-2	■	0-1	2-2	3-1	1-3	2-2	1-0	3-0	1-1	1-1	2-1	1-0	3-0	0-0	2-1	0-0	1-1	1-1
Bradford Park Avenue	3-1	2-4	2-2	1-1	0-5	■	1-2	4-0	3-1	0-3	0-0	1-2	3-0	3-2	0-4	3-3	2-2	1-1	1-0	0-2	6-1	1-0
Colwyn Bay	0-1	1-3	1-2	3-3	2-2	2-2	■	0-2	1-1	2-2	2-1	1-3	1-0	1-1	0-3	1-1	3-1	1-2	0-0	1-0	0-3	3-2
Gainsborough Trinity	1-3	5-4	2-1	0-1	2-2	4-2	0-2	■	3-3	1-2	2-0	1-2	3-1	1-1	1-4	6-0	2-3	0-2	1-5	1-1	2-1	3-0
Gloucester City	1-2	2-0	1-3	1-3	2-2	2-3	2-3	0-1	■	1-1	5-2	5-1	2-0	3-3	1-1	0-2	0-3	1-0	2-0	2-2	2-1	1-1
Guiseley	6-1	2-2	2-1	1-0	0-2	0-2	2-1	3-1	3-1	■	2-0	1-2	1-1	2-1	1-0	2-0	0-3	3-1	2-0	1-0	0-1	1-0
Harrogate Town	2-2	3-2	3-1	4-0	0-1	1-1	2-2	1-1	4-2	2-3	■	3-1	0-1	1-1	5-0	3-2	2-1	3-1	1-1	2-1	1-0	3-0
Hednesford Town	3-3	1-1	3-1	4-2	2-2	2-0	1-1	1-3	4-1	3-2	1-3	■	2-1	3-2	0-1	3-0	1-2	4-1	3-1	2-0	4-0	4-0
Histon	0-1	0-5	0-0	1-2	3-3	1-0	3-1	2-0	1-3	1-1	0-1	0-1	■	1-1	0-3	2-2	0-3	1-4	2-1	1-2	1-2	3-1
Leamington	2-2	0-1	1-1	0-0	3-1	2-0	2-1	0-1	0-1	2-3	1-2	2-1	1-0	■	0-2	4-0	1-1	1-0	2-1	0-1	1-0	2-0
North Ferriby United	2-2	2-1	2-2	3-0	1-1	2-1	2-3	2-0	3-1	2-3	3-2	0-3	4-4	4-1	■	2-1	1-1	2-0	0-0	2-0	2-1	3-1
Oxford City	2-0	1-2	0-1	1-1	0-0	1-1	1-2	1-0	1-0	3-3	1-2	1-2	2-1	2-2	2-3	■	0-2	2-1	4-1	3-0	0-0	1-1
Solihull Moors	2-2	0-1	0-2	1-2	1-0	2-2	2-2	3-2	2-1	0-3	3-0	2-3	0-0	0-0	2-0	2-2	■	3-3	1-0	1-0	1-1	1-1
Stalybridge Celtic	0-2	0-5	1-3	3-3	1-1	2-2	2-2	3-2	2-2	3-2	0-4	2-1	2-1	1-1	2-3	1-1	2-3	■	0-0	3-2	1-2	2-0
Stockport County	4-2	0-0	2-2	1-4	0-2	4-1	0-1	3-1	2-2	3-3	2-1	0-1	1-0	1-1	1-2	2-0	2-2	2-0	■	4-1	4-0	1-1
Vauxhall Motors	2-4	1-2	1-1	2-2	0-3	0-2	0-3	2-1	3-2	0-5	1-0	2-2	4-0	2-1	0-1	0-2	1-3	2-1		■	1-0	2-1
Worcester City	0-1	1-3	1-0	3-0	1-1	1-2	2-1	2-2	0-1	0-0	1-0	2-2	1-0	0-3	0-1	0-2	3-1	2-1	0-0	2-0	■	4-0
Workington	0-1	1-6	2-3	1-0	0-3	0-2	0-3	4-2	4-2	1-1	0-3	2-2	2-3	1-2	3-3	1-0	0-0	1-0	1-1	0-1	1-0	■

Football Conference North
Season 2013/2014

Team	P	W	D	L	F	A	Pts
AFC Telford United	42	25	10	7	82	53	85
North Ferriby United	42	24	10	8	80	51	82
Altrincham	42	24	9	9	95	51	81
Hednesford Town	42	24	6	12	87	65	78
Guiseley	42	23	9	10	78	56	78
Boston United	42	20	12	10	85	60	72
Brackley Town	42	18	15	9	66	45	69
Solihull Moors	42	17	14	11	63	52	65
Harrogate Town	42	19	9	14	75	59	63
Bradford Park Avenue	42	15	12	15	66	70	57
Barrow	42	14	14	14	50	56	56
Colwyn Bay	42	14	12	16	63	67	54
Leamington	42	13	13	16	54	53	52
Stockport County	42	14	8	20	64	77	44
Worcester City	42	13	11	18	40	53	50
Gainsborough Trinity	42	13	6	23	67	86	45
Gloucester City	42	11	11	20	64	77	44
Vauxhall Motors	42	12	8	22	43	74	44
Stalybridge Celtic	42	10	9	23	57	88	39
Oxford City	42	9	13	20	50	70	37
Histon	42	7	11	24	42	76	32
Workington	42	6	10	26	39	85	28

Harrogate Town and Oxford City each had 3 points deducted for fielding ineligible players.

Vauxhall Motors resigned from the League at the end of the season.

Football Conference North Promotion Play-offs

Guiseley 2   North Ferriby United 0
Hednesford Town 2   Altrincham 2

North Ferriby United 0   Guiseley 1
Guiseley won 3-0 on aggregate
Altrincham 2   Hednesford Town 1
Altrincham won 4-3 on aggregate

Altrincham 2   Guiseley 1

Promoted: AFC Telford United and Altrincham

Relegated: Histon and Workington

Football Conference South
2013/2014 Season

	Basingstoke Town	Bath City	Bishop's Stortford	Boreham Wood	Bromley	Chelmsford City	Concord Rangers	Dorchester Town	Dover Athletic	Eastbourne Borough	Eastleigh	Ebbsfleet United	Farnborough	Gosport Borough	Havant & Waterlooville	Hayes & Yeading United	Maidenhead United	Staines Town	Sutton United	Tonbridge Angels	Weston-super-Mare	Whitehawk
Basingstoke Town		0-0	0-0	1-0	0-1	2-3	0-1	2-1	2-0	1-2	2-0	2-2	4-0	2-1	0-1	0-1	2-2	2-1	0-1	0-0	3-2	1-3
Bath City	0-1		2-1	2-2	1-2	4-1	3-1	1-0	0-2	2-1	0-1	2-2	4-2	1-1	3-1	3-2	1-0	1-1	2-2	2-2	1-0	3-1
Bishop's Stortford	5-3	1-2		1-3	1-0	1-1	0-1	1-1	2-2	1-0	2-2	3-2	1-3	4-0	2-1	0-0	1-1	1-0	1-2	2-1	0-0	1-2
Boreham Wood	1-1	0-1	2-2		1-1	4-3	0-2	5-0	2-2	3-1	0-3	2-1	1-1	2-0	0-2	1-3	2-2	0-2	1-3	7-0	1-1	1-3
Bromley	3-2	2-2	3-2	2-1		5-0	1-2	4-1	0-4	2-1	1-2	0-0	3-0	2-1	2-0	2-1	6-1	3-0	2-4	5-1	2-1	4-0
Chelmsford City	1-0	1-0	2-1	0-6	3-1		2-2	4-1	0-4	3-0	0-0	1-2	3-1	1-0	0-0	0-3	3-2	0-2	7-1	1-2	0-0	
Concord Rangers	1-2	0-2	0-2	0-4	2-3	1-3		1-0	1-2	1-3	3-2	1-2	5-0	0-2	3-4	3-1	4-1	2-1	0-0	2-2	2-0	1-1
Dorchester Town	0-4	0-2	1-3	1-4	3-2	2-0	2-2		0-4	0-1	1-2	1-3	1-0	1-1	0-2	0-2	0-3	1-1	0-0	2-1	0-3	2-6
Dover Athletic	1-1	2-0	2-3	0-0	0-2	2-2	0-1	1-0		0-0	1-2	2-1	0-1	3-0	0-0	0-1	2-0	1-0	0-1	3-1	1-2	1-1
Eastbourne Borough	1-3	3-2	4-1	1-0	1-1	4-2	0-0	0-1	0-4		1-1	1-1	5-2	1-3	0-1	3-1	2-0	2-1	1-1	2-1	2-0	0-2
Eastleigh	2-1	2-1	4-2	0-1	2-1	1-0	1-1	6-0	1-0	2-0		3-1	1-0	2-1	0-0	1-0	3-2	1-0	1-0	1-2	3-1	3-2
Ebbsfleet United	1-0	1-1	2-1	0-0	1-3	0-2	4-0	4-0	0-2	1-0	3-1		3-0	1-0	1-0	1-2	1-0	2-0	1-0	1-0	1-0	3-1
Farnborough	0-3	2-4	4-2	1-2	2-1	2-0	0-2	3-2	1-0	3-3	0-1	0-1		1-0	2-2	1-2	3-0	1-2	1-2	3-2	4-0	2-3
Gosport Borough	2-0	3-1	2-1	2-1	1-2	2-1	1-2	1-1	0-1	1-2	0-2	0-2	1-0		0-0	3-0	2-0	2-2	2-0	0-0	0-1	1-2
Havant & Waterlooville	4-1	1-0	2-0	1-1	1-0	3-0	1-0	5-1	3-4	1-1	1-0	1-0	2-1	3-0		1-2	1-3	0-2	0-5	1-2	2-0	2-0
Hayes & Yeading United	0-0	0-2	2-3	1-0	0-2	4-0	1-0	2-0	1-2	1-1	1-2	1-2	0-1	0-1	1-2		1-2	1-0	0-0	3-0	1-2	3-2
Maidenhead United	0-1	0-1	2-2	0-1	0-1	1-1	1-3	1-3	1-2	2-3	1-3	1-0	2-2	1-2	1-3	2-1		3-1	3-2	0-0	0-3	1-0
Staines Town	4-5	1-0	2-0	3-1	2-1	3-1	0-1	1-0	2-2	2-1	0-0	1-1	3-2	0-3	1-0	2-1	0-0		2-1	0-0	2-1	2-1
Sutton United	4-0	2-2	1-2	1-0	1-2	0-0	0-1	1-0	4-0	3-1	3-3	2-0	3-1	2-0	3-2	4-1				1-2	3-0	2-0
Tonbridge Angels	2-1	1-1	1-1	0-2	1-1	2-1	2-2	1-2	0-2	2-1	0-2	1-3	0-2	0-0	1-1	2-4	1-1	1-1			1-0	3-1
Weston-super-Mare	1-0	2-0	2-2	3-0	0-1	2-0	5-0	3-0	2-1	0-1	3-2	0-6	2-1	0-1	1-1	0-3	0-0	0-3	1-1	2-1		2-1
Whitehawk	1-0	2-2	1-1	0-2	1-2	0-4	0-2	3-0	0-1	1-2	1-4	1-1	3-1	1-1	2-2	1-0	0-3	3-3	3-3	1-0	0-0	

Football Conference South
Season 2013/2014

Team	P	W	D	L	F	A	Pts
Eastleigh	42	26	8	8	71	40	86
Sutton United	42	23	12	7	77	39	81
Bromley	42	25	5	12	82	50	80
Ebbsfleet United	42	21	11	10	67	40	74
Dover Athletic	42	20	9	13	63	38	69
Havant & Waterlooville	42	19	12	11	57	43	69
Bath City	42	18	12	12	64	52	66
Staines Town	42	18	9	15	56	57	63
Concord Rangers	42	17	10	15	58	59	61
Eastbourne Borough	42	16	10	16	55	59	58
Weston-super-Mare	42	16	9	17	50	55	57
Gosport Borough	42	16	7	19	46	51	55
Boreham Wood	42	14	11	17	65	55	53
Basingstoke Town	42	15	8	19	55	56	53
Bishop's Stortford	42	13	13	16	63	68	52
Farnborough	42	15	5	22	62	78	50
Chelmsford City	42	14	7	21	57	77	49
Maidenhead United	42	12	10	20	55	69	46
Whitehawk	42	12	10	20	56	71	46
Hayes & Yeading United	42	13	6	23	45	52	45
Tonbridge Angels	42	9	13	20	43	77	40
Dorchester Town	42	8	7	27	33	94	31

Football Conference South Promotion Play-offs

Dover Athletic 1   Sutton United 1
Ebbsfleet United 4   Bromley 0

Sutton United 0   Dover Athletic 3
Dover Athletic won 4-1 on aggregate
Bromley 1   Ebbsfleet United 0
Ebbsfleet United won 4-1 on aggregate

Ebbsfleet United 0   Dover Athletic 1

Promoted: Eastleigh and Dover Athletic

Relegated: Tonbridge Angels and Dorchester Town

Football Conference National 2014/2015 Season	AFC Telford United	Aldershot Town	Alfreton Town	Altrincham	Barnet	Braintree Town	Bristol Rovers	Chester	Dartford	Dover Athletic	Eastleigh	FC Halifax Town	Forest Green Rovers	Gateshead	Grimsby Town	Kidderminster Harriers	Lincoln City	Macclesfield Town	Nuneaton Town	Southport	Torquay United	Welling United	Woking	Wrexham
AFC Telford United		0-2	0-1	2-1	2-2	1-3	0-1	1-2	2-3	1-4	3-4	0-1	0-1	0-1	1-1	1-1	1-0	2-3	0-0	3-3	4-3	1-2	1-3	1-2
Aldershot Town	1-2		2-0	3-1	1-3	1-3	2-2	0-1	1-1	3-1	0-2	1-1	1-1	1-2	2-1	0-1	1-0	0-1	1-0	1-2	2-0	2-1	0-1	1-1
Alfreton Town	3-2	2-3		1-1	1-1	0-2	0-0	1-1	0-0	2-3	3-2	0-2	2-2	1-2	0-2	2-0	0-0	1-5	1-0	4-2	4-2	2-2	1-3	2-3
Altrincham	1-2	1-0	0-1		1-3	1-0	2-1	4-1	2-1	2-2	3-3	0-0	2-2	0-1	1-1	2-1	1-2	1-0	2-0	2-1	0-4	0-3	1-4
Barnet	3-1	1-0	2-1	5-0		3-0	2-0	3-0	4-0	2-2	1-0	3-0	1-3	2-0	1-3	3-3	1-2	3-1	1-0	4-0	2-3	5-0	2-1	0-1
Braintree Town	0-2	1-1	2-1	4-2	1-1		2-0	1-3	3-0	3-0	1-5	0-0	1-2	1-0	2-1	0-0	1-3	0-1	2-0	0-2	2-0	0-1	0-0	1-0
Bristol Rovers	1-0	3-1	7-0	1-0	2-1	2-1		5-1	1-0	1-1	1-2	2-1	0-1	3-2	0-0	1-1	2-0	4-0	3-1	2-0	1-1	2-0	2-0	1-0
Chester	2-0	1-0	0-1	0-5	2-3	2-2		1-2	3-1	0-1	0-3	1-4	1-0	2-2	1-0	4-0	1-0	5-3	2-0	0-1	4-3	1-1	2-3	2-1
Dartford	2-1	1-1	0-1	1-2	0-1	0-2	2-2	2-4		2-1	2-2	1-2	1-2	1-1	1-1	1-2	0-0	1-1	3-1	1-1	0-0	2-1	1-3	1-2
Dover Athletic	1-0	3-0	1-0	2-1	0-3	1-0	1-1	2-0	6-1		2-1	0-1	0-0	1-0	0-1	1-2	0-1	5-0	2-2	4-0	2-1	2-0
Eastleigh	3-3	1-0	3-1	0-2	1-2	1-0	1-1	3-2	2-0	0-1		4-1	2-2	2-2	0-1	2-1	4-0	4-0	2-1	1-2	3-1	2-2	2-2
FC Halifax Town	5-0	1-0	2-0	1-3	1-1	2-2	0-2	0-0	3-2	0-2		1-0	2-2	1-1	2-0	2-3	2-2	2-0	3-1	2-0	3-0	1-3	2-2
Forest Green Rovers	3-0	1-3	2-0	1-1	1-2	1-1	1-1	2-1	2-1	0-0	1-1	2-0		1-1	2-1	2-3	3-3	3-1	1-0	5-3	2-1	4-1	2-1	0-1
Gateshead	4-1	1-1	2-0	1-0	0-2	3-1	0-1	2-1	1-0	1-2	2-3	2-2	2-4		1-6	2-0	3-3	2-1	1-2	1-1	3-1	1-1	0-0	3-1
Grimsby Town	1-0	3-1	7-0	0-0	3-1	1-0	0-1	3-0	1-1	2-1	0-2	1-1	2-1	2-2		0-2	1-3	1-2	0-0	2-2	3-1	0-1
Kidderminster Harriers	1-1	0-2	3-0	4-0	1-1	3-1	0-3	2-2	1-0	0-2	2-4	2-1	0-1		2-1	0-2	3-1	0-1	2-1	2-1	1-1	1-1
Lincoln City	2-0	3-0	3-2	1-2	4-1	3-2	2-3	0-1	1-0	1-2	1-1	1-2	1-1	3-2	0-0		2-0	3-1	1-0	1-3	0-2	0-2	1-1
Macclesfield Town	1-0	0-0	2-1	2-1	1-0	0-0	3-1	2-0	1-0	2-1	1-2	1-1	0-0	3-0		0-1	1-0	3-2	2-1	2-2
Nuneaton Town	4-4	1-1	0-1	2-1	0-2	0-1	0-2	3-2	1-2	0-3	1-2	1-0	0-2	0-2	0-2	1-1		2-3	0-0	1-1	2-0
Southport	0-3	1-3	0-2	2-1	0-2	0-2	0-1	0-0	2-0	2-2	1-2	1-0	0-1	0-1	2-2	1-0	3-3	1-1	0-0		2-1	1-0	2-5	0-1
Torquay United	0-1	1-1	1-1	2-0	1-2	1-5	1-2	0-1	1-1	2-0	2-0	2-1	3-3	2-2	2-3	2-1	1-0	1-1	4-0	0-0		3-0	1-0	2-1
Welling United	1-1	3-1	2-3	0-1	1-2	2-1	0-0	1-3	2-2	1-2	2-1	1-1	1-1	0-2	3-0	2-0	0-0	4-1	0-1	0-0		1-1	2-1
Woking	1-3	1-2	3-0	2-0	1-1	1-0	0-0	1-0	1-1	6-1	1-1	3-2	1-0	3-0	1-2	2-3	3-1	0-0	1-0	1-2	3-2	2-2		1-1
Wrexham	0-4	3-1	4-0	2-3	1-0	3-0	0-0	1-0	1-3	1-1	3-0	0-0	0-3	0-1	1-0	1-1	2-2	1-0	0-0	0-0	2-1	1-2	

Football Conference National

Season 2014/2015

Team	P	W	D	L	F	A	Pts
Barnet	46	28	8	10	94	46	92
Bristol Rovers	46	25	16	5	73	34	91
Grimsby Town	46	25	11	10	74	40	86
Eastleigh	46	24	10	12	87	61	82
Forest Green Rovers	46	22	16	8	80	54	79
Macclesfield Town	46	21	15	10	60	46	78
Woking	46	21	13	12	77	52	76
Dover Athletic	46	19	11	16	69	58	68
Halifax Town	46	17	15	14	60	54	66
Gateshead	46	17	15	14	66	62	66
Wrexham	46	17	15	14	56	52	66
Chester	46	19	6	21	64	76	63
Torquay United	46	16	13	17	64	60	61
Braintree Town	46	18	5	23	56	57	59
Lincoln City	46	16	10	20	62	71	58
Kidderminster Harriers	46	15	12	19	51	60	57
Altrincham	46	16	8	22	54	73	56
Aldershot Town	46	14	11	21	51	61	53
Southport	46	13	12	21	47	72	51
Welling United	46	11	12	23	52	73	45
Alfreton Town	46	12	9	25	49	90	45
Dartford	46	8	15	23	44	74	39
AFC Telford United	46	10	9	27	58	84	36
Nuneaton Town	46	10	9	27	38	76	36

Forest Green Rovers, Nuneaton Town and AFC Telford United each had 3 points deducted for fielding ineligible players.

Football Conference National Promotion Play-offs

Forest Green Rovers 0   Bristol Rovers 1
Eastleigh 1   Grimsby Town 2

Bristol Rovers 2   Forest Green Rovers 0
Bristol Rovers won 3-0 on aggregate
Grimsby Town 3   Eastleigh 0
Grimsby Town won 5-1 on aggregate

Bristol Rovers 1   Grimsby Town .... 1 (aet)
Bristol Rovers won 5-3 on penalties

Promoted: Barnet and Bristol Rovers

Relegated: Alfreton Town, Dartford, AFC Telford United and Nuneaton Town

Football Conference North 2014/2015 Season	AFC Fylde	Barrow	Boston United	Brackley Town	Bradford Park Avenue	Chorley	Colwyn Bay	Gainsborough Trinity	Gloucester City	Guiseley	Harrogate Town	Hednesford Town	Hyde	Leamington	Lowestoft Town	North Ferriby United	Oxford City	Solihull Moors	Stalybridge Celtic	Stockport County	Tamworth	Worcester City
AFC Fylde		3-2	3-0	4-0	2-1	1-3	6-2	2-1	6-4	0-0	1-2	3-1	1-1	3-1	3-1	1-0	2-1	2-2	3-0	0-0	1-1	4-0
Barrow	1-2		1-0	3-1	0-0	4-0	3-1	3-1	5-0	1-0	1-1	2-1	3-1	2-1	2-0	4-1	2-2	1-3	1-0	1-0	4-1	1-0
Boston United	3-1	2-1		1-1	5-0	0-0	5-0	2-1	2-0	5-1	5-2	0-2	3-1	0-0	5-3	0-1	2-7	1-2	1-1	1-1	2-0	2-0
Brackley Town	0-2	1-0	0-1		2-1	0-1	1-1	3-2	1-0	0-3	1-0	1-0	1-0	2-1	2-3	1-1	0-5	0-1	1-0	0-1	0-0	0-0
Bradford Park Avenue	0-1	2-1	1-3	0-0		3-2	2-2	1-2	1-1	0-0	2-1	1-0	3-2	2-1	1-1	1-1	0-5	2-3	1-0	2-0	2-4	0-1
Chorley	2-2	0-0	1-2	2-1	2-1		0-0	4-1	1-2	1-0	4-0	2-0	3-2	2-2	2-2	1-0	1-1	0-0	2-0	3-0	6-0	3-3
Colwyn Bay	0-5	0-1	2-3	1-0	0-0	0-2		4-1	3-1	1-3	0-1	0-3	3-3	1-5	0-1	0-0	3-5	1-4	0-1	1-2	2-0	0-2
Gainsborough Trinity	0-0	0-2	1-1	1-2	1-0	3-4	6-3		2-2	1-2	0-1	1-0	3-3	1-0	0-0	3-0	1-2	3-1	2-1	2-0	1-1	1-2
Gloucester City	0-2	2-0	0-1	2-1	3-3	2-1	1-1	0-1		1-3	1-0	0-0	1-1	3-1	2-0	1-1	1-7	0-1	0-1	2-1	1-2	2-0
Guiseley	3-1	2-3	2-0	3-1	1-2	2-1	1-1	1-3	1-4		4-2	0-2	2-0	1-0	2-0	2-3	4-0	3-0	0-2	3-0	2-2	1-0
Harrogate Town	1-4	2-2	2-1	5-0	0-2	4-1	0-2	0-0	2-1	0-0		0-2	4-1	1-1	4-1	1-0	0-4	2-1	2-1	0-0	0-3	
Hednesford Town	2-0	1-1	1-2	4-1	1-1	2-1	0-2	2-1	3-1	1-1	3-2		4-1	1-2	2-0	1-2	0-2	2-1	1-2	1-1	2-3	0-0
Hyde	1-1	4-4	1-3	1-2	1-3	3-3	2-4	1-2	2-4	0-0	1-1	0-1		2-2	5-1	1-0	0-1	1-0	2-4	1-1	2-2	0-3
Leamington	1-4	0-2	1-1	2-1	4-3	1-3	0-3	2-1	4-1	0-1	1-3	1-1	4-0		1-2	2-2	4-0	1-1	0-2	1-2	2-2	
Lowestoft Town	1-0	2-3	1-1	0-1	3-2	3-1	1-1	2-0	0-3	0-0	0-0	2-2	3-0	1-1		1-2	2-1	2-0	1-1	2-2	3-2	1-1
North Ferriby United	1-1	2-2	2-0	1-1	0-0	3-4	2-4	2-1	2-2	4-4	1-0	0-2	3-0	3-1	1-2		4-3	1-3	2-0	1-1	0-0	3-0
Oxford City	1-8	0-3	0-0	2-1	1-2	0-0	3-1	2-0	2-2	4-2	1-1	2-0	0-3	2-0	3-1	2-1		1-4	1-1	2-1	1-0	0-0
Solihull Moors	0-1	3-4	1-4	1-0	4-1	3-1	0-0	2-0	0-2	0-1	1-1	3-0	2-0	3-3	2-4	2-3			1-2	2-2	0-2	1-4
Stalybridge Celtic	3-0	0-1	1-1	1-5	0-1	0-1	1-2	4-4	2-1	1-3	2-1	0-5	7-1	0-1	1-1	2-2	0-2	0-3		3-2	3-1	0-1
Stockport County	0-0	0-1	3-2	2-1	3-1	0-2	1-1	1-3	5-3	0-3	2-1	3-0	2-0	4-2	3-0	0-1	1-2	1-0	4-3		0-2	2-0
Tamworth	0-3	1-1	1-1	2-1	2-0	0-3	1-1	0-1	2-1	1-0	3-0	3-1	5-0	3-2	2-0	2-2	4-3	3-1	4-1	0-1		1-0
Worcester City	0-4	0-2	1-1	1-1	0-1	2-0	3-5	2-0	1-2	1-1	2-0	2-2	4-1	2-1	2-1	2-1	1-0	1-4	2-2	2-0	1-1	

Football Conference North
Season 2014/2015

Barrow	42	26	9	7	81	43	87
AFC Fylde	42	25	10	7	93	43	85
Boston United	42	20	12	10	75	51	72
Chorley	42	20	11	11	76	55	71
Guiseley	42	20	10	12	68	49	70
Oxford City	42	20	9	13	81	67	69
Tamworth	42	19	12	11	66	57	69
Hednesford Town	42	17	10	15	63	50	61
Worcester City	42	16	12	14	54	54	60
North Ferriby United	42	14	16	12	65	63	58
Stockport County	42	16	9	17	56	59	57
Solihull Moors	42	16	7	19	68	63	55
Bradford Park Avenue	42	14	11	17	52	66	53
Gloucester City	42	14	10	18	63	75	52
Harrogate Town	42	14	10	18	50	62	52
Lowestoft Town	42	12	15	15	54	66	51
Gainsborough Trinity	42	14	8	20	59	67	50
Brackley Town	42	13	8	21	39	62	47
Stalybridge Celtic	42	12	9	21	54	70	45
Colwyn Bay	42	11	12	19	59	82	45
Leamington	42	10	10	22	59	74	40
Hyde	42	3	12	27	49	106	21

Football Conference North Promotion Play-offs

Guiseley 1   AFC Fylde 0
Chorley 0   Boston United 0

AFC Fylde 1   Guiseley 2
Guiseley won 3-1 on aggregate
Boston United 2   Chorley .... 2 (aet)
Aggregate 2-2. Chorley won 5-4 on penalties

Chorley 2   Guiseley 3

Promoted: Barrow and Guiseley

Relegated: Colwyn Bay, Leamington and Hyde

Football Conference South 2014/2015 Season	Basingstoke Town	Bath City	Bishop's Stortford	Boreham Wood	Bromley	Chelmsford	Concord Rangers	Eastbourne Borough	Ebbsfleet United	Farnborough	Gosport Borough	Havant & Waterlooville	Hayes & Yeading United	Hemel Hempstead Town	Maidenhead United	St. Albans City	Staines Town	Sutton United	Wealdstone	Weston-super-Mare	Whitehawk
Basingstoke Town	■	3-2	0-1	2-1	1-2	1-2	0-0	1-0	3-1	1-1	0-0	2-0	0-1	3-2	0-1	2-1	2-2	2-4	2-1	1-0
Bath City	0-4	■	0-1	2-0	2-2	0-0	1-1	2-0	2-1	7-4	1-3	1-2	0-0	1-0	4-0	2-0	2-1	0-2	0-1	3-0	1-4
Bishop's Stortford	2-3	1-1	■	0-5	1-1	2-3	3-1	1-1	1-1	2-2	0-1	0-2	2-2	1-3	1-3	2-1	2-1	0-0	2-2	3-4	3-1
Boreham Wood	0-4	1-2	2-0	■	1-1	4-0	0-0	5-2	1-3	2-0	1-1	1-2	3-0	1-0	2-1	2-1	3-0	2-0	2-1	4-0	2-2
Bromley	0-3	1-0	3-2	2-1	■	0-1	1-2	2-1	1-2	5-0	0-3	2-0	1-1	0-1	4-2	1-0	0-1	2-1	1-1	3-0	4-1
Chelmsford City	1-1	2-1	4-2	3-4	1-2	■	0-1	3-2	1-5	6-2	0-1	0-1	1-1	4-0	1-1	2-1	1-3	1-1	0-2	3-2	2-1
Concord Rangers	2-3	3-0	3-3	1-1	1-4	2-1	■	1-3	0-0	7-0	0-0	3-2	0-1	0-1	2-2	3-1	1-0	0-0	4-2	2-0	3-0
Eastbourne Borough	3-0	0-1	3-0	4-1	1-4	2-0	1-0	■	1-1	0-0	1-0	1-3	2-1	0-2	2-2	1-0	4-2	1-0	1-1	3-1	2-2
Ebbsfleet United	1-5	0-0	4-0	1-1	0-1	0-2	2-0	0-0	■	3-0	0-3	1-0	1-2	2-2	1-0	4-1	3-2	3-0	0-0	0-1	3-0
Farnborough	2-1	2-7	0-1	0-3	1-2	1-3	0-3	2-1	0-3	■	1-4	0-5	1-3	2-2	1-1	0-1	1-1	0-1	1-4	2-3	2-0
Gosport Borough	0-0	3-1	2-0	0-1	2-1	0-1	1-1	1-1	2-2	2-1	■	3-1	1-0	4-0	1-1	1-2	2-1	3-2	0-0	1-1	1-2
Havant & Waterlooville	2-0	2-0	0-1	2-1	1-3	2-3	0-1	2-1	2-0	1-0	3-2	■	4-2	2-0	1-1	0-0	3-1	2-2	3-1	1-0	1-2
Hayes & Yeading United	0-1	2-0	2-1	0-3	1-2	2-1	3-1	0-1	0-2	2-0	2-3	0-1	■	2-4	1-1	0-3	0-0	1-1	2-1	1-2	0-1
Hemel Hempstead Town	4-3	0-3	0-3	0-6	1-1	3-1	1-2	0-0	1-1	4-1	2-1	1-1	1-1	■	1-1	3-1	5-1	1-2	1-1	1-1	0-2
Maidenhead United	0-3	1-1	1-3	0-1	4-4	2-0	1-2	0-0	0-4	0-1	1-2	0-2	2-0	0-2	■	1-1	2-0	2-1	1-4	6-2	0-2
St. Albans City	1-1	1-0	2-1	0-2	2-2	0-2	2-0	3-0	1-0	2-3	2-1	1-0	0-1	1-1	4-1	■	0-0	2-4	1-3	2-0	2-3
Staines Town	0-3	1-1	1-0	2-1	0-6	3-5	0-2	0-1	0-2	1-2	2-1	1-2	2-3	0-4	1-2	2-3	■	0-1	1-2	0-1	1-2
Sutton United	2-1	1-3	2-2	1-3	1-2	1-0	1-1	1-1	2-1	2-0	0-1	1-0	0-1	1-2	1-2	2-1	4-2	■	1-1	1-2	0-2
Wealdstone	0-1	1-2	1-4	0-1	0-4	4-2	1-0	1-1	0-1	1-2	3-0	2-2	2-2	1-1	0-3	1-0	1-1	■	1-3	0-2
Weston-super-Mare	1-2	4-2	0-1	1-4	0-1	3-1	1-2	2-2	3-2	4-3	0-5	2-1	2-2	1-6	0-2	0-2	1-2	3-2	1-2	■	1-1
Whitehawk	0-1	2-1	1-0	3-0	2-1	5-1	1-1	2-0	1-0	1-1	1-0	0-0	2-0	3-1	3-4	2-1	1-0	0-2	0-1	2-1	■

Football Conference South
Season 2014/2015

Bromley	40	23	8	9	79	46	77
Boreham Wood	40	23	6	11	79	44	75
Basingstoke Town	40	22	7	11	67	43	73
Whitehawk	40	22	6	12	62	47	72
Havant & Waterlooville	40	21	7	12	61	41	70
Gosport Borough	40	19	10	11	63	40	67
Concord Rangers	40	18	11	11	60	44	65
Ebbsfleet United	40	17	9	14	60	41	60
Hemel Hempstead Town	40	16	12	12	64	60	60
Chelmsford City	40	17	5	18	65	71	56
Eastbourne Borough	40	14	13	13	51	50	55
Wealdstone	40	14	12	14	56	56	54
St Albans City	40	16	6	18	53	53	54
Bath City	40	15	8	17	59	57	53
Sutton United	40	13	11	16	50	54	50
Bishop's Stortford	40	12	10	18	55	69	46
Weston-super-Mare	40	13	5	22	55	86	44
Maidenhead United	40	10	13	17	54	70	43
Hayes & Yeading United	40	11	9	20	39	58	42
Farnborough	40	8	6	26	42	101	30
Staines Town	40	7	4	29	39	82	25

Football Conference South Promotion Play-offs

Havant & Waterlooville 0   Boreham Wood 2
Whitehawk 1   Basingstoke Town 1

Boreham Wood 2   Havant & Waterlooville 2
Boreham Wood won 4-2 on aggregate
Basingstoke Town 0   Whitehawk 1
Whitehawk won 2-1 on aggregate

Boreham Wood 2   Whitehawk .... 1 (aet)

Promoted: Bromley and Boreham Wood

Relegated: Farnborough and Staines Town

National League 2015/2016 Season

	Aldershot Town	Altrincham	Barrow	Boreham Wood	Braintree Town	Bromley	Cheltenham Town	Chester	Dover Athletic	Eastleigh	FC Halifax Town	Forest Green Rovers	Gateshead	Grimsby Town	Guiseley	Kidderminster Harriers	Lincoln City	Macclesfield Town	Southport	Torquay United	Tranmere Rovers	Welling United	Woking	Wrexham
Aldershot Town	■	2-0	0-1	1-2	2-1	1-1	0-2	3-1	1-1	1-2	3-2	0-3	1-2	3-4	1-0	1-0	1-2	0-3	1-2	0-0	0-0	1-0	0-1	0-1
Altrincham	4-0	■	1-0	1-0	0-4	0-0	2-1	0-3	1-2	1-1	1-3	0-1	2-3	2-1	1-1	2-2	3-3	0-0	1-1	1-1	2-1	5-0	3-1	1-1
Barrow	1-3	3-2	■	0-0	2-0	1-1	1-2	3-2	2-1	1-0	4-1	2-2	0-0	1-3	1-1	1-1	1-0	1-1	1-0	4-0	3-4	1-1	2-1	2-0
Boreham Wood	0-1	0-1	0-2	■	1-0	2-3	0-0	0-0	3-0	1-1	3-1	0-0	2-3	1-3	1-0	0-2	1-1	0-0	0-2	0-0	1-1	0-0	1-1	0-1
Braintree Town	1-2	3-0	1-1	0-2	■	1-0	1-0	2-0	1-0	2-0	2-0	1-1	0-0	1-1	2-1	1-3	1-0	1-0	1-0	0-0	1-0	0-1	2-1	1-0
Bromley	1-3	1-3	5-0	1-2	1-2	■	1-2	3-0	1-1	2-2	1-0	2-2	3-0	1-2	2-0	3-2	2-0	1-0	0-0	0-2	0-1	2-0	2-1	3-1
Cheltenham Town	0-0	1-0	2-1	4-1	1-1	4-1	■	3-1	3-2	1-1	2-0	1-1	0-0	3-1	5-0	2-0	3-1	2-0	3-0	1-0	0-1	1-0	4-0	2-1
Chester	8-2	1-1	1-2	2-2	1-0	1-1	1-1	■	1-1	1-0	2-1	1-2	4-2	1-1	3-1	1-0	1-1	1-0	0-0	4-1	1-0	4-0	1-2	3-2
Dover Athletic	5-2	2-1	3-1	2-1	0-0	2-3	1-2	0-0	■	1-2	1-0	1-0	4-0	1-1	0-0	3-2	4-1	2-1	1-2	5-0	0-0	2-1	2-0	2-1
Eastleigh	1-1	2-0	3-1	1-0	0-2	2-0	1-0	1-0	2-5	■	2-1	3-2	1-2	0-1	1-1	1-1	1-1	1-0	3-2	0-1	0-0	2-1	1-1	
FC Halifax Town	0-2	1-0	3-1	3-2	3-6	2-2	1-7	0-1	4-2	0-0	■	0-2	1-1	4-2	1-1	1-1	2-2	1-1	2-2	2-3	1-1	1-1	0-3	2-0
Forest Green Rovers	0-0	2-0	4-0	1-0	1-0	2-1	2-2	2-1	3-1	2-1	0-1	■	0-1	0-1	3-0	3-0	1-1	2-1	2-1	3-1	0-2	1-0	1-2	0-0
Gateshead	3-2	2-2	1-1	2-1	2-3	3-1	1-1	1-0	2-3	2-1	1-4	0-1	■	1-0	3-0	1-1	1-2	0-3	0-1	1-2	1-4	1-2	1-5	2-1
Grimsby Town	4-1	5-0	4-1	0-0	0-1	4-1	0-1	1-2	1-0	0-0	7-0	1-1	2-1	■	1-1	1-0	0-0	0-2	1-0	2-2	1-1	3-1	3-1	1-0
Guiseley	0-4	1-0	3-1	1-1	1-1	2-0	3-3	0-1	1-4	2-1	0-1	0-2	2-2		1-0	0-1	0-1	1-1	4-3	2-2	2-0	4-4	3-1	
Kidderminster Harriers	2-0	1-1	0-0	1-1	0-1	0-1	1-2	2-2	1-1	3-2	1-0	0-2	0-1	2-2	0-1	■	0-2	3-1	1-0	2-2	0-2	0-1	1-0	1-3
Lincoln City	2-0	1-1	2-2	3-1	2-0	0-1	1-1	2-1	2-3	3-0	0-1	1-1	1-1	1-0	1-2		■	5-3	3-1	2-0	1-0	1-1	2-3	1-1
Macclesfield Town	0-2	3-0	1-2	0-0	3-1	0-0	1-2	0-0	1-2	1-0	4-1	1-0	2-1	1-0	2-1	1-1		■	0-0	1-2	0-0	2-1	2-1	0-0
Southport	1-1	3-0	2-1	0-3	1-2	5-3	0-4	1-2	0-0	0-4	0-1	1-2	0-4	2-0	3-4	2-2	3-1		■	0-1	2-2	3-3	2-2	3-2
Torquay United	0-2	2-0	2-2	1-2	0-0	3-7	0-3	2-0	2-3	0-1	0-4	0-2	1-1	3-2	1-3	1-0	1-0		■	0-1	2-0	0-2	0-1	
Tranmere Rovers	3-1	1-0	0-1	0-2	1-2	4-0	0-1	2-0	0-1	1-1	3-1	1-0	2-1	2-2	3-2	0-1	1-0	2-1		■		1-2	0-1	1-2
Welling United	0-1	1-1	1-2	0-3	1-2	1-2	1-1	2-1	1-2	2-2	1-0	0-4	1-0	1-2	0-1	1-1	1-1		■	2-1	0-2			
Woking	2-1	2-0	2-2	0-0	1-1	2-0	0-1	5-2	0-1	2-1	1-1	2-1	1-1	1-3	0-1	1-1	3-1	2-5	1-2	2-2	4-1	2-0	■	0-1
Wrexham	3-0	3-1	4-1	1-0	2-3	2-0	2-1	3-0	0-1	2-3	3-1	2-2	4-0	0-0	3-3	2-0	3-1	2-3	0-1	3-1	2-2	1-0	1-3	■

National League
Season 2015/2016

Cheltenham Town	46	30	11	5	87	30	101
Forest Green Rovers	46	26	11	9	69	41	89
Braintree Town	46	23	12	11	56	38	81
Grimsby Town	46	22	14	10	82	45	80
Dover Athletic	46	23	11	12	75	53	80
Tranmere Rovers	46	22	12	12	61	44	78
Eastleigh	46	21	12	13	64	53	75
Wrexham	46	20	9	17	71	56	69
Gateshead	46	19	10	17	59	70	67
Macclesfield Town	46	19	9	18	60	48	66
Barrow	46	17	14	15	64	71	65
Woking	46	17	10	19	71	68	61
Lincoln City	46	16	13	17	69	68	61
Bromley	46	17	9	20	67	72	60
Aldershot Town	46	16	8	22	54	72	56
Southport	46	14	13	19	52	65	55
Chester	46	14	12	20	67	71	54
Torquay United	46	13	12	21	54	76	51
Boreham Wood	46	12	14	20	44	49	50
Guiseley	46	11	16	19	47	70	49
FC Halifax Town	46	12	12	22	55	82	48
Altrincham	46	10	14	22	48	73	44
Kidderminster Harriers	46	9	13	24	49	70	40
Welling United	46	8	11	27	35	73	35

National League Promotion Play-offs

Dover Athletic 0   Forest Green Rovers 1
Grimsby Town 0   Braintree Town 1

Forest Green Rovers 1   Dover Athletic 1
Forest Green Rovers won 2-1 on aggregate.
Braintree Town 0   Grimsby Town .... 2 (aet)
Grimsby Town won 2-1 on aggregate.

Forest Green Rovers 1   Grimsby Town 3

Promoted: Cheltenham Town and Grimsby Town

Relegated: FC Halifax Town, Altrincham, Kidderminster Harriers and Welling United

National League North 2015/2016 Season	AFC Fylde	AFC Telford United	Alfreton Town	Boston United	Brackley Town	Bradford Park Avenue	Chorley	Corby Town	Curzon Ashton	FC United of Manchester	Gainsborough Trinity	Gloucester City	Harrogate Town	Hednesford Town	Lowestoft Town	North Ferriby United	Nuneaton Town	Solihull Moors	Stalybridge Celtic	Stockport County	Tamworth	Worcester City
AFC Fylde		1-0	0-1	5-2	2-2	1-0	1-0	2-1	1-2	4-0	2-2	1-0	2-1	2-0	1-0	2-3	2-2	1-2	5-0	2-3	2-2	2-3
AFC Telford United	1-2		1-1	2-2	2-0	3-1	2-0	3-0	0-0	5-1	0-2	0-1	0-4	1-3	1-0	1-1	1-5	0-3	2-0	0-1	1-0	2-0
Alfreton Town	1-2	2-3		1-2	1-1	0-1	1-0	1-1	2-2	0-1	1-0	1-1	3-2	4-0	0-1	0-1	2-2	2-2	1-3	0-3	1-0	2-1
Boston United	0-3	1-0	2-1		1-2	3-0	1-2	2-0	2-1	3-1	1-0	1-0	3-3	3-1	4-1	1-2	2-1	1-4	0-3	4-0	1-1	1-1
Brackley Town	0-0	0-0	1-4	1-3		0-0	1-1	1-2	2-0	4-0	3-2	1-0	1-1	2-2	2-4	2-3	0-1	2-3	0-1	1-0	2-0	
Bradford Park Avenue	1-2	1-0	2-2	1-2	1-0		1-0	1-0	4-2	3-1	1-4	1-1	3-1	1-1	3-0	4-4	2-3	1-1	3-1	0-0	0-2	3-1
Chorley	3-2	2-1	1-2	2-0	1-0	2-2		3-0	2-0	3-0	3-1	0-1	0-1	2-2	2-0	2-3	2-3	2-0	0-0	1-0	1-1	2-0
Corby Town	1-2	3-2	2-3	2-3	1-1	2-0	2-2		0-4	2-3	1-2	3-1	0-3	0-0	3-5	1-4	1-3	1-3	0-3	0-4	2-0	0-3
Curzon Ashton	0-2	1-0	0-2	0-2	1-1	2-1	4-2	2-2		0-0	3-0	1-1	1-2	3-2	4-1	0-3	1-0	1-3	0-0	0-0	2-0	3-1
FC United of Manchester	1-2	1-3	1-3	1-2	3-2	2-1	2-0	1-0	3-3		1-2	1-2	4-3	1-1	6-1	3-2	3-2	2-2	0-1	1-2	1-1	0-2
Gainsborough Trinity	0-2	1-1	1-1	1-0	1-0	0-1	2-1	1-1	0-2	0-1		3-3	2-1	3-1	1-1	2-0	1-0	1-6	3-1	0-1	0-2	1-1
Gloucester City	1-3	1-0	1-1	1-0	0-0	1-3	1-1	0-1	3-1	1-0	0-2		0-1	2-2	0-1	3-2	0-1	0-2	3-0	0-1	1-2	0-1
Harrogate Town	2-2	0-1	1-2	0-0	1-0	2-1	2-4	5-0	1-1	5-0	3-1	0-0		2-1	4-0	3-3	0-3	6-0	2-1	2-1	0-0	1-0
Hednesford Town	0-1	2-0	3-3	3-2	0-2	0-0	1-3	3-3	0-3	0-2	2-2	2-3		2-1	1-1	2-4	0-0	2-1	1-2	2-1	0-1	
Lowestoft Town	3-1	3-0	1-0	3-0	1-2	3-0	2-0	2-2	1-4	1-0	1-1	1-2	0-0		0-3	0-1	2-2	0-2	2-2	0-4	2-1	
North Ferriby United	3-0	2-0	0-1	4-3	2-1	1-0	4-0	5-0	0-0	1-0	4-0	3-0	0-1	1-1	0-0		1-2	1-1	1-0	2-0	3-1	3-3
Nuneaton Town	1-1	0-0	2-0	1-3	1-0	1-0	2-2	0-0	0-1	2-2	2-0	0-1	0-0	3-0	1-0	3-1		0-1	3-3	1-1	3-0	1-1
Solihull Moors	3-0	2-1	2-1	0-1	3-0	0-2	4-1	2-0	1-2	3-2	0-0	1-0	1-2	2-1	1-3	3-1		4-1	1-0	1-2	3-0	
Stalybridge Celtic	1-1	5-5	1-1	0-5	3-1	1-1	0-1	2-3	1-1	1-0	0-0	1-0	0-1	4-2	3-1	2-0	2-5	1-3		1-1	3-5	3-1
Stockport County	0-4	0-1	1-0	2-1	1-1	2-0	1-3	2-2	0-0	1-2	2-0	3-0	1-2	3-0	0-2	1-1	1-1	2-4	0-3		1-1	0-0
Tamworth	3-1	2-1	1-2	1-2	1-2	0-0	2-1	0-0	2-1	1-1	2-0	2-2	1-0	1-1	1-0	1-1	1-1	1-1	1-1			3-0
Worcester City	2-2	3-0	1-1	2-1	0-0	3-1	2-3	1-2	2-2	0-0	2-0	1-2	0-0	1-4	2-1	2-0	0-1	2-2	5-0	2-3	1-2	

National League North
Season 2015/2016

Solihull Moors	42	25	10	7	84	48	85
North Ferriby United	42	22	10	10	82	49	76
AFC Fylde	42	22	9	11	76	53	75
Harrogate Town	42	21	9	12	73	46	72
Boston United	42	22	5	15	73	60	71
Nuneaton Town	42	20	13	9	71	46	70
Tamworth	42	16	15	11	55	45	63
Chorley	42	18	9	15	64	55	63
Stockport County	42	15	14	13	50	49	59
Alfreton Town	42	15	13	14	58	54	58
Curzon Ashton	42	14	15	13	55	52	57
Stalybridge Celtic	42	14	11	17	62	75	53
FC United of Manchester	42	15	8	19	60	75	53
Bradford Park Avenue	42	13	11	18	51	59	50
Gloucester City	42	12	14	16	39	49	50
Gainsborough Trinity	42	14	8	20	46	62	50
Worcester City	42	12	12	18	55	61	48
AFC Telford United	42	13	8	21	47	60	47
Brackley Town	42	11	13	18	45	54	46
Lowestoft Town	42	12	10	20	48	69	46
Hednesford Town	42	8	14	20	50	77	38
Corby Town	42	7	11	24	47	93	32

Nuneaton Town had 3 points deducted for fielding an ineligible player

National League North Promotion Play-offs

Boston United 2   North Ferriby United 0
Harrogate Town 0   AFC Fylde 1

North Ferriby United 3   Boston United 0
North Ferriby United won 3-2 on aggregate.
AFC Fylde 1   Harrogate Town 1
AFC Fylde won 2-1 on aggregate

North Ferriby United 2   AFC Fylde .... 1 (aet)

Promoted: Barrow and AFC Fylde

Relegated: Lowestoft Town, Hednesford Town and Corby Town

National League South 2015/2016	Basingstoke Town	Bath City	Bishop's Stortford	Chelmsford City	Concord Rangers	Dartford	Eastbourne Borough	Ebbsfleet United	Gosport Borough	Havant & Waterlooville	Hayes & Yeading United	Hemel Hempstead Town	Maidenhead United	Maidstone United	Margate	Oxford City	St. Albans City	Sutton United	Truro City	Wealdstone	Weston-super-Mare	Whitehawk
Basingstoke Town		1-2	1-1	1-2	0-2	0-1	1-5	1-2	0-1	1-1	1-0	2-0	2-1	0-1	0-0	2-0	2-2	1-2	2-0	1-1	2-2	3-1
Bath City	0-0		2-2	2-0	0-1	0-0	1-0	1-1	0-1	5-0	2-3	1-1	2-1	0-2	2-0	1-3	1-0	1-3	0-3	2-1	2-1	0-3
Bishop's Stortford	1-2	3-2		1-2	3-2	1-2	1-1	1-2	2-0	3-0	0-0	1-0	0-2	0-1	4-1	3-0	2-1	0-2	0-3	2-1	0-1	2-1
Chelmsford City	0-2	3-1	4-1		5-2	0-1	0-3	0-0	6-1	2-2	4-0	0-1	4-1	3-0	2-3	0-4	2-1	0-2	1-2	0-2	2-3	4-3
Concord Rangers	5-0	1-2	2-2	1-0		2-3	4-1	0-0	0-0	0-1	0-3	0-3	2-0	1-2	2-1	0-2	1-2	0-3	1-2	2-2	4-1	1-2
Dartford	0-0	4-1	3-1	1-1	1-2		1-0	0-1	2-3	4-2	2-0	2-2	1-1	1-2	2-2	2-0	2-2	0-1	1-2	2-1	2-4	
Eastbourne Borough	1-2	5-2	0-1	2-0	0-0	1-1		1-2	3-0	2-2	2-0	2-3	1-2	1-0	1-4	1-1	1-0	1-1	0-0	3-0	3-3	1-1
Ebbsfleet United	1-0	0-1	4-2	3-1	4-2	1-1	4-2		2-0	2-2	0-0	6-0	3-1	0-1	1-2	1-1	1-0	1-0	0-0	2-3	2-1	2-2
Gosport Borough	3-2	3-1	0-0	2-1	2-3	1-3	3-1	1-2		2-1	2-5	2-6	2-1	0-0	1-2	0-0	0-0	2-3	3-1	1-1	1-0	2-3
Havant & Waterlooville	1-0	1-1	2-1	0-1	2-1	2-0	4-0	1-4	1-3		1-0	1-2	3-1	2-1	2-0	2-1	1-1	0-2	0-1	1-2	1-1	2-3
Hayes & Yeading United	3-0	0-3	0-2	0-5	2-2	2-2	4-4	0-5	0-0	0-0		1-1	2-5	1-0	0-2	2-1	1-3	1-3	2-2	0-0	1-1	3-4
Hemel Hempstead Town	2-2	1-1	1-2	1-1	1-2	1-0	1-0	1-2	2-0	4-0		0-1	1-2	3-1	2-2	2-1	2-2	1-2	2-2	5-5	0-3	
Maidenhead United	4-3	3-1	4-1	1-0	2-2	2-1	2-0	0-0	0-0	2-2	2-1	2-3		0-2	3-1	2-1	0-1	1-1	0-0	1-1	2-0	3-0
Maidstone United	3-1	1-0	1-1	0-1	2-2	1-2	2-1	0-2	2-1	1-0	3-1	2-1	1-2		2-1	0-1	1-0	1-2	2-1	1-0	3-1	0-1
Margate	2-1	1-1	1-1	4-1	0-1	0-2	0-1	0-2	1-0	4-1	1-2	4-3	3-2	1-0		0-2	1-0	0-4	1-1	0-0	0-2	2-6
Oxford City	2-2	1-1	3-1	2-2	5-1	2-1	2-2	1-1	1-2	1-3	2-2	0-2	0-0	2-3	1-1		4-1	0-1	1-2	3-2	3-0	0-0
St. Albans City	3-0	0-1	1-1	1-1	2-2	4-0	3-1	0-2	1-3	6-0	1-1	2-2	3-2	1-2	3-0	1-3		0-3	0-1	1-0	2-1	6-0
Sutton United	2-0	1-1	2-0	2-0	2-2	2-0	2-1	2-0	1-0	3-0	1-1	2-2	2-2	0-2	4-1	1-1	5-0		2-2	5-2	0-0	2-2
Truro City	2-0	3-1	0-1	1-2	2-1	3-0	1-0	1-1	2-2	3-0	0-2	4-2	4-4	1-3	2-1	0-6	2-0	0-2		1-2	1-3	1-1
Wealdstone	4-4	2-0	3-1	0-0	1-2	2-1	0-1	1-2	1-1	3-2	3-0	0-0	0-0	2-2	4-1	2-2	1-1	0-2	4-4		2-3	2-2
Weston-super-Mare	2-1	1-1	1-1	0-3	0-3	2-1	1-2	2-1	0-4	3-2	0-2	2-4	2-0	1-2	1-0	5-2	4-1	0-2	2-2	1-2		1-2
Whitehawk	1-0	0-1	2-3	4-2	0-2	0-1	1-2	0-1	3-0	1-1	1-3	0-1	3-2	1-0	2-2	2-0	6-0	2-0	0-0	3-0	0-2	

National League South
Season 2015/2016

Sutton United	42	26	12	4	83	32	90
Ebbsfleet United	42	24	12	6	73	36	84
Maidstone United	42	24	5	13	55	40	77
Truro City	42	17	14	11	62	55	65
Whitehawk	42	18	10	14	75	62	64
Hemel Hempstead Town	42	16	13	13	72	66	61
Maidenhead United	42	16	11	15	66	62	59
Dartford	42	16	11	15	58	56	59
Gosport Borough	42	15	11	16	53	63	56
Concord Rangers	42	15	10	17	66	68	55
Bishop's Stortford	42	15	10	17	56	63	55
Oxford City	42	13	15	14	70	60	54
Wealdstone	42	12	17	13	63	64	53
Bath City	42	14	11	17	50	61	53
Chelmsford City	42	15	7	20	66	64	52
Weston-super-Mare	42	14	9	19	63	76	51
Eastbourne Borough	42	13	11	18	60	63	50
St. Albans City	42	13	10	19	58	65	49
Margate	42	13	8	21	51	73	47
Havant & Waterlooville	42	12	11	19	52	75	47
Hayes & Yeading United	42	11	13	18	51	76	46
Basingstoke Town	42	9	11	22	46	69	38

National League South Promotion Play-offs

Truro City 0   Maidstone United 2
Whitehawk 1   Ebbsfleet United 2

Maidstone United 1   Truro City 0
Maidstone United won 3-0 on aggregate.

Ebbsfleet United 1   Whitehawk .... 2 (aet)
Aggregate 3-3. Ebbsfleet United won 3-2 on penalties.

Ebbsfleet United 2   Maidstone United .... 2 (aet)
Maidstone United won 4-3 on penalties

Promoted: Sutton United and Maidstone United

Relegated: Havant & Waterlooville, Hayes & Yeading United and Basingstoke Town

National League 2016/2017 Season

	Aldershot Town	Barrow	Boreham Wood	Braintree Town	Bromley	Chester	Dagenham & Redbridge	Dover Athletic	Eastleigh	Forest Green Rovers	Gateshead	Guiseley	Lincoln City	Macclesfield Town	Maidstone United	North Ferriby United	Solihull Moors	Southport	Sutton United	Torquay United	Tranmere Rovers	Woking	Wrexham	York City
Aldershot Town	■	2-2	2-0	2-0	4-0	0-0	3-1	1-0	0-1	0-4	3-0	1-0	0-0	1-2	1-0	2-0	2-0	2-1	2-0	1-1	3-1	4-0	2-0	0-0
Barrow	1-0	■	1-1	2-1	1-1	3-2	2-1	2-3	4-0	2-3	0-0	3-0	3-0	1-1	3-0	3-1	2-1	0-1	0-0	0-0	2-1	2-2	1-1	2-0
Boreham Wood	1-1	1-1	■	0-1	0-0	1-1	1-3	5-0	0-1	1-0	0-4	0-0	2-0	2-4	0-1	1-0	0-0	2-0	1-0	2-0	0-1	2-1	0-1	1-1
Braintree Town	2-0	0-2	1-2	■	2-2	1-2	3-2	1-2	1-1	0-1	1-4	2-0	0-4	1-3	0-0	1-0	0-4	1-0	1-3	0-1	1-3	1-2	1-1	
Bromley	2-2	4-1	1-0	0-5	■	0-1	1-3	0-2	0-5	1-5	3-2	1-1	1-1	0-1	2-0	3-0	1-0	3-1	1-0	1-0	0-2	2-1	4-3	3-0
Chester	2-0	1-2	0-2	1-0	1-1	■	3-0	5-0	0-1	1-2	1-2	2-0	2-5	2-3	1-3	3-0	0-3	2-2	4-0	1-0	2-3	2-3	1-1	0-2
Dagenham & Redbridge	1-0	1-4	0-2	3-0	2-1	3-2	■	2-0	4-0	2-1	0-5	1-2	1-0	1-0	0-2	2-0	4-4	3-0	2-2	0-1	0-0	1-1	3-0	1-0
Dover Athletic	1-2	3-1	1-4	6-1	1-0	3-1	1-2	■	3-0	4-3	2-0	2-0	2-2	1-1	2-0	0-0	3-0	3-1	1-2	1-4	3-1	1-1	2-2	
Eastleigh	1-1	2-0	2-2	0-2	2-1	0-3	0-1	2-4	■	1-1	1-1	2-1	0-1	0-1	3-0	2-0	2-0	1-1	2-1	3-0	0-2	0-1	1-1	1-1
Forest Green Rovers	2-1	0-0	2-0	1-1	1-0	2-0	1-1	1-1	1-1	■	1-0	3-0	2-3	3-0	2-2	0-1	2-1	5-1	1-1	5-5	2-2	4-3	3-0	2-1
Gateshead	1-1	4-1	1-1	1-1	0-2	3-0	1-0	4-2	2-2	3-1	■	1-1	1-2	1-0	1-1	1-2	3-0	1-0	0-0	0-1	2-1	2-2	6-1	
Guiseley	1-0	1-0	3-1	0-0	1-4	1-1	0-2	0-4	1-1	0-1	1-1	■	2-1	1-2	2-1	1-2	1-1	2-0	1-2	1-2	1-1	2-3	6-1	
Lincoln City	3-3	1-2	2-0	3-0	1-0	1-0	2-0	2-0	0-0	3-1	3-0	3-1	■	2-1	2-0	6-1	0-0	4-0	1-3	2-1	2-1	3-2	1-0	1-1
Macclesfield Town	0-2	0-1	0-2	2-0	1-2	0-0	1-4	2-1	0-1	1-1	1-1	1-2	1-2	■	3-0	1-0	1-3	3-1	0-0	2-0	4-2	3-1	3-0	1-3
Maidstone United	0-2	2-1	1-0	0-2	1-2	4-2	1-4	2-1	1-4	0-2	1-1	0-0	2-1	■	1-2	2-4	2-2	1-2	0-1	2-1	0-1	1-0	0-2	
North Ferriby United	0-3	0-1	2-4	0-0	1-2	0-2	2-1	2-1	0-3	1-1	3-2	0-1	0-2	0-2	■	1-4	0-1	2-1	1-0	1-4	2-1	0-0	0-1	
Solihull Moors	0-2	2-4	1-1	3-3	1-0	3-2	2-5	2-3	2-0	0-1	2-2	0-1	2-3	2-0	2-0	■	4-0	3-0	0-1	0-3	2-2	0-1	1-2	
Southport	1-1	1-4	1-0	4-5	1-2	0-1	1-4	0-1	4-3	2-0	0-3	0-1	1-1	3-2	2-4	0-0	■	1-1	1-2	1-1	0-1	3-2	2-0	
Sutton United	2-0	0-0	1-2	2-0	5-2	1-0	0-6	1-1	1-2	3-0	1-0	1-1	2-0	2-2	5-1	1-3	2-2	■	2-0	1-0	4-1	1-0	2-2	
Torquay United	0-0	1-1	0-1	3-1	1-0	0-1	1-0	2-1	2-3	4-3	3-1	1-2	1-2	1-2	2-3	2-0	3-0	1-2	2-3	■	0-0	1-2	1-1	2-0
Tranmere Rovers	2-2	2-0	2-1	1-0	2-2	2-2	0-2	2-1	0-1	0-1	1-0	1-0	9-0	4-1	3-2	2-1	■	3-1	2-0	1-0				
Woking	1-2	1-1	0-0	2-3	2-1	3-1	1-3	3-3	0-1	3-0	0-0	1-3	0-2	1-1	1-1	2-1	0-0	2-1	3-1	0-3	■	2-0	1-1	
Wrexham	0-2	2-2	2-1	0-1	2-1	0-0	0-1	0-0	0-0	3-1	0-2	3-1	1-2	0-3	1-3	1-0	1-0	1-0	1-1	0-1	2-1	■	2-1	
York City	0-1	2-1	1-1	3-0	0-2	1-1	0-2	0-1	3-1	2-2	1-3	1-1	1-4	1-0	1-1	0-1	4-0	5-3	2-2	0-0	0-0	4-1	1-3	■

National League

Season 2016/2017

Team	P	W	D	L	F	A	Pts
Lincoln City	46	30	9	7	83	40	99
Tranmere Rovers	46	29	8	9	79	39	95
Forest Green Rovers	46	25	11	10	88	56	86
Dagenham & Redbridge	46	26	6	14	79	53	84
Aldershot Town	46	23	13	10	66	37	82
Dover Athletic	46	24	7	15	85	63	79
Barrow	46	20	15	11	72	53	75
Gateshead	46	19	13	14	72	51	70
Macclesfield Town	46	20	8	18	64	57	68
Bromley	46	18	8	20	59	66	62
Boreham Wood	46	15	13	18	49	48	58
Sutton United	46	15	13	18	61	63	58
Wrexham	46	15	13	18	47	61	58
Maidstone United	46	16	10	20	59	75	58
Eastleigh	46	14	15	17	56	63	57
Solihull Moors	46	15	10	21	62	75	55
Torquay United	46	14	11	21	54	61	53
Woking	46	14	11	21	66	80	53
Chester	46	14	10	22	63	71	52
Guiseley	46	13	12	21	50	67	51
York City	46	11	17	18	55	70	50
Braintree Town	46	13	9	24	51	76	48
Southport	46	10	9	27	52	97	39
North Ferriby United	46	12	3	31	32	82	39

National League Promotion Play-offs

Aldershot Town 0   Tranmere Rovers 3
Dagenham & Redbridge 1   Forest Green Rovers 1

Tranmere Rovers 2   Aldershot Town 2
Tranmere Rovers won 5-2 on aggregate.
Forest Green Rovers 2   Dagenham & Redbridge 0
Forest Green Rovers won 3-1 on aggregate.

Tranmere Rovers 1   Forest Green Rovers 3

Promoted: Lincoln City and Forest Green Rovers

Relegated: York City, Braintree Town, Southport and North Ferriby United

National League North 2016/2017 Season	AFC Fylde	AFC Telford United	Alfreton Town	Altrincham	Boston United	Brackley Town	Bradford Park Avenue	Chorley	Curzon Ashton	Darlington 1883	FC Halifax Town	FC United of Manchester	Gainsborough Trinity	Gloucester City	Harrogate Town	Kidderminster Harriers	Nuneaton Town	Salford City	Stalybridge Celtic	Stockport County	Tamworth	Worcester City
AFC Fylde	■	1-1	2-0	4-1	9-2	1-1	1-1	0-2	4-1	4-1	3-2	3-1	3-1	2-2	2-1	2-2	2-1	3-3	5-0	0-0	3-1	4-2
AFC Telford United	0-1	■	1-1	1-0	1-2	0-6	1-3	0-0	3-1	2-0	1-2	1-0	1-0	0-2	0-0	1-0	2-4	0-2	2-0	0-0	1-0	1-0
Alfreton Town	3-5	3-2	■	3-2	1-0	0-0	0-1	2-2	0-1	0-3	1-0	2-1	4-0	0-2	1-0	3-3	3-3	1-1	0-2	1-1	2-5	0-0
Altrincham	0-6	0-2	1-1	■	0-1	1-3	2-3	2-2	2-4	2-2	0-1	0-3	2-3	0-1	0-0	1-4	1-3	0-2	0-0	2-3	1-2	2-0
Boston United	0-3	3-0	3-2	0-1	■	2-3	1-0	3-1	3-1	1-2	1-4	2-3	1-1	2-2	0-3	1-1	1-3	2-0	0-1	3-2	3-0	0-1
Brackley Town	1-3	2-1	2-3	1-1	0-0	■	2-0	0-1	2-0	2-2	0-0	1-0	0-0	3-0	2-1	2-0	2-1	0-1	5-2	0-3	0-0	0-2
Bradford Park Avenue	1-4	1-1	1-0	2-1	0-2	2-1	■	0-3	4-4	1-2	1-3	0-0	5-1	1-2	2-3	1-3	1-1	0-2	0-1	0-2	0-2	0-3
Chorley	1-3	2-1	2-1	2-0	2-0	1-1	3-0	■	0-3	1-1	0-2	3-3	4-0	4-1	1-0	2-1	1-0	1-0	2-1	1-0	0-1	1-1
Curzon Ashton	3-2	1-1	5-0	2-3	4-2	0-0	1-2	1-1	■	1-2	4-2	1-2	1-2	0-0	1-0	1-6	2-1	1-0	2-1	0-1	1-2	1-5
Darlington 1883	1-1	1-0	3-4	3-1	4-1	1-0	1-0	2-0	1-3	■	3-2	4-2	5-2	2-0	2-3	0-1	1-2	2-2	4-1	2-1	3-2	5-1
FC Halifax Town	0-1	1-1	1-0	2-2	0-0	1-3	4-0	2-1	3-0	2-2	■	3-1	2-1	0-1	2-0	4-2	1-0	0-0	4-0	1-0	0-0	3-0
FC United of Manchester	2-3	0-0	4-3	1-1	1-1	1-2	2-3	3-3	0-0	2-3	0-3	■	5-1	2-4	2-1	1-0	0-3	0-3	2-0	1-0	1-0	1-1
Gainsborough Trinity	1-2	3-1	0-2	2-0	1-2	1-1	1-1	0-2	0-1	3-3	3-2	1-2	■	1-1	0-2	1-1	2-2	1-0	2-2	0-1	3-2	1-1
Gloucester City	1-5	3-0	4-0	5-0	3-1	1-3	1-0	2-2	0-2	1-2	0-2	2-3	4-1	■	1-1	1-2	2-2	3-2	2-1	0-1	2-0	3-0
Harrogate Town	3-3	2-1	6-3	2-2	2-0	1-2	1-0	2-1	2-2	1-4	0-3	3-1	1-3	3-1	■	0-2	3-1	3-3	3-1	1-0	3-4	2-1
Kidderminster Harriers	3-3	1-0	3-0	1-0	1-0	1-2	3-1	0-0	3-2	1-1	1-2	0-2	3-0	3-0	1-0	■	4-0	1-0	2-1	2-0	6-0	1-1
Nuneaton Town	4-1	1-1	4-1	4-1	2-2	2-2	1-2	1-1	0-1	1-1	2-3	1-4	2-1	1-1	2-1	0-2	■	0-1	2-1	1-1	1-0	1-1
Salford City	5-0	2-1	4-1	2-1	3-3	1-1	1-0	1-1	1-0	5-1	2-2	1-0	3-2	1-1	0-0	3-0	4-0	■	1-0	1-1	1-2	3-0
Stalybridge Celtic	2-1	0-2	2-3	0-2	3-3	0-1	4-3	0-1	1-2	0-1	1-0	2-4	1-3	2-4	1-0	0-4	0-4	1-3	■	1-3	0-4	2-1
Stockport County	1-2	1-1	4-3	3-0	1-1	2-4	1-2	0-0	3-1	3-3	1-1	2-1	1-0	1-1	1-1	0-1	1-1	2-1	3-1	■	2-1	1-0
Tamworth	1-0	2-1	4-1	2-1	1-0	2-1	5-1	0-1	3-2	1-1	1-0	0-3	1-1	1-0	3-1	3-2	3-4	1-2	2-0	2-1	■	2-2
Worcester City	1-2	2-1	5-3	3-0	0-2	1-2	0-1	1-1	2-2	2-3	2-2	0-0	2-3	1-2	4-0	0-0	1-1	...	...	...	...	■

National League North
Season 2016/2017

Team	P	W	D	L	F	A	Pts
AFC Fylde	42	26	10	6	109	60	88
Kidderminster Harriers	42	25	7	10	76	41	82
FC Halifax Town	42	24	8	10	81	43	80
Salford City	42	22	11	9	79	44	77
Darlington 1883	42	22	10	10	89	67	76
Chorley	42	20	14	8	60	41	74
Brackley Town	42	20	13	9	66	43	73
Stockport County	42	19	16	7	59	41	73
Tamworth	42	21	6	15	73	67	69
Gloucester City	42	18	10	14	69	61	64
Harrogate Town	42	16	11	15	71	63	59
Nuneaton Town	42	14	13	15	67	69	55
FC United of Manchester	42	14	12	16	69	68	54
Curzon Ashton	42	14	10	18	63	72	52
Boston United	42	12	11	19	54	72	47
Bradford Park Avenue	42	12	7	23	46	74	43
AFC Telford United	42	10	12	20	38	57	42
Alfreton Town	42	11	9	22	62	95	42
Gainsborough Trinity	42	8	12	22	51	84	36
Worcester City	42	7	14	21	44	63	35
Stalybridge Celtic	42	8	5	29	40	89	29
Altrincham	42	4	9	29	39	91	21

Worcester City were relegated, and took further voluntary demotion to the Midland League for financial reasons.

National League North Promotion Play-offs

Chorley 0   Kidderminster Harriers 1
Salford City 1   FC Halifax Town 1

Kidderminster Harriers 0   Chorley 2
Chorley won 2-1 on aggregate.
FC Halifax Town 1   Salford City .... 1 (aet)
Aggregate 2-2. FC Halifax Town won 3-0 on penalties.

FC Halifax Town 2   Chorley .... 1 (aet)

Promoted: AFC Fylde and FC Halifax Town

Relegated: Worcester City, Stalybridge Celtic and Altrincham

National League South 2016/2017 Season	Bath City	Bishop's Stortford	Chelmsford City	Concord Rangers	Dartford	Eastbourne Borough	East Thurrock United	Ebbsfleet United	Gosport Borough	Hampton & Richmond Borough	Hemel Hempstead Town	Hungerford Town	Maidenhead United	Margate	Oxford City	Poole Town	St. Albans City	Truro City	Wealdstone	Welling United	Weston-super-Mare	Whitehawk
Bath City	■	2-0	2-2	2-2	0-1	1-1	2-1	0-1	4-0	1-1	6-0	1-1	1-5	2-0	1-3	3-0	3-0	4-0	1-2	2-1	1-2	2-1
Bishop's Stortford	0-1	■	1-3	1-0	0-3	1-4	0-4	0-3	0-2	0-1	0-4	1-2	0-2	0-2	0-2	1-4	1-5	4-0	0-3	2-2	2-1	0-3
Chelmsford City	3-1	4-0	■	4-3	1-1	5-1	2-2	2-1	5-1	2-2	4-4	3-3	0-1	2-0	2-0	3-0	1-1	2-0	4-1	3-1	1-0	1-0
Concord Rangers	0-5	0-0	2-2	■	1-1	3-1	1-1	0-1	2-2	2-1	2-0	2-4	0-1	0-0	3-3	3-2	3-2	0-2	0-1	0-5	1-3	3-0
Dartford	2-0	4-0	0-1	2-1	■	4-3	6-1	2-1	0-0	3-1	2-0	2-0	0-0	4-0	1-0	2-1	0-2	5-3	2-2	2-1	3-2	3-1
Eastbourne Borough	1-2	1-0	1-5	2-1	2-3	■	4-0	0-0	2-0	2-3	2-2	1-2	2-1	4-0	0-0	3-2	2-0	5-1	7-3	3-4	4-2	
East Thurrock United	2-0	2-2	1-2	1-1	1-1	1-1	■	1-1	5-1	2-1	2-3	0-1	0-0	1-0	2-1	1-2	1-1	5-1	1-1	1-1	5-1	2-3
Ebbsfleet United	1-0	8-0	2-0	4-0	1-0	4-1	6-1	■	2-0	1-1	2-2	1-0	2-3	4-0	1-0	4-0	3-1	4-2	4-1	5-1	2-1	1-1
Gosport Borough	1-0	0-1	0-6	2-5	0-4	3-1	1-5	1-0	■	1-1	0-6	1-4	0-2	1-0	0-1	0-2	4-0	3-1	1-3	1-1	1-1	2-3
Hampton & Richmond	2-1	4-1	0-2	1-0	4-1	3-1	1-2	1-1	2-2	■	3-3	2-0	2-3	1-0	0-1	0-2	4-0	2-2	1-1	3-1	0-2	0-2
Hemel Hempstead Town	3-3	3-2	2-2	2-1	2-2	0-4	1-1	1-2	1-0	2-0	■	2-1	3-2	2-0	2-4	2-2	0-1	1-3	2-0	0-5	2-0	
Hungerford Town	2-2	2-0	1-1	2-1	2-0	0-2	3-0	1-1	3-3	1-3	3-0	■	1-1	1-0	2-0	0-1	0-0	5-0	2-0	1-0	2-1	3-1
Maidenhead United	2-1	6-0	1-0	2-0	5-0	2-1	2-1	1-2	3-0	0-0	5-0	2-2	■	2-0	6-1	1-1	1-1	2-0	2-0	3-0	3-0	2-1
Margate	1-0	0-3	0-2	1-5	0-2	1-1	2-1	0-1	2-0	2-4	2-1	1-1	0-3	■	0-5	0-2	2-1	0-1	0-3	3-1	0-2	
Oxford City	1-1	3-1	2-0	2-2	1-1	1-0	0-1	1-3	1-2	0-5	1-0	0-6	1-3	1-0	■	0-1	2-1	1-1	0-3	2-1	0-0	1-0
Poole Town	1-0	1-0	4-0	2-1	2-3	1-1	1-1	0-2	7-0	3-3	1-1	1-0	1-0	1-3	■	1-0	2-0	1-1	2-1	2-0	3-1	
St. Albans City	1-4	0-1	2-1	2-0	1-0	1-1	2-2	0-3	2-1	2-4	2-2	5-0	2-2	1-1	2-4	4-0	■	5-0	0-3	3-2	3-0	3-1
Truro City	1-3	1-2	2-2	1-2	0-5	2-2	0-6	1-1	1-2	0-0	0-3	2-1	2-0	0-3	2-0	3-2	0-0	■	3-2	1-2	1-1	4-2
Wealdstone	0-1	5-0	1-1	1-1	0-4	1-4	1-0	2-4	2-1	2-4	1-1	3-0	2-1	2-1	1-1	2-2	2-2	1-2	■	0-1	1-0	0-0
Welling United	3-1	1-2	0-2	3-1	0-0	3-1	1-2	4-0	1-2	2-3	0-0	1-2	5-1	4-0	2-1	0-1	3-2	0-1	■	0-2	1-2	
Weston-super-Mare	1-2	5-0	0-0	1-2	1-2	2-0	1-3	0-2	1-1	1-3	3-5	0-1	1-3	3-1	0-0	0-3	4-2	1-2	2-2	■	3-1	
Whitehawk	0-2	1-0	0-1	0-0	1-0	1-1	2-3	0-3	4-4	1-3	1-4	1-2	1-2	2-0	3-0	2-0	1-1	2-4	0-0	1-0	0-2	■

National League South
Season 2016/2017

Maidenhead United	42	30	8	4	93	29	98
Ebbsfleet United	42	29	9	4	96	30	96
Dartford	42	25	9	8	83	45	84
Chelmsford City	42	23	13	6	89	47	82
Poole Town	42	20	11	11	63	49	71
Hungerford Town	42	19	13	10	67	49	70
Hampton & Richmond Borough	42	19	12	11	81	56	69
Wealdstone	42	18	12	12	62	58	66
Bath City	42	18	8	16	71	51	62
St. Albans City	42	16	11	15	72	66	59
Eastbourne Borough	42	16	10	16	82	70	58
Hemel Hempstead Town	42	15	12	15	74	83	57
East Thurrock United	42	14	14	14	73	65	56
Oxford City	42	15	7	20	48	73	52
Weston-super-Mare	42	14	6	22	63	69	48
Welling United	42	12	7	23	64	69	43
Whitehawk	42	12	7	23	51	72	43
Concord Rangers	42	10	12	20	57	75	42
Truro City	42	11	7	24	53	99	40
Gosport Borough	42	9	9	24	45	101	36
Bishop's Stortford	42	8	3	31	29	104	27
Margate	42	7	4	31	26	81	25

Hungerford Town and Poole Town were barred from the play-offs as they did not meet ground size regulations.

National League South Promotion Play-offs

Hampton & Richmond 1   Ebbsfleet United 2
Chelmsford City 0   Dartford 0

Ebbsfleet United 2   Hampton & Richmond 1
Ebbsfleet United won 4-2 on aggregate.
Dartford 1   Chelmsford City 2
Chelmsford City won 2-1 on aggregate

Ebbsfleet United 2   Chelmsford City 1

Promoted: Maidenhead United and Ebbsfleet United

Relegated: Gosport Borough, Bishop's Stortford and Margate

National League 2017/2018 Season	AFC Fylde	Aldershot Town	Barrow	Boreham Wood	Bromley	Chester	Dagenham & Redbridge	Dover Athletic	Eastleigh	Ebbsfleet United	Gateshead	Guiseley	FC Halifax Town	Hartlepool United	Leyton Orient	Macclesfield Town	Maidenhead United	Maidstone United	Solihull Moors	Sutton United	Torquay United	Tranmere Rovers	Woking	Wrexham
AFC Fylde		7-1	1-0	2-2	2-2	1-1	2-2	3-1	2-2	1-1	0-0	2-1	2-0	3-3	0-1	6-0	1-4	3-0	1-1	2-1	2-0	5-2	1-2	2-0
Aldershot Town	2-1		1-1	2-0	1-1	1-2	1-1	0-2	0-2	0-0	1-0	6-0	0-1	2-1	2-2	1-2	1-0	1-1	1-0	2-2	3-2	2-1	3-1	2-0
Barrow	1-3	3-1		2-1	0-3	1-2	0-1	0-0	3-2	0-1	1-1	0-0	0-0	1-2	2-2	0-2	1-1	0-1	1-2	1-1	1-1	1-1	3-0	1-1
Boreham Wood	1-0	2-1	0-0		2-2	4-2	1-2	2-3	1-0	0-1	2-1	3-1	1-1	0-0	2-0	0-2	1-1	1-0	4-1	0-4	2-0	2-1	2-1	0-1
Bromley	0-1	0-2	0-0	3-2		1-1	3-1	2-2	0-0	4-2	0-1	2-1	3-0	2-0	6-1	1-1	2-3	2-2	1-0	0-1	3-1	0-1	2-0	1-1
Chester	1-1	0-0	3-2	1-2	3-2		0-4	0-2	3-1	1-3	0-2	0-0	1-1	0-2	1-2	0-1	1-3	1-0	2-3	0-2	0-2	0-2	0-2	0-1
Dagenham & Redbridge	2-0	0-2	2-1	2-3	5-1	3-2		1-0	1-2	3-3	3-1	2-3	3-1	4-2	0-0	1-0	2-1	1-3	1-2	1-0	0-4	1-1	1-0	0-1
Dover Athletic	0-1	1-2	1-1	0-1	1-2	4-0	1-0		2-0	1-1	3-2	2-1	0-0	4-0	1-0	2-0	1-1	2-2	1-0	0-1	1-0	3-1	3-1	1-0
Eastleigh	2-2	0-0	0-2	0-2	4-4	2-2	2-2	2-1		0-1	3-4	4-2	0-0	4-3	0-0	0-2	2-2	1-1	2-1	1-0	1-1	2-0	2-2	1-1
Ebbsfleet United	3-3	0-2	3-2	0-3	2-1	0-1	1-1	2-1	2-2		0-0	4-0	2-0	3-0	2-1	1-1	2-2	1-1	0-0	1-1	0-1	0-1	1-1	3-0
Gateshead	1-2	0-1	1-2	1-1	1-2	3-2	0-0	0-0	2-0	2-5		1-0	0-0	2-2	1-3	3-0	7-1	2-1	2-2	2-2	3-0	1-0	1-1	2-0
Guiseley	1-0	1-1	0-1	0-0	0-1	1-1	3-5	1-1	0-0	2-2	0-1		1-1	0-1	1-3	1-2	1-3	0-0	4-2	0-2	3-2	0-0	1-2	0-2
FC Halifax Town	2-1	0-2	1-1	2-1	2-1	4-0	2-1	1-2	3-3	1-2	2-2	2-0		2-0	1-2	1-4	2-2	0-0	2-1	1-1	1-0	1-1	0-2	0-0
Hartlepool United	0-2	0-2	1-0	2-1	1-1	1-0	0-1	1-2	2-2	0-1	4-0		1-0		1-2	3-1	0-1	1-1	1-1	1-1	1-1	3-2	1-1	1-1
Leyton Orient	1-2	2-3	4-1	0-0	0-1	2-2	2-0	1-1	1-1	0-2	4-1	0-3	1-2		0-1	2-0	3-1	4-1	0-1	4-1	1-1	3-0	1-0	
Macclesfield Town	2-1	2-0	3-1	0-0	0-0	1-0	2-0	1-0	1-2	1-1	2-1	2-1	1-1		1-0		1-4	0-0	1-0	1-1	2-2	1-3	4-1	
Maidenhead United	1-2	3-3	0-1	2-1	5-2	3-0	1-1	3-2	3-1	1-1	0-3	3-0	0-0	2-1	0-1	1-1		0-0	1-0	2-1	1-1	2-0	2-1	1-2
Maidstone United	1-0	1-1	0-1	0-4	0-2	1-0	0-0	2-2	2-3	1-2	2-2	1-1	0-0	1-2	0-2	2-2	1-1		1-1	1-1	2-1	2-3	3-1	2-1
Solihull Moors	0-4	0-0	3-3	0-0	2-0	2-0	2-2	3-2	1-4	1-3	1-1	3-1	0-1	1-2	1-0	0-0	3-1	1-0		0-2	1-1	0-2	3-0	0-0
Sutton United	2-1	2-1	3-2	1-1	0-3	3-2	2-2	0-0	1-1	4-0	3-2	1-1	2-0	1-3	1-0		0-1		0-2		0-1	1-3	0-0	1-1
Torquay United	1-3	0-0	3-1	2-4	0-4	1-1	0-3	0-2	1-2	1-1	3-4	1-0	0-2	3-0	1-1	4-0	0-1	2-3		0-0		2-1	0-0	
Tranmere Rovers	4-1	2-0	1-0	2-2	1-0	0-0	2-0	0-1	3-1	3-0	4-2	4-0	4-2	1-2	2-1	1-4	3-2	4-0	1-2	0-1	3-0		3-1	0-1
Woking	1-0	1-2	1-2	0-0	0-2	1-0	1-0	1-2	2-1	1-0	2-3	1-3	1-1	0-2	2-3	1-1	4-4	2-1	2-0	4-1	0-1			2-2
Wrexham	0-0	2-2	3-3	0-1	2-0	2-0	1-2	0-0	2-1	2-0	1-0	1-1	1-1	0-0	2-2	0-1	2-0	1-0	1-1	0-2	4-0	2-2	1-0	

National League

Season 2017/2018

Macclesfield Town	46	27	11	8	67	46	92
Tranmere Rovers	46	24	10	12	78	46	82
Sutton United	46	23	10	13	67	53	79
Boreham Wood	46	20	15	11	64	47	75
Aldershot Town	46	20	15	11	64	52	75
Ebbsfleet United	46	19	17	10	64	50	74
AFC Fylde	46	20	13	13	82	56	73
Dover Athletic	46	20	13	13	62	44	73
Bromley	46	19	13	14	75	58	70
Wrexham	46	17	19	10	49	39	70
Dagenham & Redbridge	46	19	11	16	69	62	68
Maidenhead United	46	17	13	16	65	66	64
Leyton Orient	46	16	12	18	58	56	60
Eastleigh	46	13	17	16	65	72	56
Hartlepool United	46	14	14	18	53	63	56
FC Halifax Town	46	13	16	17	48	58	55
Gateshead	46	12	18	16	62	58	54
Solihull Moors	46	14	12	20	49	60	54
Maidstone United	46	13	15	18	52	64	54
Barrow	46	11	16	19	51	63	49
Woking	46	13	9	24	55	76	48
Torquay United	46	10	12	24	45	73	42
Chester	46	8	13	25	42	79	37
Guiseley	46	7	12	27	44	89	33

National League Promotion Play-offs

Aldershot Town .... 1 Ebbsfleet United .... 1 (aet)
Ebbsfleet United won 5-4 on penalties
Boreham Wood .... 2 AFC Fylde 1

Tranmere Rovers .... 4 Ebbsfleet United .... 2 (aet)
Sutton United .... 2 Boreham Wood 3

Tranmere Rovers .... 2 Boreham Wood 1

Promoted: Macclesfield Town and Tranmere Rovers

Relegated: Woking, Torquay United, Chester and Guiseley

2017/2018 Season	AFC Telford United	Alfreton Town	Blyth Spartans	Boston United	Brackley Town	Bradford Park Avenue	Chorley	Curzon Ashton	Darlington	FC United of Manchester	Gainsborough Trinity	Harrogate Town	Kidderminster Harriers	Leamington	North Ferriby United	Nuneaton Town	Salford City	Southport	Spennymoor Town	Stockport County	Tamworth	York City
AFC Telford United		1-2	2-3	2-1	1-3	1-4	1-2	0-3	0-0	1-0	3-2	1-5	0-0	3-2	3-0	1-2	0-2	1-1	3-2	3-2	2-0	3-5
Alfreton Town	0-1		2-0	2-3	1-1	1-3	0-2	4-0	1-1	1-0	4-1	1-2	0-2	4-1	1-0	1-1	2-3	0-1	1-4	1-3	2-1	2-3
Blyth Spartans	0-1	0-1		5-2	3-0	3-0	2-0	2-1	3-1	1-1	4-0	0-2	1-2	1-0	0-1	6-3	0-1	2-0	2-3	0-1	4-2	0-2
Boston United	1-0	3-1	2-1		2-3	1-2	2-0	3-3	1-1	4-4	2-0	3-0	3-2	0-1	2-1	1-1	0-1	3-2	0-3	2-2	3-1	2-1
Brackley Town	1-1	1-3	3-1	4-1		0-1	1-2	2-2	3-0	2-1	2-0	0-0	2-0	1-1	3-0	1-0	2-1	4-0	2-0	3-2	0-0	2-0
Bradford Park Avenue	2-1	3-3	4-1	2-1	2-0		0-0	3-1	0-1	3-0	5-0	3-1	1-1	1-0	0-1	1-1	1-2	1-2	1-2	2-3	3-4	0-5
Chorley	3-2	1-0	2-0	0-1	0-0	2-0		1-1	4-1	1-0	1-0	0-0	0-0	2-0	2-2	2-2	0-1	0-0	3-1	1-1	1-1	2-0
Curzon Ashton	1-0	2-2	0-3	2-1	0-2	1-1	0-2		1-0	2-0	1-2	1-2	1-1	4-0	2-2	1-1	2-2	1-0	1-1	1-0	4-1	
Darlington	0-1	4-1	3-0	1-2	0-3	2-1	2-2	1-0		3-0	4-3	3-1	2-1	0-0	6-0	0-0	1-2	2-4	1-1	1-1	0-1	1-2
FC United of Manchester	3-1	3-2	1-3	2-1	1-1	4-0	0-0	2-0	1-2		1-0	3-2	1-2	1-2	0-2	2-1	3-2	1-0	2-3	0-1	3-1	1-0
Gainsborough Trinity	3-2	2-1	2-4	1-1	1-2	0-3	1-0	1-0	3-1	1-0		4-5	1-0	1-2	2-0	0-1	1-0	0-3	4-1	2-3	3-0	1-0
Harrogate Town	2-1	4-3	5-1	3-1	1-1	1-1	4-1	5-0	3-0	6-0	2-0		2-2	2-2	3-0	4-0	1-2	2-0	1-2	4-1	3-0	2-0
Kidderminster Harriers	2-0	2-1	5-4	1-1	2-1	1-2	0-1	2-2	3-3	4-0	3-0	0-2		2-0	4-0	3-0	4-4	3-0	2-2	3-1	2-0	2-1
Leamington	0-3	2-3	1-0	0-2	2-2	2-1	2-0	0-0	2-3	1-0	3-0	1-3	1-1		3-0	1-0	0-4	0-1	4-0	2-3	1-2	2-2
North Ferriby United	0-2	0-3	1-0	1-5	0-5	0-1	0-2	0-1	1-1	3-3	0-1	0-2	1-3	1-1		0-2	1-1	0-3	0-6	1-3	0-0	1-4
Nuneaton Town	0-2	2-2	2-2	1-1	0-2	0-0	1-1	1-1	2-1	1-0	0-1	2-1	1-0	4-0	2-2		0-2	3-0	0-1	1-3	4-1	1-0
Salford City	3-0	1-0	4-1	1-2	2-0	2-2	0-3	2-1	0-2	2-2	1-0	2-1	3-0	2-3	4-0	3-0		2-1	3-2	2-1	2-1	3-2
Southport	3-0	1-3	0-3	4-0	0-1	0-4	3-0	3-1	2-0	3-3	2-2	1-4	0-3	2-0	0-2	0-1	0-1		1-2	3-1	3-0	1-1
Spennymoor Town	1-2	2-1	3-1	0-0	0-3	3-0	1-0	2-4	1-2	4-4	1-3	1-1	1-0	1-1	0-1	1-1	2-1			1-0	1-0	2-4
Stockport County	1-0	1-0	1-3	1-0	0-1	0-0	1-1	3-0	1-1	4-1	1-0	2-2	1-2	4-0	4-1	0-1	2-2	6-0	3-2		3-2	2-0
Tamworth	2-2	2-3	0-3	2-1	1-1	0-1	3-4	4-1	0-0	0-2	1-2	2-1	0-3	4-1	2-0	1-2	3-3	3-1	3-1			1-1
York City	0-1	1-1	2-3	1-0	0-2	2-1	1-1	2-1	0-0	0-2	1-1	0-2	1-1	2-2	2-0	4-3	1-0	3-2	2-2	2-0	2-3	

National League North

Season 2017/2018

Salford City	42	28	7	7	80	45	91
Harrogate Town	42	26	7	9	100	49	85
Brackley Town	42	23	11	8	72	37	80
Kidderminster Harriers	42	20	12	10	76	50	72
Stockport County	42	20	9	13	75	57	69
Chorley	42	18	14	10	52	39	68
Bradford Park Avenue	42	18	9	15	66	56	63
Spennymoor Town	42	18	9	15	71	67	63
Boston United	42	17	9	16	67	66	60
Blyth Spartans	42	19	2	21	76	69	59
York City	42	16	10	16	65	62	58
Darlington	42	14	13	15	58	58	55
Nuneaton Town	42	14	13	15	50	57	55
AFC Telford United	42	16	5	21	55	69	53
Southport	42	14	8	20	60	72	50
FC United of Manchester	42	14	8	20	58	72	50
Alfreton Town	42	14	7	21	67	71	49
Curzon Ashton	42	12	13	17	52	66	49
Leamington	42	13	10	19	51	65	49
Gainsborough Trinity	42	14	4	24	47	73	46
Tamworth	42	11	9	22	55	77	42
North Ferriby United	42	4	9	29	25	101	21

National League North Promotion Play-offs

Stockport County 0   Chorley 1
Kidderminster Harriers 0   Bradford Park Avenue 2

Harrogate Town 2   Chorley 1
Brackley Town 1   Bradford Park Avenue 0

Harrogate Town 3   Brackley 0

Promoted: Salford City and Harrogate Town

Relegated: Gainsborough Trinity, Tamworth and North Ferriby United

National League South 2017/2018 Season	Bath City	Bognor Regis Town	Braintree Town	Chelmsford City	Chippenham Town	Concord Rangers	Dartford	Eastbourne Borough	East Thurrock United	Gloucester City	Hampton & Richmond Borough	Havant & Waterlooville	Hemel Hempstead Town	Hungerford Town	Oxford City	Poole Town	St. Albans City	Truro City	Wealdstone	Welling United	Weston-super-Mare	Whitehawk
Bath City		0-0	1-1	1-2	2-5	2-0	1-2	0-1	4-0	5-1	2-0	1-2	0-0	5-0	2-1	1-0	2-1	0-0	0-0	1-1	0-2	1-1
Bognor Regis Town	3-2		2-1	0-1	1-3	1-2	1-2	0-1	0-2	2-2	1-2	0-3	2-3	1-2	0-0	1-1	2-1	0-2	0-3	1-3	1-1	6-2
Braintree Town	0-2	3-0		2-2	2-0	2-1	2-2	3-2	4-0	2-1	1-3	1-2	5-0	1-0	1-0	1-1	2-2	1-1	0-1	4-3		
Chelmsford City	1-1	0-0	2-2		2-0	1-0	1-0	5-2	1-2	2-0	1-2	0-2	3-3	1-1	1-2	2-1	0-2	2-0	3-0	4-1	1-1	4-2
Chippenham Town	0-3	1-0	1-1	3-2		1-2	2-2	4-0	2-2	2-0	3-3	0-0	5-1	1-2	3-2	0-1	3-3	2-0	0-0	1-0	2-0	2-1
Concord Rangers	0-1	2-1	0-1	0-2	4-2		1-1	2-1	1-4	1-1	1-0	1-1	1-0	1-0	2-1	0-1	1-2	2-2	3-1	0-2	2-2	1-0
Dartford	2-0	3-1	1-1	1-2	3-0	2-0		4-2	0-1	4-1	1-0	3-2	0-0	7-1	0-1	2-1	4-1	3-3	4-1	3-1	3-1	
Eastbourne Borough	2-3	3-0	2-3	0-3	4-2	3-1	0-1		2-2	1-2	1-4	0-2	4-1	2-0	0-4	1-1	1-3	1-1	0-0	1-2	1-4	
East Thurrock United	1-1	2-0	5-3	2-4	0-2	2-3	0-1	0-0		3-0	1-1	0-1	0-1	1-1	4-1	2-2	1-1	1-2	1-1	0-1	3-4	4-2
Gloucester City	2-1	3-2	1-3	0-2	1-0	0-1	0-1	1-2	3-1		1-1	1-0	4-0	0-1	2-2	1-4	0-3	2-2	0-1	1-3	3-1	
Hampton & Richmond	3-1	1-0	1-1	1-1	1-0	1-1	2-2	1-1	5-1	1-1		0-1	0-0	3-1	1-0	1-0	1-1	1-1	1-1	3-1	1-1	
Havant & Waterlooville	1-2	0-0	0-0	1-1	4-0	3-2	0-0	3-2	6-1	2-1	0-0		1-1	2-0	3-2	2-2	1-2	1-2	1-0	2-3	2-0	4-0
Hemel Hempstead Town	1-1	3-1	4-3	3-1	3-1	1-1	0-3	3-0	2-0	3-1	1-0	0-0		1-2	2-0	1-1	2-1	1-0	1-2	1-1	2-0	3-0
Hungerford Town	1-2	1-1	0-1	1-1	2-1	2-0	1-0	0-1	2-2	2-3	2-2	0-1	0-2		1-2	4-0	3-1	1-1	1-3	1-4	2-0	0-1
Oxford City	1-1	4-0	1-2	2-0	0-1	1-1	0-2	2-1	3-3	0-3	0-0	0-1	4-1	2-0		2-3	2-3	3-1	3-2	1-1	3-3	0-1
Poole Town	0-4	2-2	0-3	0-0	2-0	1-1	0-1	0-4	2-3	1-0	1-3	2-4	1-2	2-0		0-1	0-3	2-1	2-3	3-1		1-1
St Albans City	2-0	1-2	2-1	2-1	2-0	2-1	4-0	2-2	7-2	1-3	2-1	2-2	0-0	1-1	2-1		0-1	2-1	1-2	3-1	0-3	
Truro City	1-2	1-1	1-2	2-0	1-0	2-0	3-1	0-1	1-2	1-1	1-1	1-0	3-3	2-1	2-3	3-1	1-2		1-3	3-2	3-1	7-2
Wealdstone	2-1	3-0	3-1	0-2	4-4	2-1	1-2	2-3	3-0	1-2	0-3	1-1	0-1	1-0	1-1	4-1	1-3	2-1		1-0	2-1	2-1
Welling United	0-2	3-3	3-0	0-1	4-0	3-3	2-3	3-0	0-3	2-3	0-1	1-1	0-0	3-2	1-3	2-0	3-1	2-2	1-2		3-1	1-0
Weston-super-Mare	4-2	1-0	1-2	0-1	2-2	1-0	3-0	5-1	2-2	2-1	1-2	1-4	2-1	2-1	4-2	1-2	0-2	0-2	5-1	0-2		1-0
Whitehawk	1-1	2-2	1-1	0-2	1-3	2-0	0-4	0-1	2-3	1-1	1-3	0-0	0-5	0-3	0-3	2-2	1-1	3-2	0-1	2-1	5-1	

National League South

Season 2017/2018

Havant & Waterlooville	42	25	11	6	70	30	86
Dartford	42	26	8	8	81	44	86
Chelmsford City	42	21	11	10	68	45	74
Hampton & Richmond Borough	42	18	18	6	58	37	72
Hemel Hempstead Town	42	19	13	10	71	51	70
Braintree Town	42	19	13	10	73	55	69
Truro City	42	20	9	13	71	55	69
St. Albans City	42	19	8	15	71	58	65
Bath City	42	17	12	13	64	48	63
Welling United	42	17	10	15	68	59	61
Wealdstone	42	16	11	15	64	62	59
Weston-super-Mare	42	16	7	19	66	73	55
Chippenham Town	42	15	9	18	64	70	54
Gloucester City	42	15	8	19	56	70	53
East Thurrock United	42	13	11	18	68	84	50
Oxford City	42	13	10	19	60	69	49
Concord Rangers	42	12	10	20	46	62	46
Eastbourne Borough	42	13	7	22	57	80	46
Hungerford Town	42	12	7	23	45	68	43
Poole Town	42	11	9	22	47	73	42
Whitehawk	42	8	10	24	51	89	34
Bognor Regis Town	42	5	12	25	41	78	27

Braintree Town had 1 point deducted for fielding an ineligible player.

National League South Promotion Play-offs

Hemel Hempstead Town 0   Braintree Town .... 0 (aet)
Braintree Town won 3-2 on penalties.
Hampton & Richmond Boro. .. 3   Truro City .... 1 (aet)

Dartford 0   Braintree Town 1
Chelmsford City 0   Hampton & Richmond Boro ... 1

Hampton & Richmond Boro. .. 1   Braintree Town .... 1 (aet)
Braintree Town won 4-3 on penalties.

Promoted: Havant & Waterlooville and Braintree Town

Relegated: Poole Town, Whitehawk and Bognor Regis Town

National League 2018/2019 Season

	AFC Fylde	Aldershot Town	Barnet	Barrow	Boreham Wood	Braintree Town	Bromley	Chester City	Dagenham & Redbridge	Dover Athletic	Eastleigh United	Ebbsfleet United	FC Halifax Town	Gateshead	Harrogate Town	Hartlepool United	Havant & Waterlooville	Leyton Orient	Maidenhead United	Maidstone United	Salford City	Solihull Moors	Sutton United	Wrexham
Fylde	■	3-0	1-0	0-0	2-1	3-0	2-1	0-1	1-1	4-0	4-2	2-0	0-2	1-0	0-0	4-2	6-2	1-3	2-1	2-0	0-2	3-1	2-2	2-0
Aldershot Town	0-0	■	0-0	0-2	1-1	1-0	3-2	0-2	2-1	2-0	1-3	0-2	3-0	0-2	0-2	1-1	2-0	1-2	0-0	0-1	0-1	0-3	2-1	0-0
Barnet	1-1	2-0	■	3-1	1-1	1-1	1-1	0-2	2-1	2-0	1-2	0-3	1-1	1-2	1-0	0-0	2-2	0-0	1-0	0-2	1-3	2-0	0-1	1-2
Barrow	1-1	2-1	0-2	■	1-2	1-0	1-1	3-2	0-1	2-3	0-3	0-0	0-0	1-2	2-2	1-0	3-0	2-3	2-0	1-0	3-2	1-2	2-1	0-0
Boreham Wood	1-1	0-2	1-0	1-1	■	1-1	2-1	1-0	1-0	0-1	3-3	0-0	2-1	1-1	2-4	0-4	1-3	1-0	3-1	0-1	2-3	2-2	1-2	0-2
Braintree Town	2-1	0-1	4-0	0-2	1-1	■	2-4	1-3	2-0	2-1	1-2	0-4	0-2	0-4	1-1	3-4	1-5	0-2	0-1	1-0	0-3	2-2	0-1
Bromley	3-2	2-2	0-1	2-1	0-2	2-4	■	3-3	0-2	2-2	0-1	5-1	2-2	1-1	1-1	4-0	2-1	1-0	0-2	0-2	2-1	2-1
Chesterfield	0-0	3-0	0-1	0-1	3-2	1-0	1-1	■	2-0	0-0	2-3	3-3	1-0	0-3	0-1	1-1	0-0	1-0	1-3	4-1	2-0	0-4	3-0	1-1
Dagenham & Redbridge	2-1	1-1	0-1	0-0	4-4	1-0	3-0	1-1	■	1-3	2-0	1-3	2-1	1-2	3-1	2-1	2-2	1-2	0-0	1-1	1-0	1-2
Dover Athletic	2-1	1-0	1-2	0-2	1-1	3-0	1-1	0-0	0-2	■	1-2	2-1	1-2	2-3	2-1	4-3	0-0	2-0	3-1	1-4	0-2	3-0	0-1
Eastleigh	0-0	1-2	0-3	1-1	1-0	2-1	1-0	1-0	2-2	■	0-1	0-1	2-1	3-2	2-1	1-1	2-0	2-1	1-1	1-2	3-2	1-3
Ebbsfleet United	1-3	3-1	1-0	1-0	3-2	4-2	1-2	0-1	0-1	0-1	3-0	■	4-0	0-1	0-2	0-0	1-1	2-0	3-0	1-1	0-1	0-1	4-2
FC Halifax Town	0-0	0-0	3-0	2-0	1-1	0-0	2-2	1-1	2-1	1-0	0-1	0-0	■	1-0	1-1	1-2	0-0	1-0	3-0	0-0	2-0	0-1	2-1
Gateshead	0-1	3-0	2-1	0-2	1-1	0-1	2-0	2-0	2-1	0-1	1-1	■	2-3	2-1	0-0	1-1	2-0	1-2	1-0	2-1	1-2	0-0	1-1
Harrogate Town	1-2	4-1	2-0	4-2	0-1	3-1	1-0	1-1	1-1	2-2	4-0	1-2	1-2	2-0	■	3-1	3-2	0-3	1-0	2-2	0-1	3-1	2-2	0-0
Hartlepool United	1-2	1-1	1-3	0-0	2-0	2-1	1-2	1-0	1-2	3-2	1-1	0-1	2-1	2-2	■	1-1	1-1	2-1	1-1	3-2	1-1	2-3	1-0
Havant & Waterlooville	1-1	2-1	0-2	2-0	0-0	0-3	1-2	3-2	3-0	0-0	2-2	3-3	2-1	0-1	1-2	■	1-2	7-0	5-2	1-1	0-1	1-2	2-3
Leyton Orient	2-0	0-0	3-1	2-2	1-0	0-0	3-1	3-1	1-0	3-0	3-2	1-1	2-2	2-0	2-0	4-0	■	0-1	3-0	0-3	3-0	0-1	1-0
Maidenhead United	0-6	4-3	0-1	1-1	1-0	0-1	2-2	2-0	1-1	1-0	1-1	3-0	1-3	2-0	0-1	2-1	0-2	■	3-2	0-3	1-2	1-0	0-2
Maidstone United	1-1	0-2	2-1	1-0	1-2	2-2	0-1	2-1	1-1	0-3	0-1	1-3	0-2	0-2	1-1	2-0	1-2	2-4	■	0-2	1-3	0-2	1-1
Salford City	0-1	4-0	0-0	3-1	3-1	2-2	2-1	3-2	1-1	1-3	0-2	2-1	2-1	1-1	3-2	3-0	1-1	3-0	1-0	■	2-0	2-0	2-0
Solihull Moors	1-2	1-0	2-2	0-1	0-0	2-1	5-0	2-2	2-0	2-2	4-1	2-1	0-0	1-0	2-0	1-0	3-2	0-0	1-0	5-0	0-0	■	2-2	1-0
Sutton United	0-0	2-1	0-0	0-1	0-4	0-3	1-0	1-1	1-0	2-0	1-0	1-1	4-2	2-1	2-2	2-2	1-2	0-1	2-2	2-1	1-2	2-2	■	3-0
Wrexham	0-0	2-0	1-0	1-3	3-0	3-1	2-2	1-0	0-1	2-0	4-1	0-0	3-1	2-1	1-0	1-0	0-2	1-0	0-2	1-0	5-1	1-0	1-0	■

National League

Season 2018/2019

Team	P	W	D	L	F	A	Pts
Leyton Orient	46	25	14	7	73	35	89
Solihull Moors	46	25	11	10	73	43	86
Salford City	46	25	10	11	77	45	85
Wrexham	46	25	9	12	58	39	84
Fylde	46	22	15	9	72	41	81
Harrogate Town	46	21	11	14	78	57	74
Eastleigh	46	22	8	16	62	63	74
Ebbsfleet United	46	18	13	15	64	50	67
Sutton United	46	17	14	15	55	60	65
Barrow	46	17	13	16	52	51	64
Bromley	46	16	12	18	68	69	60
Barnet	46	16	12	18	45	50	60
Dover Athletic	46	16	12	18	58	64	60
Chesterfield	46	14	17	15	55	53	59
Halifax Town	46	13	20	13	44	43	59
Hartlepool United	46	15	14	17	56	62	59
Gateshead	46	19	9	18	52	48	57
Dagenham & Redbridge	46	15	11	20	50	56	56
Maidenhead United	46	16	6	24	45	70	54
Boreham Wood	46	12	16	18	53	65	52
Aldershot Town	46	11	11	24	38	67	44
Havant & Waterlooville	46	9	13	24	62	84	40
Braintree Town	46	11	8	27	48	78	38
Maidstone United	46	9	7	30	37	82	34

Gateshead had 9 points deducted and were subsequently demoted to the National League North due to financial irregularities. As a result Aldershot Town were given a reprieve from relegation. Braintree Town had 3 points deducted for fielding an ineligible player.

National League Promotion Play-offs

AFC Fylde .... 3 Harrogate Town 1
Wrexham .... 0 Eastleigh .... 1 (aet)

Solihull Moors .... 0 AFC Fylde 1
Salford City .... 1 Eastleigh .... 1 (aet)
Salford City won 4-3 on penalties.

AFC Fylde .... 0 Salford City 3

Promoted: Leyton Orient and Salford City

Relegated: Gateshead, Havant & Waterlooville, Braintree Town and Maidstone United

National League North 2018/2019 Season	AFC Telford United	Alfreton Town	Altrincham	Ashton United	Blyth Spartans	Boston United	Brackley Town	Bradford Park Avenue	Chester	Chorley	Curzon Ashton	Darlington	FC United of Manchester	Guiseley	Hereford	Kidderminster Harriers	Leamington	Nuneaton Borough	Southport	Spennymoor Town	Stockport County	York City
AFC Telford United		0-0	1-1	2-1	1-1	1-0	2-1	0-2	3-1	1-1	3-1	3-1	1-3	1-1	1-1	0-1	4-1	3-1	1-0	2-1	1-1	2-1
Alfreton Town	1-1		0-7	2-0	3-1	1-1	0-1	0-1	2-2	2-1	0-1	0-0	2-3	0-1	1-1	3-3	1-2	3-1	3-1	1-7	1-1	2-3
Altrincham	3-1	3-1		3-0	1-1	0-2	1-2	1-1	4-0	5-3	0-2	3-3	1-2	1-1	1-1	2-1	2-2	4-0	1-0	0-2	0-1	3-0
Ashton United	3-4	0-2	1-1		0-3	1-1	1-5	0-2	0-3	0-5	1-2	2-2	1-0	1-0	0-0	0-1	2-1	0-0	1-2	3-0	0-6	0-2
Blyth Spartans	1-0	1-1	2-1	2-0		3-0	1-3	1-2	8-1	1-2	3-2	0-1	0-3	2-0	2-3	3-3	0-2	4-1	2-1	2-2	3-2	2-1
Boston United	2-2	0-1	1-2	2-1	4-0		1-3	2-2	0-2	0-2	4-1	0-2	2-1	1-0	3-1	0-2	1-1	2-1	1-2	0-2	1-3	2-0
Brackley Town	3-1	3-1	1-2	3-1	1-1	2-0		3-0	2-2	2-2	2-0	2-4	1-0	2-0	3-1	2-2	3-1	2-0	4-1	1-0	0-0
Bradford (Park Avenue)	1-2	1-1	2-3	3-2	1-1	1-0	1-0		2-0	1-0	2-2	2-2	2-3	1-2	1-0	1-2	2-1	1-0	2-2	1-0	1-1	1-3
Chester	2-1	3-2	1-2	4-1	2-0	4-1	0-0	5-3		0-0	0-1	3-1	0-0	1-1	3-0	3-1	1-1	3-2	0-0	0-0	0-6	2-2
Chorley	1-1	3-1	4-1	0-1	2-4	1-1	2-0	3-2	0-0		2-0	3-2	4-0	3-0	1-0	3-0	3-0	4-0	1-2	2-0	1-0
Curzon Ashton	2-1	3-2	0-6	2-4	1-3	1-3	1-1	1-1	0-3	0-1		1-1	3-1	1-0	0-1	1-1	1-1	0-3	0-5	2-0	1-0
Darlington	3-0	0-1	0-3	2-1	1-1	1-0	0-2	1-0	0-1	1-1	1-2		2-0	0-0	2-2	3-0	1-1	1-2	0-1	0-1	0-1	5-1
FC United of Manchester	1-2	1-1	1-2	3-4	1-2	0-3	1-1	2-2	0-2	1-4	2-0	1-2		3-3	2-2	0-1	0-2	0-4	1-1	1-3	1-2	3-3
Guiseley	1-1	0-1	2-2	1-1	1-3	4-5	2-1	1-5	1-1	0-2	1-0	1-0	3-0		1-1	1-0	1-1	2-1	0-1	1-1	1-1	1-1
Hereford	1-1	2-1	1-1	0-2	3-0	0-2	0-2	1-2	2-0	1-1	1-2	4-2	1-3	1-0		1-0	2-1	2-0	0-3	0-3	2-2	1-1
Kidderminster Harriers	0-0	0-1	3-2	3-3	3-1	1-2	2-0	3-0	4-1	0-4	1-1	5-2	1-2	2-1		1-2	4-1	1-4	2-1	2-1	1-2
Leamington	2-2	3-1	3-0	1-0	1-2	2-0	0-0	4-2	1-0	0-1	2-2	2-2	2-2	2-2	0-4		3-0	1-0	0-2	0-1	0-1
Nuneaton Borough	1-2	1-2	0-2	0-1	1-3	1-5	1-3	0-6	2-3	0-1	2-4	1-2	1-0	1-3	0-0	1-0	0-2		1-4	0-2	0-3	2-2
Southport	0-4	2-1	1-3	2-2	0-1	2-3	0-0	2-2	3-0	5-3	2-2	0-0	0-0	1-0	1-0	2-2	5-1	1-1		1-1	0-1	1-2
Spennymoor Town	2-3	1-1	4-4	5-0	2-2	1-0	2-1	0-2	2-0	1-0	0-0	2-2	2-0	3-2	0-2	2-1	1-0	3-1	1-1		1-3	3-0
Stockport County	3-2	0-1	2-0	2-1	0-1	0-2	1-1	3-0	1-1	1-2	2-0	2-0	5-1	1-1	1-1	1-0	3-1	2-2	3-2	1-0		3-1
York City	1-0	1-2	0-1	2-0	2-0	2-2	2-1	1-4	0-0	1-4	1-1	4-0	2-0	4-2	1-2	0-3	2-2	2-0	1-0	2-3	1-0	

National League North

Season 2018/2019

Stockport County	42	24	10	8	77	36	82
Chorley	42	24	9	9	83	41	81
Brackley Town	42	22	11	9	72	40	77
Spennymoor Town	42	22	10	10	78	48	76
Altrincham	42	20	11	11	85	56	71
Blyth Spartans	42	20	9	13	74	62	69
Bradford Park Avenue	42	18	11	13	71	61	65
AFC Telford United	42	17	14	11	64	55	65
Chester	42	16	14	12	60	62	62
Kidderminster Harriers	42	17	9	16	68	62	60
Boston United	42	17	7	18	62	60	58
York City	42	16	10	16	58	63	58
Leamington	42	13	15	14	57	60	54
Southport	42	13	14	15	58	55	53
Alfreton Town	42	13	12	17	53	67	51
Darlington	42	12	14	16	56	62	50
Hereford	42	11	16	15	47	58	49
Curzon Ashton	42	13	10	19	44	71	49
Guiseley	42	9	17	16	46	60	44
Ashton United	42	9	8	25	43	86	35
FC United of Manchester	42	8	10	24	49	82	34
Nuneaton Borough	42	4	7	31	38	96	19

National League North Promotion Play-offs

Altrincham 2   Blyth Spartans .... 2 (aet)
Altrincham won 7-6 on penalties.
Spennymoor Town 1   Bradford Park Avenue 0

Chorley 1   Altrincham 1
Chorley won 3-1 on penalties.
Brackley Town 0   Spennymoor Town .... 0 (aet)
Spennymoor Town won 5-4 on penalties.

Chorley 1   Spennymoor Town .... 1 (aet)
Chorley won 4-3 on penalties.

Promoted: Stockport County and Chorley

Relegated: Ashton United, FC United of Manchester and Nuneaton Borough

National League South 2018/2019 Season

	Bath City	Billericay Town	Chelmsford City	Chippenham Town	Concord Rangers	Dartford	Dulwich Hamlet	East Thurrock United	Eastbourne Borough	Gloucester City	Hampton & Richmond Borough	Hemel Hempstead Town	Hungerford Town	Oxford City	Slough Town	St. Albans City	Torquay United	Truro City	Wealdstone	Welling United	Weston-super-Mare	Woking
Bath City	■	1-2	2-0	5-0	1-1	1-2	2-1	1-0	1-0	3-0	1-0	0-1	4-1	1-0	2-0	0-3	3-2	1-1	1-1	0-2	2-0	1-1
Billericay Town	0-2	■	0-1	1-2	1-1	1-1	1-1	3-2	2-0	1-0	1-3	2-1	1-2	2-3	3-2	3-2	0-2	3-2	1-0	2-0	4-2	0-4
Chelmsford City	1-0	5-1	■	1-0	2-2	2-1	2-2	1-0	3-2	2-0	2-0	2-1	4-1	2-1	0-1	2-4	0-0	0-2	0-3	0-0	2-2	2-0
Chippenham Town	2-2	2-0	0-1	■	4-1	1-2	1-2	2-0	2-3	1-0	3-2	1-1	3-1	0-1	1-0	0-0	2-1	2-1	3-1	1-4	1-3	2-2
Concord Rangers	2-1	2-2	3-0	1-1	■	2-0	0-0	1-1	3-0	2-0	4-0	2-1	4-0	0-1	2-2	2-1	0-1	3-0	2-2	0-5	3-0	1-1
Dartford	3-0	2-1	1-0	0-1	1-1	■	2-1	2-0	2-2	2-0	2-2	0-1	3-2	1-1	3-2	0-2	1-1	0-3	1-0	2-1	2-0	
Dulwich Hamlet	0-2	2-2	1-3	2-0	0-1	2-0	■	2-1	2-1	0-1	0-2	3-3	3-1	0-1	0-1	1-0	0-2	3-2	1-1	2-1	3-3	1-3
East Thurrock United	1-0	2-1	2-0	2-1	0-2	2-2	0-0	■	0-1	2-0	0-0	1-2	2-1	0-1	1-0	2-4	1-2	2-2	0-1	4-1	2-3	0-1
Eastbourne Borough	0-0	0-2	1-1	2-1	1-2	6-0	2-1	0-2	■	1-2	2-2	3-0	3-1	2-2	2-4	1-2	2-4	2-2	0-3	1-0	1-1	1-2
Gloucester City	0-0	1-4	0-0	3-2	1-2	1-2	1-1	1-0	2-2	■	0-0	1-1	0-0	1-0	1-2	0-0	0-2	0-0	0-1	1-3	3-4	
Hampton & Richmond	0-1	0-2	1-1	2-1	1-4	0-1	2-0	1-0	0-0	0-1	■	1-2	0-3	2-4	1-1	0-1	0-3	2-2	2-1	2-1	3-1	0-3
Hemel Hempstead Town	0-3	0-2	3-5	4-2	2-2	1-2	1-0	3-2	3-2	2-1	1-1	■	0-0	1-1	1-1	1-4	2-1	1-1	0-1	1-1	0-2	0-2
Hungerford Town	0-0	2-2	0-6	2-1	2-1	1-0	2-1	1-2	0-3	1-1	1-2	5-0	■	0-2	1-4	1-1	0-1	0-1	1-1			
Oxford City	1-2	2-3	1-3	1-1	2-0	2-1	4-1	3-1	0-0	0-1	3-5	2-1	1-2	■	1-3	2-1	1-0	4-0	3-0	0-1	3-0	1-2
Slough Town	0-0	2-1	1-0	2-2	1-0	2-2	1-2	3-1	1-1	2-1	1-1	1-0	2-0	2-0	■	2-2	0-0	1-2	0-1	1-0	2-1	0-1
St Albans City	0-2	2-1	3-1	2-3	2-0	1-0	2-1	1-2	2-3	1-2	3-2	1-1	3-2	0-4	1-0	■	2-0	0-2	2-0	2-0	1-1	
Torquay United	1-0	2-2	3-1	0-1	4-1	2-0	5-2	2-0	2-0	2-1	2-0	0-1	7-2	4-0	4-1	■	4-2	3-2	3-1	1-2	2-2	
Truro City	1-1	0-4	0-3	1-2	1-3	3-1	3-2	1-3	2-0	1-2	0-2	1-2	2-3	2-3	3-3	2-1	1-3	■	1-2	2-2	3-3	0-1
Wealdstone	3-3	1-1	2-3	1-0	1-1	1-1	1-3	3-0	0-3	2-1	2-1	1-0	0-3	2-2	0-3	3-0	1-3	4-1	■	1-0		
Welling United	2-1	0-3	2-0	2-1	0-1	2-0	2-0	1-0	3-1	4-0	1-1	3-1	3-2	2-1	2-2	2-0	5-3	1-1	■	3-1	3-3	
Weston-super-Mare	0-2	2-3	0-3	0-1	1-2	3-1	1-1	1-1	0-1	0-0	0-2	1-2	0-0	1-1	2-0	2-3	2-2	1-1	0-5	0-1	■	2-4
Woking	1-3	2-1	1-1	2-0	1-2	0-1	1-2	3-0	2-0	1-2	3-1	3-1	3-0	3-2	0-1	2-1	3-3	3-1	0-2	2-0	2-1	■

National League South

Season 2018/2019

Torquay United	42	27	7	8	93	41	88
Woking	42	23	9	10	76	49	78
Welling United	42	23	7	12	70	47	76
Chelmsford City	42	21	9	12	68	50	72
Bath City	42	20	11	11	58	36	71
Concord Rangers	42	20	13	9	69	48	70
Wealdstone	42	18	12	12	62	50	66
Billericay Town	42	19	8	15	72	65	65
St. Albans City	42	18	10	14	67	64	64
Dartford	42	18	10	14	52	58	64
Slough Town	42	17	12	13	56	50	63
Oxford City	42	17	5	20	64	63	56
Chippenham Town	42	16	7	19	57	64	55
Dulwich Hamlet	42	13	10	19	52	65	49
Hampton & Richmond Borough	42	13	10	19	49	66	49
Hemel Hempstead Town	42	12	12	18	52	67	48
Gloucester City	42	12	11	19	35	54	47
Eastbourne Borough	42	10	12	20	52	65	42
Hungerford Town	42	11	9	22	45	72	42
Truro City	42	9	12	21	63	87	39
East Thurrock United	42	10	7	25	42	63	37
Weston-super-Mare	42	8	11	23	50	80	35

Concord Rangers had 3 points deducted for an infringement of the league's rules and were also barred from entering the play-offs after failing ground size regulations.

National League South Promotion Play-offs

Bath City 1   Wealdstone .... 3 (aet)
Braintree Town won 3-2 on penalties.
Chelmsford City received a bye into the play-off semi-finals.

Woking 3   Wealdstone 2
Welling United 3   Chelmsford City 2

Woking 1   Welling United .... 0 (aet)

Promoted: Torquay United and Woking

Relegated: Truro City, East Thurrock United and Weston-super-Mare

National League 2019/2020 Season

	AFC Fylde	Aldershot Town	Barnet	Barrow	Boreham Wood	Bromley	Chesterfield	Chorley	Dagenham & Redbridge	Dover Athletic	Eastleigh	Ebbsfleet United	Halifax Town	Harrogate Town	Hartlepool United	Maidenhead United	Notts County	Solihull Moors	Stockport County	Sutton United	Torquay United	Woking	Wrexham	Yeovil Town
AFC Fylde	■	1-0	0-4	0-1	1-2		1-3	0-0	3-0	0-0	3-1	1-0		0-0			1-2	0-0	1-2	0-0	2-3	1-4	3-2	
Aldershot Town	1-2	■	0-0	1-2	3-2	0-1	2-2	3-3	0-1	4-0	3-1		1-1	1-1	0-3	2-0	2-1		2-1	1-1			1-0	1-3
Barnet	2-1	2-0	■		2-2	1-2	2-2	2-1		0-1		5-2	1-1		2-1	1-0		0-0	1-2		2-2	2-2		1-0
Barrow	1-1	1-0	2-1	■		3-1	2-0		2-2	2-1	1-0		7-0	0-3	0-1	1-2	0-2	3-0		1-0	2-1			1-0
Boreham Wood	0-2	0-0	0-0	1-1	■		2-2			3-1	2-2	1-2		2-1	1-1	2-1	1-2	1-0	4-0	0-1		1-0	2-2	1-0
Bromley	2-2		1-2	1-2	1-0	■	2-1		3-0	3-0	2-3	3-1	5-0	3-3			2-1	2-2	2-2	0-1	3-3	1-0	0-2	1-1
Chesterfield	1-1	2-1		2-2		1-2	■	2-3	1-1	1-2	1-2	4-0	2-3	3-4	1-5		1-0	2-2		1-0	1-0	1-2	3-2	1-2
Chorley		0-0	0-1	1-3	1-3	0-0	1-2	■	1-0	1-2	0-4	0-1	0-2	0-0			1-6	3-0		1-0	1-1	0-2		1-2
Dagenham & Redbridge	1-2	6-1	1-1	0-3	1-1		0-0		■		1-1	4-2	3-1	1-2	2-0	2-0	1-1	1-2	0-0		0-2	2-1	3-2	
Dover Athletic	5-1	2-0		2-1	0-2	3-0	1-1	1-1	1-2	■	3-1	1-1	0-2		1-1	3-4	2-2	1-1	0-1		1-0	1-2	2-1	0-1
Eastleigh	2-2	0-0	1-2		2-0	1-1	0-2	0-0	1-1		■		1-1	4-2	1-1	2-0	1-0			1-1	3-2	2-0	0-2	
Ebbsfleet United		1-2	3-0	0-3		2-2	1-0	1-1	0-1	1-1		■	1-4	0-2	2-2	1-2		0-1	1-1	2-4	2-1	2-1	1-3	
Halifax Town	4-1		4-2	0-2		2-1	1-0	0-0	1-0	4-2	1-1	0-1	■	0-1	2-0	5-2	2-4	2-1	0-0	1-0	2-4	0-2		0-2
Harrogate Town		1-0	2-1		0-0	1-1	3-1	2-0		0-2	3-0	2-0	2-2	■	4-1	1-0	0-2	2-2	2-1	2-0			0-2	3-0
Hartlepool United	2-2	2-0	2-0	2-2		2-3	3-1		1-0	0-2	2-1	0-1		0-1	■		2-0		2-0	1-3		1-1	4-2	2-1
Maidenhead United	1-1	1-2	1-4	0-4	0-1	1-2	1-1	4-1	0-1	1-2	2-0	1-3	0-1	1-1	0-1	■	0-0	1-0	1-2			2-3	2-0	
Notts County	2-0	3-1	1-2	0-3	2-2	2-1	3-0	5-1	2-0		4-0		1-0		2-2	3-0	■	0-0	1-1	1-1	2-0	1-1	1-1	
Solihull Moors	3-1		1-0	0-0	0-2	3-0		2-1	3-0	1-2	2-1			0-1	0-2	0-1		■	2-0	2-0	1-1		3-1	0-1
Stockport County	2-1	1-2	1-1	3-2	1-3	1-0	2-0	4-2	1-0	0-2	2-0	5-1		2-1	0-1		1-4		■	0-0	0-4	1-3		
Sutton United		1-1	2-2		0-2	4-0	1-2		2-3	0-1	3-1	1-1	0-3	1-1	0-0		0-0			■	2-0	6-2	3-1	3-2
Torquay United	2-1	2-0		4-2	2-1		0-3	2-0	0-0		2-3	0-0	1-0	4-2	1-2	0-2		1-5	1-2		■	4-1	1-0	0-2
Woking		0-1	1-3	3-2	1-2	2-1		1-0		1-1	2-2	0-0	1-0	2-1	2-0	0-4	2-0	1-1	0-2	1-1		■	1-1	1-0
Wrexham	0-1	1-2	1-1	2-1		1-0	0-1	3-1	0-0		0-0	1-0	1-0	1-1		2-2		2-0	1-2	1-1	3-0		■	3-3
Yeovil Town	3-2	2-2		1-1	3-1		1-1		0-1	1-0		2-0	1-2	2-2	1-2	3-1	0-1	1-1	1-0	6-2	3-1	3-0		■

National League
Season 2019/2020

Barrow	37	21	7	9	68	39	70	1.89
Harrogate Town	37	19	9	9	61	44	66	1.78
Notts County	38	17	12	9	61	38	63	1.66
Yeovil Town	37	17	9	11	61	44	60	1.62
Boreham Wood	37	16	12	9	55	40	60	1.62
Halifax Town	37	17	7	13	50	49	58	1.57
Barnet	35	14	12	9	52	42	54	1.54
Stockport County	39	16	10	13	51	54	58	1.49
Solihull Moors	38	15	10	13	48	37	55	1.45
Woking	38	15	10	13	50	55	55	1.45
Dover Athletic	38	15	9	14	49	49	54	1.42
Hartlepool United	39	14	13	12	56	50	55	1.41
Bromley	38	14	10	14	57	52	52	1.37
Torquay United	36	14	6	16	56	61	48	1.33
Sutton United	38	12	14	12	47	42	50	1.32
Eastleigh	37	11	13	13	43	55	46	1.24
Dagenham & Redbridge	37	11	11	15	40	44	44	1.19
Aldershot Town	39	12	10	17	43	55	46	1.18
Wrexham	37	11	10	16	46	49	43	1.16
Chesterfield	38	11	11	16	55	65	44	1.16
Maidenhead United	38	12	5	21	44	58	41	1.08
Ebbsfleet United	39	10	12	17	47	68	42	1.08
AFC Fylde	37	9	12	16	44	60	39	1.05
Chorley	38	4	14	20	31	65	26	0.68

Play was suspended on 16th March 2020 due to the Covid-19 pandemic and then ended early on 20th April 2020. Final league positions were therefore decided on a Points won Per Game basis.

National League Promotion Play-offs

Quarter-finals

Boreham Wood 2   Halifax Town 1
Yeovil Town 0   Barnet 2

Semi-finals

Harrogate Town 1   Boreham Wood 0
Notts County 2   Barnet 0

Final

Harrogate Town 3   Notts County 1

Promoted: Barrow and Harrogate Town

Relegated: Ebbsfleet United, AFC Fylde and Chorley

National League North 2019/2020 Season

	AFC Telford United	Alfreton Town	Altrincham	Blyth Spartans	Boston United	Brackley Town	Bradford Park Avenue	Chester	Curzon Ashton	Darlington	Farsley Celtic	Gateshead	Gloucester City	Guiseley	Hereford	Kettering Town	Kidderminster Harriers	King's Lynn Town	Leamington	Southport	Spennymoor Town	York City
AFC Telford United	■	3-0	2-2	4-2	1-3	0-1		1-3		1-2	0-2	0-0	4-3	4-1		3-1	2-0	1-3	1-3		2-2	1-1
Alfreton Town	1-1	■		3-0	1-1	2-4	4-0		3-2	1-2	2-4		6-1		2-0	0-2		2-2	1-0	2-0	0-2	1-3
Altrincham	5-2	3-2	■	3-1		2-0		2-1	1-1	3-1	3-0		1-1	5-1	1-1	1-1		5-0	3-0	4-1		1-3
Blyth Spartans	3-1		0-3	■	0-1	0-6		2-2	2-1	0-2	2-0	3-3	1-2	1-4	0-1		1-1	0-3		1-4		0-3
Boston United	1-0		5-0	2-0	■		1-0	2-1	1-1	0-0			0-3		1-1	2-1	2-0	0-3	1-0	2-0		3-1
Brackley Town	1-1	1-0	1-0	5-2	0-0	■	8-0	1-1	3-0	5-1	0-1		3-0	0-0		1-2	2-0	1-1		1-1	0-0	
Bradford (Park Avenue)	2-3		2-0	0-0	1-2	1-2	■		2-1	0-2		0-3		1-2	0-5	3-2		0-3	2-3	0-3	1-1	0-2
Chester	0-0	3-0	1-1	2-1		2-3	2-1	■	0-1	3-0	2-1		4-0	3-1	4-1			3-2	3-3	4-0		0-1
Curzon Ashton	2-1	0-2	0-1	0-1	1-1	0-4	5-0	1-3	■		3-1	4-0	0-1			2-0	0-0	0-1			1-1	1-0
Darlington	2-3	3-0		2-1	2-1	1-1	0-1	2-0		■		2-4		2-1	0-3	0-0	3-0	1-0			2-0	2-1
Farsley Celtic	1-1	1-1		2-0	2-4	1-1	5-0		2-1	3-1	■		1-1	0-1	1-2	3-2	0-1	1-2	2-1	0-3	1-0	
Gateshead		3-1	2-0	2-3	3-0	2-0	1-1	2-0	3-0		0-3	■		1-0	2-3	2-0		0-0	1-2	4-2	0-0	1-0
Gloucester City	0-1		1-1		3-0		1-0		2-2	2-1		3-1	■	0-2	2-2		2-1	0-1	1-2	2-3		
Guiseley	1-2	2-4	1-1			0-2		0-1	1-0	1-2	2-0	2-2	2-1	■	3-0	1-2	1-2	3-0	3-0		3-1	0-0
Hereford	1-0	1-2	0-2		0-0	1-1	1-1		1-1	2-2	1-1	2-1		0-0	■	1-0	2-1		1-2	2-2	2-2	2-2
Kettering Town	2-1	2-1	0-2	4-4	0-2		4-0	1-1		1-0	1-2	1-1			0-0	■	3-5				0-2	0-0
Kidderminster Harriers		0-1	2-0	0-1	1-3	1-3		0-1			1-1	2-0	1-1	2-3		3-1	■	2-4	2-2	0-1	1-1	0-1
King's Lynn Town		3-2	2-2	3-0	1-0		0-1	2-2	4-1	2-0		1-0	2-2	0-1	3-1	2-1	0-2	■		5-2	3-0	1-0
Leamington		0-1	0-1	2-0		2-0		0-0	1-1	3-0	0-3	0-0	3-0	2-2	0-2	3-1		0-0	■	1-0	2-2	
Southport	0-1		2-1	2-0	1-3	1-0	3-3	1-3	0-0			1-0	3-0	3-2	1-1	1-2	1-2	4-1		■		0-2
Spennymoor Town	3-3	5-0	3-2	5-0	2-1	0-0	3-0	2-1		3-1		1-3	5-1		4-0	1-2	2-1	2-2	2-0	1-0	■	1-4
York City	2-0	1-0			2-1	2-0		1-4	2-1			4-2	1-1	0-1	0-0	1-1		1-2	1-4	1-0	1-1	■

National League North
Season 2019/2020

	P	W	D	L	F	A	Pts	PPG
King's Lynn Town	32	19	7	6	63	39	64	2.00
York City	34	19	9	6	52	28	66	1.94
Boston United	32	17	7	8	46	32	58	1.81
Brackley Town	34	16	12	6	61	25	60	1.76
Altrincham	33	16	9	8	62	40	57	1.73
Chester	32	15	9	8	58	38	54	1.69
Gateshead	31	14	10	7	47	31	52	1.68
Spennymoor Town	34	15	10	9	63	45	55	1.62
Guiseley	33	14	8	11	52	41	50	1.52
Darlington	33	14	6	13	43	50	48	1.45
Farsley Celtic	34	14	6	14	50	45	48	1.41
Southport	32	12	7	13	40	41	43	1.34
Alfreton Town	32	12	4	16	48	55	40	1.25
AFC Telford United	34	11	9	14	51	56	42	1.24
Kidderminster Harriers	33	10	8	15	39	43	38	1.15
Hereford	35	9	12	14	39	56	39	1.11
Gloucester City	30	9	6	15	39	57	33	1.10
Leamington	32	9	8	15	39	51	35	1.09
Kettering Town	31	7	11	13	36	46	32	1.03
Curzon Ashton	33	8	10	15	34	42	34	1.03
Blyth Spartans	33	6	5	22	32	78	23	0.70
Bradford Park Avenue	33	5	5	23	25	80	20	0.61

Play was suspended on 16th March 2020 due to the Covid-19 pandemic and then ended early on 20th April 2020. Final league positions were therefore decided on a Points won Per Game basis.

National League Promotion Play-offs
Quarter-finals
Altrincham 3   Chester 2
Brackley Town 1   Gateshead 1
Gateshead won 7-6 on penalties.

Semi-finals
York City 0   Altrincham 2
Boston United 5   Gateshead 3

Final
Boston United 0   Altrincham 1

Promoted: King's Lynn Town and Altrincham

National League South
2019/2020 Season

	Bath City	Billericay Town	Braintree Town	Chelmsford City	Chippenham Town	Concord Rangers	Dartford	Dorking Wanderers	Dulwich Hamlet	Eastbourne Borough	Hampton & Richmond Borough	Havant & Waterlooville	Hemel Hempstead Town	Hungerford Town	Maidstone United	Oxford City	Slough Town	St. Albans City	Tonbridge Angels	Wealdstone	Welling United	Weymouth
Bath City	■	2-1	2-0		3-2	3-1	3-0	1-0	3-2	2-2	3-0		2-0	2-1	1-1	1-2		0-3	0-0	0-0		0-0
Billericay Town	1-1	■	2-1	1-1			2-2		1-0		0-1		3-0		1-1	2-2	3-2	3-3	3-1	2-1		1-1
Braintree Town	2-0	2-3	■	1-2		0-1		3-2	2-1	5-0	0-4	3-3	0-0	0-3	1-1	1-0	0-1	0-1	0-4			1-1
Chelmsford City	1-0	1-1	4-1	■	3-3	1-1	4-0	2-2	1-1	1-1	4-1		2-1	4-1		2-6	1-1			1-3	1-1	
Chippenham Town	1-3	2-0	1-2	2-1	■	3-0	1-5	0-2	2-2			0-0	2-2		1-0	1-1	0-3	2-1	2-1	1-1	0-0	1-0
Concord Rangers	0-1	4-1	2-2	2-1	0-1	■		0-2	3-3		5-0	0-2	0-0	3-1	0-2	0-1		2-1		3-3	3-0	
Dartford		3-2	2-1	3-0	1-1	0-1	■	3-4	1-0	2-1	1-2	1-1	1-1		2-2	3-0	2-3	1-1	3-0		0-0	4-0
Dorking Wanderers	0-0		4-4	2-0	1-0		2-3	■	0-0	4-0	0-1	1-2	3-1	1-0	3-1	0-2	3-5		3-1	2-2	2-0	1-0
Dulwich Hamlet	1-3	0-1	6-0	5-3	1-1	2-2	1-1		■	1-2	1-3	2-1	2-3	0-1		2-3	2-1	0-1	1-0		0-1	2-2
Eastbourne Borough	1-2	1-1		0-4	2-1	2-2	0-2	3-2	0-3	■	4-1		1-1	3-0	1-1	0-3	3-3	2-0			2-1	1-1
Hampton & Richmond	0-0	1-1			1-0	2-3	1-2		0-3		■	3-4	1-2	7-1	2-1	1-1	1-2	2-1	1-0	2-0	1-1	2-3
Havant & Waterlooville	2-1		1-3	0-0	2-1	2-1		6-0	0-0	0-0	2-0	■	1-2	3-1	1-2		1-0	1-2		2-4	1-1	
Hemel Hempstead Town	2-1	3-0	0-3	2-0	0-1	1-0		1-0	1-0	1-1		1-2	■	4-1		1-1	1-0	1-1		0-3	0-2	0-1
Hungerford Town	0-1		2-0	1-0	1-1		2-2	0-1	1-4	0-1	0-2	1-3		■	1-3	1-2	1-0	1-0			1-2	
Maidstone United	0-2	2-1	1-0	4-1	0-0		2-3	4-1	0-0	1-2	2-2	1-1			■	1-0	1-1	4-0	2-2		3-1	1-2
Oxford City		2-2	1-4		1-3	0-3	0-1	2-1	2-1		3-2	0-3	1-2	3-2	1-4	■	2-1	3-3	0-3	3-2		0-0
Slough Town	3-2	3-1	1-0	2-1			1-0	0-1		1-1	3-1	1-1	2-0	0-2		0-1	■	1-1	0-0	2-1	1-0	1-1
St. Albans City	0-1		0-3	1-1	0-0	2-1	1-2	1-1		1-3	1-1	1-3	2-0	1-2	1-0	0-0		■		2-3	1-2	1-4
Tonbridge Angels		3-2	5-1	1-2	3-2	1-0	3-2		1-2			1-3	0-2	1-1		4-4		2-1	■			1-1
Wealdstone	7-0	3-0		0-1	1-0	3-0	4-1	3-1	2-1	2-0		1-4		3-1	2-1	1-0	2-1	1-0	3-1	■	1-0	
Welling United	0-3	2-0	6-2		1-0		0-3	2-1	0-0	0-1		2-0	3-2	1-0	3-1	1-2	0-1	4-2	1-2		■	1-3
Weymouth	1-1	0-0	3-0	4-1		3-0	3-1		1-1	2-2	2-1	0-1		2-1	5-1	2-1	2-0	0-1		3-4	1-0	■

National League South
Season 2019/2020

Team	P	W	D	L	F	A	Pts	PPG
Wealdstone	33	22	4	7	69	35	70	2.12
Havant & Waterlooville	34	19	10	5	64	37	67	1.97
Weymouth	35	17	12	6	60	35	63	1.80
Bath City	35	18	9	8	50	37	63	1.80
Slough Town	35	17	9	9	51	38	60	1.71
Dartford	34	16	8	10	60	46	56	1.65
Dorking Wanderers	35	14	8	13	58	56	50	1.43
Hampton & Richmond	33	14	5	14	51	50	47	1.42
Maidstone United	33	12	9	12	48	44	45	1.36
Chelmsford City	34	11	11	12	55	56	44	1.29
Hemel Hempstead Town	34	12	8	14	36	43	44	1.29
Welling United	34	12	6	16	38	46	42	1.24
Oxford City	34	11	9	14	47	60	42	1.24
Chippenham Town	35	10	12	13	39	45	42	1.20
Tonbridge Angels	31	9	9	13	46	54	36	1.16
Concord Rangers	32	10	7	15	44	48	37	1.16
Billericay Town	32	8	13	11	46	55	37	1.16
Eastbourne Borough	33	8	14	11	38	54	38	1.15
Dulwich Hamlet	35	9	10	16	51	50	37	1.06
St. Albans City	35	9	10	16	41	54	37	1.06
Braintree Town	35	10	5	20	44	67	35	1.00
Hungerford Town	33	8	4	21	38	64	28	0.85

Play was suspended on 16th March 2020 due to the Covid-19 pandemic and then ended early on 20th April 2020. Final league positions were therefore decided on a Points won Per Game basis.

National League Promotion Play-offs

Quarter-finals

Slough Town	0	Dartford	3
Bath City	1	Dorking Wanderers	2

Semi-finals

Havant & Waterlooville	1	Dartford	2
Weymouth	3	Dorking Wanderers	2

Final

Weymouth	0	Dartford	0

Weymouth won 3-0 on penalties.

Promoted: Wealdstone and Weymouth

National League 2020/2021 Season

	Aldershot Town	Altrincham	Barnet	Boreham Wood	Bromley	Chesterfield	Dagenham & Redbridge	Eastleigh	FC Halifax Town	Hartlepool United	King's Lynn Town	Maidenhead United	Notts County	Solihull Moors	Stockport County	Sutton United	Torquay United	Wealdstone	Weymouth	Woking	Wrexham	Yeovil Town
Aldershot Town		2-1	2-1	3-3	2-3	0-1	2-1	1-3	1-3	1-3	1-1	0-0	1-0	1-3	1-2	1-2	1-4	2-0	0-2	3-0	3-0	2-0
Altrincham	1-2		2-3	2-3	0-1	3-2	0-1	1-1	0-1	1-1	3-0	2-0	1-1	0-2	1-1	0-4	0-0	2-0	0-0	1-0	1-2	4-3
Barnet	3-1	1-2		0-3	1-3	0-2	0-2	1-5	2-1	0-0	0-2	2-0	1-4	0-2	1-2	2-0	0-2	0-0	1-0	0-2	0-2	1-4
Boreham Wood	3-2	0-1	0-0		1-1	0-0	0-1	1-2	0-0	2-2	5-1	1-4	2-2	2-2	0-3	0-0	0-0	3-1	1-0	1-0	2-3	2-3
Bromley	2-0	3-1	2-2	1-1		1-2	1-0	1-2	1-2	1-0	2-0	2-2	1-0	1-0	0-2	1-3	1-2	2-2	3-2	2-2	1-1	1-2
Chesterfield	0-0	1-0	6-0	0-0	1-2		2-1	1-0	1-2	1-2	4-1	1-2	2-3	1-0	1-2	0-1	0-2	0-0	1-0	4-0	2-1	3-0
Dagenham & Redbridge	0-2	0-1	1-2	2-2	1-0	2-2		2-0	3-0	0-1	3-2	2-1	0-0	3-2	0-2	1-2	1-0	1-0	1-1	3-1	1-1	0-0
Eastleigh	2-2	1-1	3-0	1-0	1-2	0-1	3-0		1-0	2-1	0-1	0-1	2-0	1-1	1-0	1-0	2-1	2-0	0-0	0-0	1-1	1-0
FC Halifax Town	1-0	3-2	5-2	0-1	1-2	1-2	2-0	3-1		1-1	4-2	2-3	1-1	1-0	0-1	2-2	1-2	0-1	3-2	1-0	0-4	1-1
Hartlepool United	2-1	1-1	1-0	1-2	0-0	3-1	2-1	0-0	3-1		2-0	2-4	2-0	2-0	4-0	1-0	0-5	3-1	4-0	1-0	0-1	2-1
King's Lynn Town	4-4	2-0	5-1	0-3	1-4	1-2	0-3	2-1	1-1	2-2		0-0	0-1	1-1	0-4	0-1	0-0	2-3	2-2	3-2	0-2	2-2
Maidenhead United	2-4	0-1	0-0	0-1	2-2	2-0	2-1	0-1	1-2	0-4	2-3		0-4	3-1	0-0	0-3	4-1	4-0	0-1	2-1	2-2	4-2
Notts County	0-1	3-1	4-2	0-1	2-2	0-1	3-1	0-1	1-2	0-1	2-2	2-3		2-0	1-0	3-2	0-0	3-0	3-0	1-0	1-0	2-0
Solihull Moors	1-0	4-0	1-0	1-0	0-1	2-1	0-1	2-0	2-1	2-0	5-0	1-1	2-1		0-5	0-0	1-2	3-0	2-1	2-1	1-0	5-1
Stockport County	0-0	2-2	2-1	1-1	0-0	2-0	1-1	3-0	2-1	1-1	4-0	2-2	0-0	0-0		0-2	2-2	4-0	1-2	1-1	2-0	1-0
Sutton United	3-1	2-2	1-0	2-0	3-2	0-1	1-1	3-0	1-0	3-0	5-1	3-0	0-1	4-1	1-1		0-1	4-1	2-0	3-2	0-0	2-1
Torquay United	2-1	1-2	2-2	1-1	0-0	2-1	0-1	3-1	2-3	0-1	1-0	2-1	2-2	2-0	1-0	0-0		1-1	2-1	1-0	3-1	6-1
Wealdstone	3-4	1-0	5-1	1-0	0-1	3-2	0-5	0-0	1-2	2-7	3-1	0-6	0-1	1-4	2-5	3-3	1-2		2-1	0-1	4-3	0-2
Weymouth	0-3	2-1	0-2	1-3	2-1	1-2	2-3	1-1	1-5	1-0	2-1	0-1	0-0	1-0	0-1	3-4	4-0		0-1	2-3	0-3	
Woking	0-1	1-1	4-1	0-0	3-4	1-4	2-0	0-0	0-0	3-0	3-0	0-0	2-4	2-1	1-4	0-1	0-2	2-4	2-4		0-4	1-1
Wrexham	1-0	0-1	0-0	2-1	3-0	0-0	2-2	2-2	0-0	0-0	5-3	0-1	0-1	2-1	0-3	4-0	0-1	4-1	2-0	2-0		3-0
Yeovil Town	3-0	2-0	3-1	1-0	1-2	0-1	1-0	1-3	0-3	1-3	3-1	0-0	2-2	3-0	0-1	1-2	2-1	2-2	3-1	2-1	0-1	

National League
Season 2020/2021

Sutton United	42	25	9	8	72	36	84
Torquay United	42	23	11	8	68	39	80
Stockport County	42	21	14	7	69	32	77
Hartlepool United	42	22	10	10	66	43	76
Notts County	42	20	10	12	62	41	70
Chesterfield	42	21	6	15	60	43	69
Bromley	42	19	12	11	63	53	69
Wrexham	42	19	11	12	64	43	68
Eastleigh	42	18	12	12	49	40	66
FC Halifax Town	42	19	8	15	63	54	65
Solihull Moors	42	19	7	16	58	48	64
Dagenham & Redbridge	42	17	9	16	53	48	60
Maidenhead United	42	15	11	16	62	60	56
Boreham Wood	42	13	16	13	52	48	55
Aldershot Town	42	15	7	20	59	66	52
Yeovil Town	42	15	7	20	58	68	52
Altrincham	42	12	11	19	46	60	47
Weymouth	42	11	6	25	45	71	39
Wealdstone	42	10	7	25	49	99	37
Woking	42	8	9	25	42	69	33
King's Lynn Town	42	7	10	25	50	98	31
Barnet	42	8	7	27	37	88	31

Macclesfield Town were due to start the season with a 17 point deduction due to insolvency the previous season but were expelled from the National League on 29th September 2020, before the season commenced.

From 30th January 2021, Dover Athletic refused to play any further matches due to a lack of promised funding. On 26th March 2021, it was announced the club would play no part in the rest of the season and their results would be expunged.

National League Promotion Play-offs

Quarter-finals

Notts County 3   Chesterfield 2
Hartlepool United 3   Bromley 2

Semi-finals

Torquay United 4   Notts County .... 2 (aet)
Stockport County 0   Hartlepool United 1

Final

Torquay United 1   Hartlepool United .... 1 (aet)
Hartlepool United won 5-4 on penalties.

Promoted: Sutton United and Hartlepool United

National League North 2020/2021 Season	AFC Fylde	AFC Telford United	Alfreton Town	Blyth Spartans	Boston United	Brackley Town	Bradford Park Avenue	Chester	Chorley	Curzon Ashton	Darlington	Farsley Celtic	Gateshead	Gloucester City	Guiseley	Hereford	Kettering Town	Kidderminster Harriers	Leamington	Southport	Spennymoor United	York City
AFC Fylde	■				2-1		3-3		4-0		1-0	2-0					3-2				1-0	
AFC Telford United	0-2	■	0-1		3-0		1-2	0-1	1-1				1-0		2-0					1-1		1-1
Alfreton Town	1-1		■		0-2		1-1		0-2	3-1				3-3				1-1				
Blyth Spartans		1-1		■	0-1							1-1	2-2			0-3				0-3		0-3
Boston United		3-2	2-0		■			0-0	0-2					1-1		2-2						
Brackley Town				2-1		■	1-1	2-1	2-2	2-0				3-2			1-1	0-2			1-0	
Bradford Park Avenue		1-2	2-0		1-1		■	3-3	0-0		2-0		1-2					1-3	0-2			4-2
Chester		3-0	3-0					■	1-2	2-1		1-2		1-0	5-3		3-2					
Chorley	3-1								■	1-1		3-2	1-2	1-0			0-2	1-2				
Curzon Ashton	2-0		1-1	0-3		3-0				■	0-3	2-1		0-1				0-3				
Darlington		1-2		6-0		0-1					■						1-3			0-0		
Farsley Celtic		2-0			0-4		2-2			1-0		■	1-0					2-2	1-1			1-1
Gateshead	0-1				2-2				1-0			1-0	■				0-1	4-1	1-3			
Gloucester City		4-1		6-1	0-0		4-4	2-1	1-1			1-2		■			3-1	3-2	1-0			
Guiseley			4-0		1-3					1-4	2-2		1-2		■	0-1			4-2			
Hereford	2-1				2-0	0-2		2-2						0-1		■	3-3	3-1				
Kettering Town		0-0		2-1		3-1				1-2				1-1			■		0-1			
Kidderminster Harriers		3-0	2-0				1-2		1-0					1-1	0-2		1-1	■				2-2
Leamington	1-1		4-3		0-4	1-1						1-1	1-1		0-0				■			2-1
Southport			1-1		0-1				1-0	2-2	0-1				0-0					■	0-2	2-3
Spennymoor Town					2-2	2-1			3-1		2-1			2-2	0-2						■	
York City	1-3				0-0		2-1	3-1						1-0		2-0				1-1		■

National League North
Season 2020/2021

Team	P	W	D	L	F	A	Pts
Gloucester City	18	10	5	3	36	22	35
AFC Fylde	15	9	3	3	26	16	30
Chester	17	8	4	5	32	25	28
Brackley Town	16	7	6	3	22	19	27
Kidderminster Harriers	15	7	4	4	24	17	25
Boston United	13	6	5	2	20	10	23
Chorley	18	6	5	7	21	24	23
York City	13	6	4	3	22	17	22
Leamington	15	5	7	3	22	20	22
Gateshead	14	6	3	5	17	15	21
Farsley Celtic	17	5	6	6	21	26	21
Hereford	13	5	5	3	20	16	20
Spennymoor Town	13	5	5	3	18	14	20
AFC Telford United	17	5	4	8	17	23	19
Bradford Park Avenue	16	4	6	6	26	30	18
Curzon Ashton	17	4	5	8	18	26	17
Southport	14	4	4	6	16	19	16
Kettering Town	14	3	6	5	21	23	15
Darlington	11	4	1	6	17	11	13
Guiseley	15	3	3	9	17	22	12
Alfreton Town	15	2	6	7	15	27	12
Blyth Spartans	14	1	3	10	10	36	6

Play was suspended on 22nd January 2021 due to a serious increase in the number of Covid-19 infections and doubts about available funding for the clubs. The league was subsequently declared null and void on 18th February 2021. All records were expunged and no teams were promoted into or relegated from the National League North this season.

The table shows the standings at the time of the annulment and the results grid shows all the matches that were played.

National League South
2020/2021 Season

	Bath City	Billericay Town	Braintree Town	Chelmsford City	Chippenham Town	Concord Rangers	Dartford	Dorking Wanderers	Dulwich Hamlet	Eastbourne Borough	Ebbsfleet United	Hampton & Richmond Borough	Havant & Waterlooville	Hemel Hempstead Town	Hungerford Town	Maidstone United	Oxford City	Slough Town	St. Albans City	Tonbridge Angels	Welling United
Bath City	■	2-0						1-4				2-1	1-2	0-2							
Billericay Town		■	3-1	3-3		0-1		2-0		1-2	2-6	1-2			1-3		2-0		2-2		0-2
Braintree Town			■	1-0	2-1	0-4		0-3		3-4	1-2		1-2								1-1
Chelmsford City	3-4		4-2	■	0-2		0-1			0-1				1-0	1-1			0-2			
Chippenham Town	1-1		1-0		■		1-1	1-2			1-2	0-3					2-2				
Concord Rangers	3-2					■		1-3		2-2							1-1				1-1
Dartford	1-0	3-0		1-0			■	2-3		0-1	0-0		2-1		1-1		2-0	0-1	1-0	2-2	
Dorking Wanderers	1-2							■	0-0		2-0	0-1		2-1		2-2	3-2	3-1		4-1	5-0
Dulwich Hamlet				0-0	0-2	1-4			■		2-1										
Eastbourne Borough		4-2	4-0	1-1		1-1	3-1	0-3		■		1-1			3-2	2-3		0-1			2-1
Ebbsfleet United				2-1			1-1				■	2-1	0-3		3-2	0-0			0-1		
Hampton & Richmond	1-0				0-0	1-1	1-2	1-2	2-1			■	0-3				0-2				
Havant & Waterlooville			3-1				3-1	1-2	1-2				■	2-3	4-2	2-2	2-1	0-0			
Hemel Hempstead Town		1-4				1-3	1-3	1-1	1-4			2-0		■	0-1		3-5				1-2
Hungerford Town				3-0	1-0	1-2	2-0	0-3			0-1				■	2-1	1-4				
Maidstone United		1-1	0-2		6-0	0-2							4-1			■					2-1
Oxford City	2-0			4-1	1-1			1-0	1-1		0-2			4-0			■	0-0	4-0		0-0
Slough Town	2-1		3-2							0-2			1-0	1-3	2-3			■			4-4
St. Albans City			2-1	0-2	3-0					3-2	1-0		1-1	0-0					■	3-1	
Tonbridge Angels		0-2		4-0	2-0					2-2		0-3			1-2	0-2				■	
Welling United		2-2		0-4	0-1					4-3							0-2				■

National League South
Season 2020/2021

Team	P	W	D	L	F	A	Pts
Dorking Wanderers	18	12	3	3	40	17	39
Dartford	19	10	4	5	26	17	34
Eastbourne Borough	19	9	6	4	36	26	33
Oxford City	17	9	5	3	35	17	32
St Albans City	15	9	5	1	22	10	32
Hampton & Richmond Borough	17	9	2	6	24	16	29
Hungerford Town	19	9	2	8	27	28	29
Ebbsfleet United	18	8	4	6	26	24	28
Havant & Waterlooville	14	6	2	6	25	21	20
Hemel Hempstead Town	18	6	2	10	28	38	20
Maidstone United	13	5	4	4	24	18	19
Dulwich Hamlet	13	4	4	5	15	17	16
Chelmsford City	16	4	4	8	21	25	16
Tonbridge Angels	14	5	1	8	16	23	16
Billericay Town	17	4	4	9	26	35	16
Chippenham Town	14	4	4	6	13	22	16
Concord Rangers	14	3	5	6	16	24	14
Bath City	13	4	1	8	16	23	13
Braintree Town	16	4	1	11	19	34	13
Slough Town	12	3	3	6	16	24	12
Welling United	14	2	6	6	18	30	12

Play was suspended on 22nd January 2021 due to a serious increase in the number of Covid-19 infections and doubts about available funding for the clubs. The season was subsequently declared null and void on 18th February 2021. All records were expunged and no teams were promoted into or relegated from the National League South this season.

The table shows the standings at the time of the annulment and the results grid shows all the matches that were played.